리얼리티 트랜서핑

REALITY TRANSURFING

1

Трансерфинг Реальности : Ступень 1
«Пространство вариантов»

by Вадим Зеланд

리얼리티 트랜서핑

REALITY TRANSURFING

바딤 젤란드 지음
박인수 옮김

러시아 물리학자의 시크릿 노트

1

정신세계사

리얼리티 트랜서핑 1

ⓒ 바딤 젤란드, 2004

바딤 젤란드 짓고, 박인수 옮긴 것을 정신세계사 정주득이 2009년 2월 4일 처음 펴내다.
편집주간 이균형, 김우종이 다듬고, 김윤선이 꾸미고, 경운출력에서 출력을, 한서지업사
에서 종이를, 영신사에서 인쇄와 제본을, 기획 및 영업부장 김영수, 하지혜가 책의 관리를
맡다. 정신세계사의 등록일자는 1978년 4월 25일(제1-100호), 주소는 03965 서울시 마포
구 성산로4길 6 2층, 전화는 02-733-3134, 팩스는 02-733-3144, 홈페이지는 www.
mindbook.co.kr, 인터넷 카페는 cafe.naver.com/mindbooky이다.

2022년 12월 5일 펴낸 책(초판 제26쇄)

ISBN 978-89-357-0308-1 04320
    978-89-357-0309-8 (세트)

읽는 이들에게

누구나 그렇듯이 당신도 분명 편안하고 풍요로운 삶, 질병과 정신적 고통에서 자유로운 삶을 누리고 싶을 것이다. 하지만 종종 당신의 삶은 엇나가기로 작정한 것처럼 보인다. 바라는 대로 전개되기는커녕, 삶은 폭풍우 몰아치는 바다에 떠 있는 한 점 종이배처럼 느껴지도록 당신을 희롱하고 있는 것만 같다. 당신은 행복을 찾으려고 이미 소문에 떠도는 온갖 방법들을 많이 시도해보았으리라. 하지만 그렇게 해서 대단한 성공을 거둔 적이 있는가?

이 책에는 별나고 이상한 이야기들이 많이 나와서 당신에게 충격을 줄지도 모른다. 당신은 이런 이야기들을 믿으려 들지도 않을 테지만, 믿어야 할 필요도 없다. 이 책에서 말하는 것을 직접 시험해볼 수 있는 모든 도구가 주어질 것이다. 그것을 다 시험해보고 나면 당신의 평범한 인생관은 완전히 바뀔 것이다.

트랜서핑transurfing*은 보통 사람의 관점에서는 아예 불가능해 보이는 것을 이룰 수 있게 해주는 강력한 도구다. 다시 말하면, 당신 마음대

---

* Transurfing 다른 쪽으로 옮겨간다는 뜻의 trans와 파도타기를 뜻하는 surfing을 합쳐서 저자가 만들어낸 말(모든 주석은 역자가 덧붙인 것이다.)

로 운명을 바꿀 수 있게 해준다. 무슨 기적 같은 것을 일으키는 것은 아니다. 더 큰 뭔가가 당신을 기다리고 있다. 드러나지 않은 현실이 그 어떤 마법보다도 훨씬 더 놀랍다는 것을 당신은 확실히 알게 될 것이다.

부자가 되고 행복해지는 법을 가르치는 책은 많이 있다. 물론 그 모두가 우리를 무척이나 유혹한다. 부자가 되고 행복해지기를 원하지 않는 사람이 어디 있을까? 그렇지만 그런 책들을 열어보면 부단한 노력을 요구하는 명상법이나 훈련법들이 등장한다. 그것은 우리를 정말 좌절하게 만든다. 삶 자체가 실로 하나의 힘에 겨운 시련인데도, 그들은 더 열심히 노력해서 당신 안에 남아 있는 것을 마지막 한 방울까지 모두 짜내라고 한다.

그들은 당신이 완벽하지 않으므로 변해야만 한다고 설득하려 든다. 그러지 않으면 당신에게 좋은 일이란 일어날 가망이 없다고 말한다. 아마도 당신은 현재의 자신이 흡족하지는 않을 것이다. 그렇지만 마음 깊은 곳 어디에선가는 전혀 변하고 싶지 않음을 느낀다. 그것은 당연하다. 당신이 옳기 때문이다. 당신이 완벽하지 않다고 설득하려는 말들을 믿지 말라. 당신이 어떤 사람이 되어야 할지를 그 누가 알겠는가? 자신을 변화시킬 필요가 없다. 당신은 지금 엉뚱한 곳에서 탈출구를 찾고 있는 것이다.

우리는 이 책에서 어떤 훈련도, 명상이나 자아성찰 따위도 하지 않을 것이다. 트랜서핑은 또다른 자기개발 기법이 아니다. 트랜서핑은 당신이 원하는 것을 얻게 해주는, 근본적으로 완전히 다른 사고방식과 행동방식이다. 삶에서 원하는 것을 얻고자 싸우는 것이 아니라, 단순히 원하는 것을 그저 얻는 방법이다. 또 이것은 자신을 변화시키는 길이 아니라, 본래의 자신으로 되돌아가는 길이다.

우리는 누구나 인생에서 많은 실수를 저지른다. 그리고 과거로 돌아가서 그 모든 잘못을 바로잡을 수 있다면 얼마나 좋을까 하고 꿈꾼다. 나는 러시아의 노랫말처럼 '어린 시절로 돌아가는 기차표'를 약속하지는 않는다. 하지만 분명히 우리는 마치 과거로 돌아가는 여행을 하듯이 그 실수들을 바로잡을 수 있다. 어쩌면 과거로 돌아가는 여행이라기보다는 '과거를 향해 앞으로 나아가는 여행'이라고 말하는 편이 더 나을 듯하다. 이 말의 진정한 의미는 이 책이 끝날 때쯤에야 베일을 벗을 것이다. 내가 이 책에서 말하려는 것을 당신은 다른 어느 곳에서도 듣거나 읽지 못했을 것이다. 그러니 깜짝 놀라지 않도록 마음의 준비를 하시길. 믿기지 않을 만큼 놀랍고, 또 그만큼이나 즐거울 것이다.

차례

제1장 가능태 모델

이 장에서는 트랜서핑의 이론적 배경을 소개할 것이다. 트랜서핑의 방법은 가능태可能態 모델에 근거하고 있는데, 가능태 모델은 세상의 이치에 대한 완전히 새로운 관점이다. 인류는 애쓰지 않고도 원하는 것을 얻을 수 있다는 사실을 모른다. 그런 일이 어떻게 가능할까?

꿈은 실현되지 않는다

새벽별 속삭이는 소리

이웃집 개가 짖는 소리에 잠을 깼다. 귀찮은 놈, 이놈이 언제나 나를 깨운다. 아, 난 이 개를 정말 증오한다! 왜 내가 하필이면 이 가증스러운 놈이 짖는 소리에 잠을 깨야 하나? 산책이라도 하면서, 저 집에 불을 확 질러버리고 싶어지는 이 마음을 어떻게든 달래야 한다. 짖는 개나 그 주인이나 오십보백보다. 내 인생에 기어들어와 나를 괴롭히는 인간들이 꼭 있다. 나는 성급하게 옷을 입는다. 슬리퍼가 또 사라져 버렸다. 이 교활한 것, 어디 처박혀 있는 거야? 찾기만 해봐라. 쓰레기통에 쑤셔 넣어버릴 테다!

밖은 안개로 축축하다. 나는 칠흑같이 어두운 숲속으로 미끄러운 길을 따라 걸어간다. 나뭇잎은 거의 다 떨어지고, 반쯤 죽은 나무들은 회색빛 가지를 드러내고 있다. 나는 왜 이런 음울한 수렁 속에서 살고 있을까?

12   담배에 불을 붙인다. 한편으론 피우고 싶은 생각이 전혀 없지만 오

래된 습관이 피워야 한다고 말한다. 피워야 한다고? 담배를 피우는 것
이 어떻게 의무가 되어버렸나? 그래, 아침에 일어나 빈속에 피우는 담
배는 무척이나 역겹지. 옛날에는 파티에서나 친구들 사이에서 담배를
피울 때 기분이 참 좋았었는데. 그땐 그것이 유행과 멋과 자유의 상징
이었지. 하지만 즐거운 휴일은 금방 지나가기 마련이고, 문제가 잔뜩
쌓인 우중충한 나날이 또 시작된다. 문제가 생길 때마다 나는 연신 담
배를 꺼내 물며 혼잣말을 한다. 자, 담배 한 대 피우고 마음을 가라앉힌
다음에 또 한 번 이 지루한 일상에 몸을 담가보자꾸나…….

　담배 연기가 눈에 들어와서 나는 다친 아이처럼 눈을 가린다. 아, 모
든 것이 지겹다. 마침 그때 내 생각에 장단을 맞추듯, 교묘하게 휘어져
있던 자작나무 가지 하나가 얼굴을 때린다. 빌어먹을! 나는 미친 듯 화
가 나서 그 가지를 부러뜨려 옆으로 집어던진다. 그러자 가지는 다른
나뭇가지에 걸린 채 앞뒤로 위아래로 제멋대로 흔들리기 시작한다. 그
것은 마치 스프링 끝에 달린 광대의 얼굴처럼 이 세상에서 아무것도 바
꿔놓지 못하는 나의 무력함을 놀려대는 듯하다. 나는 완전히 풀이 죽은
채 무거운 발걸음을 옮긴다.

　내가 세상과 싸우려 할 때마다 세상은 처음에는 지는 듯한 모습을
보이며 내게 희망을 부풀려주다가도, 예기치 않은 순간 호되게 뒤통수
를 친다. 장애물을 모조리 깨부수면서 목표를 향해 곧장 돌진하는 것은
영화 주인공이나 할 수 있는 일이지, 현실에는 그런 일이 없다. 인생은
도박장의 룰렛 게임과 비슷하다. 처음에는 한두 번 이긴다. 세 번까지
이기는 수도 있다. 그러면 우리는 벌써 자기가 이겼다고 착각한다. 온
세상이 내 손에 들어온 것 같다. 하지만 끝에 가서는 항상 지고 만다.
우리는 크리스마스에 잡아먹기 위해 살찌우는 거위와 같은 신세다. 결

13

국 우리는 흥겨운 음악과 웃음소리 속에서 굽히고 먹힐 것이다. 우리가 잘못 안 거다. 이건 우리를 위한 파티가 아니다. 우리가 착각한 것이다……

이런 기분 나쁜 생각에 사로잡힌 채 나는 해변으로 나간다. 작은 파도들이 모래 해안을 심술궂게 갉아먹고 있다. 바다는 나에게 축축하고 차가운 습기를 적의처럼 내뿜는다. 포동포동 살찐 갈매기들이 해변을 게으른 걸음으로 걸어 다니며 여기저기서 썩어가고 있는 것들을 쪼아 먹고 있다. 그들의 눈에는 어떤 감정이나 이성의 기미도 보이지 않고 오직 차갑고 어두운 공허만이 내비친다. 마치 나를 둘러싼 차갑고 적의에 찬 세상을 보여주려는 듯이……

노숙자 한 사람이 해변에서 빈 병을 줍고 있다. 늙은 부랑자, 당신만 꺼져준다면 혼자 있을 수 있을 텐데. 아니 뭐야, 내 쪽으로 오고 있는 것 같군. 아마도 끈질기게 구걸을 하겠지. 내가 어서 집으로 꺼지는 편이 낫겠구만. 평온한 곳은 아무 데도 없다. 아, 피곤해. 나는 언제나, 쉬는 동안에조차 피곤하다. 나는 마치 형기를 채우는 죄수처럼 살고 있다. 이제 곧 모든 것이 바뀔 것 같다. 그러면 새 인생이 시작되겠지. 그러면 나는 딴 사람이 되어 삶을 즐길 수 있을 거야. 하지만 그건 모두 미래의 일이다. 지금은 여전히 비참한 강제노동에 시달리고 있다. 아무리 기다려도 미래는 찾아올 작정을 하지 않는다. 늘 하던 것처럼 맛없는 아침을 먹고 지겨운 직장으로 몸을 끌고 간다. 거기서 나는 또다시 내가 아닌 다른 누군가가 원하는 결과를 짜내야만 한다. 무의미하고 귀찮은 또 하루의 삶……

나는 새벽별이 속삭이는 소리에 잠이 깼다. 이 우울한 꿈은 무엇일까? 마치 내 전생의 파편 하나가 내게 돌아온 것 같다. 그 모두가 그저 꿈이었다는 게 얼마나 다행스러운가. 안도의 숨을 쉬면서 내 고양이가 하는 것처럼 기지개를 켰다. 그 게으름보 녀석은 침대 저쪽에 늘어져 누워 있다. 내 쪽으로 귀만 쫑긋거리는 모양을 보아하니 내가 일어난 것을 눈치 챈 거다. 일어나, 콧수염쟁이야. 나랑 산책이나 할래? 나는 오늘 햇빛 나는 날을 주문했고, 그래서 바다로 간다.

길은 숲속으로 나 있고, 새벽별들이 속삭이는 소리는 온갖 다양한 목소리로 어우러진 새들의 합창 속으로 멀어져 간다. 그중 어떤 새는 덤불 속에서 "먹이! 먹이를 줘!" 하며 소리 지르는 듯하다. 오 그래, 작은 말썽꾸러기로군! 너처럼 작은 솜털뭉치가 어쩜 그렇게 큰 소리를 낼 수 있지? 새들마다 독특한 음색이 있는데도 단 하나의 음정도 틀리지 않고, 그 많은 목소리들이 숙련된 오케스트라도 결코 흉내 낼 수 없는 놀라운 멜로디의 협주곡을 연주할 수 있다니, 놀라운 일이다. 이전에는 이런 생각을 해본 적이 없다.

태양은 나무들 사이로 햇살을 드리우고 있다. 이 마법의 햇살은 숲의 거대한 깊이와 풍부한 아름다움에 생명을 불어넣으며, 숲을 하나의 절묘한 홀로그램으로 바꾸어놓는다. 길은 나를 부드럽게 바다로 안내한다. 에메랄드빛 파도는 그 잔잔한 속삭임으로 따스한 바람과 이야기를 나눈다. 해변은 끝없이 펼쳐져 있고 텅 비어 있는 듯하다. 사람으로 넘쳐나는 이 세상이 나만을 위해 한적한 작은 귀퉁이를 한 곳 마련해준 듯, 나는 그 속에서 고요와 평안을 느낀다. 어떤 이들은 우리를 둘러싼 경험의 세계가 우리 자신이 만들어낸 환상일 뿐이라고 생각한다. 하지만 아니다. 나는 이 모든 아름다움이 내 상상의 산물이라고 생각할 만큼 교만하지 않다.

간밤에 꾼 꿈의 무게가 아직도 나를 짓누르고 있는지, 지나간 삶의 15

기억이 떠오르기 시작한다. 정말 그 꿈만큼이나 우울하고 희망 없었던 삶이었다. 많은 사람들이 그러하듯이, 나도 종종 세상이 나에게 갚아야 할 것처럼 느껴지는 그것을 받아내려고 애썼다. 그럴 때마다 세상은 시큰둥하게 날 외면했다. 경험 많은 사람들의 말로는, 세상은 그렇게 호락호락한 곳이 아니니 세상을 정복하려면 싸워야만 한다고 했다. 그래서 나는 세상과 싸우려고 덤벼봤지만 결국은 진만 다 뺐다. 그 경험 많은 조언자들은 이 경우에도 준비된 대답을 가지고 있었다. ― 너 자신이 문제다. 먼저 너를 바꿔라. 그런 다음에 뭐든 세상에게 요구하라. 나는 나 자신과 싸우려고 애써보았다. 그러나 알고 보니 그게 더 어려운 일이었다.

그러던 어느 날, 한 꿈을 꾸었다. 나는 어떤 삼림 보호구역에 서 있었다. 형용할 수 없이 아름다운 풍경이 나를 둘러싸고 있었다. 나는 그 찬란한 아름다움에 탄성을 뱉으며 걷고 있었다. 그때 갑자기 성난 표정을 한 회색 수염의 늙은이가 나타났다. 나는 그가 보호구역 감시인이라고 생각했다. 그는 말없이 나를 관찰하기 시작했다. 그에게 다가가서 말을 붙이려고 하자 그는 단호하게 내 말을 가로막았다. 그는 냉정한 목소리로, 아무 말도 듣고 싶지 않다고 했다. 만족할 줄은 모르면서 온갖 요구를 늘어놓기만 하고 시끄럽게 떠들고, 떠날 때는 쓰레기 더미만 남겨놓는 그런 까다롭고 욕심 덩어리인 방문객들에게 완전히 질렸다는 것이다. 나는 조용히 고개를 끄덕여 동의를 표하고는 계속 걸어갔다.

보호구역의 독특한 자연은 그저 놀라울 뿐이었다. 전에는 왜 한 번도 여길 와보지 않았을까? 나는 홀린 듯 이리저리 돌아다니며 감탄의 눈으로 주위를 살폈다. 나를 둘러싼 자연이 얼마나 완벽하게 아름다운지, 표현할 말이 없었다. 그래서 내 머릿속은 황홀한 느낌으로 텅 비어

버렸다.

　조금 후에 다시 감시인이 나타났다. 차가운 표정은 조금 누그러져 있었다. 그는 자기를 따라오라고 손짓했다. 푸른 언덕의 꼭대기로 올라가자 그림 같은 계곡의 장관이 우리 앞에 펼쳐졌다. 계곡 아래에 마을이 보였다. 나무와 꽃 속에 파묻혀 있는 장난감 같은 작은 집들……. 그것은 마치 동화 속의 한 장면처럼 보였다. 어쩐지 좀 비현실적인 것처럼 느껴지지만 않았다면 나는 이 광경을 경이와 감동의 눈으로 한참 바라보았을 것이다. 그러나 그때 문득, 이런 것은 아마도 꿈에서나 볼 수 있는 것이라는 의심이 일어났다. 나는 질문을 던지듯 감시인을 바라보았다. 그러나 그는 턱수염 뒤에서 미소만 짓고 있었다. 그것은 마치, "이건 아직 아무것도 아니야. 더 놀라운 일을 보게 될걸!" 하고 말하는 듯했다.

　우리는 계곡 아래로 내려갔다. 그때 문득, 내가 처음에 어떻게 그 보호구역으로 들어왔는지가 기억나지 않는다는 사실이 떠올랐다. 나는 그 늙은이로부터 뭔가 설명을 듣고 싶었다. 그래서 나는 이런 아름다운 곳에서 살 수 있는 사람들은 얼마나 행복할까 하는 바보 같은 말을 했던 듯하다. 이 말에 그는 기가 찬다는 듯한 표정으로 대꾸했다. "자네가 저기서 살고 싶다고 한다면 누가 막기나 한단 말인가?"

　나는 거기에, 아무나 부자로 태어나는 것은 아니고, 운명을 마음대로 할 수는 없다는 등의 판에 박힌 말로 반박했다. 그는 나를 한심하다는 듯이 바라보다가 말했다. "사람은 누구나 자기가 원하는 운명을 뭐든지 골라잡을 수 있어. 우리가 가진 유일한 자유는 선택의 자유야. 누구나 자신이 원하는 것을 선택할 수 있단 말일세."

　그의 말은 나의 인생관과 이해를 넘어선 것이었다. 그래서 나는 그

17

와 논쟁을 벌이고 싶었다. 하지만 감시인은 아무 말도 들으려 하지 않고 말했다. "멍청한 사람이로구먼! 자네는 선택할 권리가 있는데도 그것을 사용하지 않고 있는 거야. 자네는 선택한다는 말이 무슨 뜻인지를 모르고 있는 것일 뿐일세." 나는 생각했다. 이건 말도 안 되는 소리다. 내가 원하는 것을 뭐든 선택할 수 있다는 말이 무슨 뜻인가? 이 세상 모든 것이 내게 허용되어 있다는 말인가? 그때 나는 문득 알아차렸다. 이 모든 것이 꿈이라는 것을. 꿈속에서 그것이 꿈이라는 것을 알아버린 난생 처음의 경험에 당황한 나머지, 나는 이 기이한 상황을 어찌해야 할지를 몰랐다.

내 기억이 맞다면, 그것이 꿈임을 알아차렸을 때, 나는 그 늙은이에게 이렇게 말해주었던 것 같다. ─ 현실에서도 마찬가지이지만 꿈속에서는 온갖 말도 안 되는 말을 마음대로 할 수 있으며, 그것이 그가 가진 자유의 전부라고. 그러나 감시인은 내 말에 꿈쩍도 하지 않는 듯했다. 냉소만 던졌으니까. 나는 상황이 우스꽝스러워진 것을 알아차리고서 (꿈속의 인물과 말씨름을 벌일 게 뭐람?) 그냥 꿈에서 깨는 게 낫겠다는 생각이 들기 시작했다. 늙은이는 내 생각을 읽은 것 같았다. 그가 말했다. "자, 이제 그만 두세. 우린 시간이 많지 않아. 저들이 자네 같은 멍청이를 내게 보낼 줄은 몰랐네. 하지만 어쨌거나 내 임무는 완수해야지."

나는 그 '임무'란 것이 무엇이고 '저들'은 누구인지를 캐물었다. 그는 내 질문은 무시한 채 느닷없이 수수께끼를 하나 던졌다. 그때는 그 수수께끼가 실없는 소리로만 들렸다. "누구든지 자신이 원하는 것을 선택할 자유를 얻을 수 있다네. 수수께끼는 이거야. 이 자유를 어떻게 얻겠는가? 이 수수께끼를 푼다면 사과가 하늘로 떨어질 걸세."

사과는 또 뭐야? 나는 이미 인내심을 잃고 있었다. 나는 수수께끼 따위는 풀고 싶은 생각이 없다고 말했다. 꿈이나 동화 속에서만 온갖 기적이 일어날 수 있는 것이다. 현실에서 사과는 언제나 땅으로 떨어진다. 이 말에 그는 이렇게 대답했다. "이제 됐네! 가세나. 자네에게 보여 줄 게 있으니까."

잠에서 깼을 때, 아쉽게도 그다음에 무슨 일이 있었는지는 기억이 나지 않는다는 것을 깨달았다. 하지만 감시인이 내 머릿속에 모종의 정보를 집어넣어 주었다는 분명한 느낌이 들었다. 그 정보는 말로 표현할 수 없는 어떤 것이었다. 단 하나의 낯선 단어가 기억에 남아 있다. 트랜서핑transurfing. 머릿속에 맴도는 유일한 생각은, 나의 세계를 내가 나서서 갖추려고 할 필요가 전혀 없다는 것이었다. 모든 것은 내가 끼어들기도 전에, 오래전에 이미 창조되어 있었다. 그것도 나의 행복을 위해서 말이다. 좋은 지위를 얻으려고 세상과 씨름할 필요도 없다. 그것은 가장 비효율적인 방법이기 때문이다. 내가 살고 싶은 세상을 내가 선택하는 것을 막는 사람은 아무도 없는 것 같다.

처음에는 이런 생각이 터무니없게 느껴졌다. 그리고 그 꿈에 대해서는 모든 것을 잊어버렸을 줄 알았다. 그런데 놀랍게도 얼마 지나지 않아서 나는 그 감시인이 '자신의 세상을 선택한다'는 표현을 빌어서 말하고자 했던 것을 내가 아주 구체적으로 자세히 기억하고 있음을 알게 되었다. 또한 어떻게 선택하는지도 말이다. 감시인의 수수께끼에 대한 답은 난데없이 저절로 떠올랐다. 나는 날마다 뭔가 새로운 것을 발견했다. 그럴 때마다 나는 아주 놀랐고 거의 두렵기까지 했다. 이 모든 지식이 어디에서 왔는지는 합리적으로 설명할 수가 없다. 한 가지 분명히 말할 수 있는 것은, 그것이 내게서 나온 지식은 절대 아니라는 것이다.

내가 트랜서핑을 발견한 이후로 (더 정확히는, 내가 그것을 발견하도록 허락받은 이후로) 나의 삶은 새롭고 즐거운 의미로 가득 찼다. 창조적인 일을 해본 사람들은 자신의 손으로 만들어낸 것이 얼마나 많은 기쁨과 만족감을 가져다주는지를 알고 있다. 그러나 이것은 자신의 운명을 창조해내는 것에 비하면 아무것도 아니다. '운명을 창조한다'는 말이 가리키는 보통의 의미와는 좀 다르지만 말이다. 트랜서핑은 자신의 운명을 말 그대로 '골라잡는' 방법이다. 슈퍼마켓에서 물건을 고르는 것과 꼭 같다. 나는 그것이 무엇을 의미하는지를 이 책에서 설명하고 싶다. 여러분은 알게 될 것이다. 사과가 어떻게 '하늘로 떨어질' 수 있는지, '새벽별 속삭이는 소리'가 무엇인지를. 그 밖에도 다른 온갖 희한한 것들이 여러분이 발견해주기만을 기다리고 있다.

보호구역 감시인의 수수께끼

운명의 본질을 해석하는 방법에는 여러 가지가 있다. 그중 하나는 운명이란 미리 정해져 있는 숙명과 같다고 보는 것이다. 아무리 애써도 운명을 피할 수는 없다. 한편으로 보면 이런 운명관은 너무나 절망적이어서 우울하다. 좋은 운명을 타고 나지 못하면 거기에는 어떤 개선의 여지도 없기 때문이다. 그러나 다른 한 편에는 그런 상황에 오히려 만족해하는 사람들이 늘 있다. 미래를 어느 정도 예견할 수 있어서 불확실성의 위험을 받지 않는 것이 어떻게 보면 편하고 안전하기도 한 것이다.

20   하지만 운명을 벗어날 수 없다는 치명적인 무력감은 불만족과 내면

의 저항을 불러일으킨다. 성공의 혜택을 받지 못하는 사람은 자신의 운명을 탓하게 된다. 인생은 왜 이렇게 불공평한가? 어떤 사람은 넘치는 풍요 속에 빠져서 살고, 또 어떤 사람은 늘 쪼들리며 산다. 어떤 사람은 모든 것을 쉽게 얻는데, 다른 사람은 쳇바퀴 속의 다람쥐처럼 아무리 열심히 노력해도 결과가 없다. 누구는 미모와 지혜와 힘을 타고나는데, 또 어떤 누구는 무슨 죗값인지도 모르는 채 평생 열등한 존재라는 꼬리표를 달고 다닌다. 이런 불평등은 어디서 오는 것일까? 무수히 다양한 인생이 왜 어떤 사람들에게는 제약을 가하는 것일까? 그 불행한 사람들은 무슨 죄를 지은 것일까?

불운을 타고난 사람들은 울분을 느끼면서 자신의 처지는 왜 그런지 대답을 찾아보려고 애쓴다. 이럴 때, 당신은 나쁜 업을 지었고 전생의 끔찍한 죄를 갚고 있는 중이라는 둥, 온갖 종류의 가르침이 등장한다. 신이 기껏 말 안 듣는 자식들을 가르치고 키우는 일밖에는 할 일이 없다는 듯이 말이다! 그런데 신은 그 전지전능한 힘을 가지고도 이 희한한 양육방법 때문에 뭔가 골치를 앓고 있는 것 같아 보인다. 어떤 모호한 이유로 해서 신은 우리의 죄를 이번 생애에 벌하지 않고 나중의 생애로 미룬다. 하지만 기억도 못하는 일을 가지고 사람에게 벌을 주는 것이 대체 무슨 의미가 있다는 건지, 요상하지 않은가?

불평등에 관한 또다른 가설이 있다. 현재 궁핍과 고통을 겪고 있는 사람들도 언젠가는 고스란히 보상을 받으리라는 것이다. 하지만 이 역시 하늘나라 어디에선가가 아니면 다음 어느 생에선가이다. 아무리 뜯어봐도 이런 식의 설명은 도무지 만족스럽지가 않다. 사람은 오직 이 하나의 생애만을 기억하고 인식하기 때문에, 전생과 내생이 존재하든 말든 그것은 사실 중요하지도 않다. 어떤 의미에서는 현생만이 그의 유일한 삶이다.

만일 운명이 정해져 있다고 믿는다면 근심 걱정에서 벗어나는 가장 좋은 수단은 겸허함일 것이다. 이 밖에 또 하나 새로운 종류의 설명이 존재한다. "행복하고 싶으면 그저 행복하라." 낙천주의자가 되어서, 가진 것에 만족하라는 것이다. 이 설명을 옹호하는 사람들은 너무 많은 것을 기대하고 끊임없이 불평만 하면 불행해진다는 것을 이해시키려고 한다. 그저 정해진 대로 만족하고 단순하게 삶을 기뻐해야 한다는 것이다. 사람들도 이 말을 받아들이기는 하겠지만 어두운 현실을 기쁘게 맞이하기는 좀 난감한 일이다. 좀더 큰 것을 원할 수는 정말 없는 것일까? 왜 억지로 기뻐해야 하는가? 그것은 자신에게 사랑하라고 강요하는 것이나 마찬가지 아닐까?

모두를 사랑하고 용서하라고 권하느라 바쁜 소위 '깨달은' 사람들이 우리 주위에 늘 있다. 물론 가혹한 현실을 피하려면 머리에 이불을 뒤집어쓰듯이 환상을 덮어쓸 수 있다. 사실 그렇게 해서 더 편하게 살수 있을지는 모르지만, 마음 깊은 곳에서는 왜 미운 사람을 용서해야 하는지, 또 관심도 없는 사람을 왜 사랑해야 하는지를 이해하지 못한다. 그렇게 한다고 해서 무슨 이익이 있을까? 그것은 자연스러운 것이 아니라 억지로 짜낸 행복이다. 그 기쁨은 저절로 우러나오는 것이 아니라 치약을 짜내듯이 짜내야만 한다.

물론 인생이 하나의 정해진 운명에만 묶여 있는 단조롭고 유치한 것이 아니라고 믿는 사람들도 있다. 그들은 가지고 있는 것에 만족하기를 싫어하며 주어진 것보다는 뭔가를 이루어내는 기쁨을 더 좋아한다. 그런 사람들을 위해서 운명에 대한 또 하나의 다른 관점이 있다. "사람은 자신의 행복을 스스로 빚어낸다." 그러니까 알다시피 사람은 행복을 위해 싸워야 한다. 달리 무슨 수가 있을까? '똑똑한' 사람들은 아무것도 그냥 주어지지는 않는다고 말한다. 그것은 논쟁의 여지가 없는 사실처럼 보일 것이다. 주어진 대로의 행복을 받아들이기가 싫다면 몸부림으로 자신만의 행복을 찾아야 한다.

역사 속의 교훈적 이야기들은 영웅들이 밤낮으로 자신을 바쳐 용감하게 싸워서 상상할 수 없는 장애를 극복해냈다고 한다. 그들은 엄청난 고통과 어려움을 극복하여 싸움에 이긴 다음에야 성공과 행복을 얻었다는 것이다. 그러나 여기에도 미심쩍은 구석이 있다. 싸우고 고생하는 무수한 사람들 중에 실제로 성공에 도달하는 사람은 단 몇 사람뿐이라는 사실이다. 성공을 위해 목숨을 걸고 평생을 싸워도 몽땅 헛수고가 되기도 한다. 삶이란 것은 왜 이토록 혹독하고 절망적인 것일까?

행복을 얻기 위해서 세상과 싸워야 한다는 것은 이 얼마나 힘겨운 일인가? 세상이 양보해주지 않으면 우리는 또 자신과 싸워야 한다. 가난하거나 아프거나 못생기거나 불행하다면 그것은 자신의 잘못이다. 당신은 결점이 많으니 자신을 바꿔야만 한다. 인간은 날 때부터 결점과 죄의 덩어리라는 사실을 마주하여, 꿈에서라도 행복하려면 그것을 고치기 위해 끊임없이 노력해야만 한다. 이 무슨 고약하게 암울한 현실인가? 그러니 복 많은 부잣집에 태어나지 못했다면 겸허하게 고난을 참아내거나, 아니면 끝없는 싸움에 평생을 바치는 것이 그의 운명인 것이다. 이런 인생을 받아들이라는 것은 아무리 생각해봐도 마뜩치 않다. 만사가 정말 이토록 암울하고, 희망의 빛이란 전혀 없는 것일까?

탈출구는 있다. 위에 열거된 모든 해석과는 달리, 그것은 단순하고도 즐거운 것이다. 왜냐하면 그 탈출구는 전혀 다른 차원에 놓여 있기 때문이다. 트랜서핑에서는 운명의 개념이 근본적으로 다른 세계관 위에 놓여 있다. 또 말도 안 되는 이상한 소리를 둘러대려 한다고 생각하고 실망하여 책을 집어던지지는 마시라. 알려진 모든 운명의 개념은 어떤 특정한 세계관에 근거해 있으며, 그 세계관들은 또한 증명할 수 없는 몇 가지 전제로부터 나온 것이라는 사실에 여러분은 동의할 것이다.

예를 들어, 물질주의는 물질이 먼저고 의식은 부차적인 것이라고 주장하며, 관념론은 그 정반대를 주장한다. 하지만 둘 다 증명할 수 없는 주장이다. 그럼에도 그것을 근거로 세계관이 구축된다. 두 세계관은 양쪽 다 아주 그럴싸해 보이고, 그것을 믿는 충실한 신봉자들이 있다. 이 두 파는 각자 고유한 방식으로 세상의 본질을 철학적, 과학적, 종교적 관점에서 설명할 수 있다. 그리고 그것은 양쪽 다 옳기도 하고 그르기도 하다. 우리는 결코 절대적인 진리를 정의할 수 없다. 거기에 사용되는 개념 자체가 상대적인 속성을 지니고 있기 때문이다. 잘 알려진 눈먼 세 사람과 코끼리의 우화에서, 첫째 사람은 코, 둘째는 다리, 셋째는 귀를 만졌다. 각자의 느낌에 근거해서 보니 코끼리의 생김새에 대한 그들의 결론은 다 달랐다. 그러므로 한쪽의 시각이 옳고 다른 쪽은 그름을 증명하려는 시도는 전적으로 무의미하다. 중요한 것은 그것이 얼마나 현실과 맞아떨어지느냐 하는 것이다.

현실이란 우리가 스스로 만들어낸 환상이라고 하는 잘 알려진 주장을 들어본 적이 있을 것이다. 그러나 이 환상이 어디서 나오는지에 대해서는 아무도 납득할 만한 설명을 하지 못하고 있다. 우리가 모두 '영화'를 보고 있다는 것인가? 이것은 물론 매우 미심쩍긴 하지만, 어떤 의미에서는 이 말에도 일리가 있다. 이와는 반대되는 견해도 있다. 물질세계는 단지 냉혹한 법칙에 의해 작동하는 기계장치일 뿐이라는 것이다. 이런 세계에서 마음은 아무것도 결정할 힘이 없다. 여기에도 일리는 있다.

그러나 인간의 이성은 모호한 구석을 피하여 발을 디딜 수 있는 단단한 기반을 찾으려고 노력하게 되어 있다. 그래서 이성은 한쪽 이론은 산산이 부숴버리고 다른 쪽만을 우러러 받들려고 한다. 이것이 바로 학자들이 수천 년 동안 해온 일이다. 진리를 얻기 위한 모든 싸움 끝에, 그 싸움터에는 오직 하나의 사실만이 쓰러지지 않고 남아 있다. ― 모든 이론은 다면적인 현실의 특정한 한 측면을 보여줄 뿐이라는 사실이다.

각 이론은 그것이 개발된 시대의 지지를 받아 존재의 정당성을 획득한다. 운명의 개념도 이와 마찬가지다. 만일 당신이 운명은 미리 정해져 있는 것이어서 아무나 바꿀 수 없는 것이라고 결론짓는다면 그것은 그렇게 될 것이다. 이럴 경우, 당신은 스스로 자신의 운명을 다른 사람의 손에 넘겨주는 것이다. 그것이 누구의 손인지는 중요하지 않다. 요는, 당신이 파도가 치는 대로 밀려다니는 작은 종이배와 같은 신세가 된다는 것이다. 그러나 만일 당신이 자신의 운명을 스스로 창조한다고 믿는다면, 당신은 삶에서 일어나는 모든 일에 의식적으로 책임을 떠맡는다. 당신은 파도와 싸우며 자신의 항로를 따라 배를 조종한다. 그래서 당신의 선택은 항상 실현된다. 당신은 스스로 선택한 것을 얻는다. 어떤 세계관을 선택하더라도 그것은 항상 옳을 것이다. 하지만 다른 사람들은 당신에게 동의하지 않고 반박할 것임을 알아둬야 한다. 그들도 자신의 세계관 안에서는 역시 옳기 때문에.

현실 속의 어떤 현상을 기준으로 잡아놓으면 그것을 중심으로 하나의 과학 분야를 만들어낼 수 있다. 이 분야는 그 자체 내에서는 모순점이 없다. 그래서 그것은 실제로 현실의 여러 면 중 하나를 멋지게 반영

25

해준다. 과학의 한 분야와 같은 하나의 지식체계를 이루어내려면 그 지식체계 안에 한 자리를 차지하는 몇몇 사실만 있으면 충분하다. 그리고 그 사실들은 완전히 이해되어야 할 필요도 없다.

그 예로, 양자물리학은 몇 가지의 증명할 수 없는 사실, 곧 '공리'에 기초를 두고 있다. 그 공리들은 그 자체가 양자물리학의 최초의 기준점이기 때문에 증명될 수 없다. 양자물리학에서 미립자는 어떤 경우에는 입자처럼, 또다른 경우에는 파동처럼 행동한다. 과학자들은 이 이중적인 행동을 명쾌하게 설명할 수 없었다. 그래서 그들은 그것을 그저 당연한 현상으로 받아들였다. 양자물리학의 공리들은 현실이 취할 수 있는 엄청나게 다양한 생김새와 형태를 수용할 수 있다. 이는 마치 장님들이 코끼리가 때로는 나무기둥처럼, 때로는 뱀처럼 보이기도 한다는 점에 동의하는 것과 유사하다.

미시세계의 대상을 기술할 때 그것을 입자로 바라보기를 택한다면, 우리는 저명한 물리학자 닐스 보어가 최초로 만들어냈던 것과 같은 원자 모형을 얻게 될 것이다. 이 모형에서는 태양계의 행성들이 태양 주위를 도는 것처럼 전자들이 원자핵 주위를 돈다. 만일 그것을 파동으로 바라보기를 택한다면, 원자는 물감이 번진 점처럼 보일 것이다. 이 두 모형은 각각 나름대로의 역할을 하면서 현실이 취하는 각기 다른 측면들을 반영하고 있다. 여기서도 역시 우리는 자기가 선택한 것을 얻는다.

기본적으로 현실 속의 어떤 현상도 기준점이 되어서 하나의 지식체계를 이루어낼 수 있고, 현상계 속에서 분명히 자신의 자리를 점하고 자신의 역할을 한다. 진리를 추구하는 사람들은 자신이 살고 있는 우주의 본질을 이해하려고 늘 애써왔다. 그들은 사물의 특정한 성질을 연구함으로써 그것을 이루고자 했다. 어떤 특정한 자연 현상을 기술하고 설명하려는 과정에서 많은 과학지식이 얻어졌다. 그리하여 지식의 여러 분야가 생겨난 것이다. 흥미롭게도 이 분야들은 종종 서로 모순을 일으킨다.

우주의 본질은 하나이며 나누어져 있지 않지만, 그것은 끊임없이 다양한 모습으로 우리 앞에 나타난다. 사람들이 그 한 측면을 제대로 연구하고 해명하기도 전에 이전 것과는 완전히 모순되는 다른 측면이 나타난다. 과학자들은 모순을 해소하기 위해 현실의 다양한 측면들을 통합시켜보려고 애쓰지만 그것은 지극히 어려운 일이다. 과학지식의 모든 분야를 아우르고 조화시켜줄 수 있는, 의심의 여지가 없는 한 가지 사실이 있다. ― 우리의 현실이 취할 수 있는 모습의 엄청난 다양성 말이다. 이 비길 데 없이 무한한 가능태야말로 우리 우주의 가장 중요하고도 근본적인 본성이다.

자신의 분야에 집착하여 어떤 특정한 현상을 설명하는 데에만 몰두해 있는 사람들은 이 가능태의 다양성에는 눈을 돌리지 않는다. 사실이지, 가능태가 다양하다는 그 사실로부터 별다른 무엇을 이끌어낼 수가 있단 말인가? 좌표평면의 영점처럼, 현상의 다양성은 모든 관찰의 시발점 역할을 할 수 있다. 여러 지식분야들의 분지점은 그에 비하면 부차적인 것이다. 그럼에도 과학자들은 이 원초적 시발점이 아무런 정보도 가지고 있지 않은 것처럼 여기고 거기에 주의를 주지 않는다. 하지만 이 시발점은 분명히 정보를 가지고 있으며, 더군다나 가장 놀랄 만한 정보를 담고 있다.

보호구역 감시인이 준 수수께끼를 풀기 위해서는 바로 이 가능태의 다양성을 시발점으로 삼아야 한다. 달리 말해서, 우리는 현실이 무한히 다양하게 펼쳐질 수 있다는 이 사실을 공리로 내세우리라는 것이다. 우리는 두루뭉술한 뜻의 이 공리가 흥미롭기 그지없는 뜻밖의 사실을 드러내준다는 사실을 발견하게 될 것이다.

현실 속에 모습을 드러내는 모든 형체에는 반드시 그 근원이 있다는 사실에서부터 시작하자. 그 근원으로부터 모든 다양한 가능태가 생겨난다. 우주의 모든 법칙은 어디에 '기록' 되어 있는 것일까? 우주는 시간과 공간 속을 움직이는 물질로서 모습을 드러낸다. 그리고 움직이는 물질들은 일정한 법칙을 따르고 있다. 수학시간에 배웠듯이, 함수의 그래프 상에는 점들이 놓여 있다. 그러니까 그래프 상에서 점의 움직임은 특정 함수의 지배를 받는다고 할 수 있다. 그러나 수학공식과 법칙은 감각이 인식한 것을 이해하고 설명할 수 있도록 돕기 위해 인간의 지성이 만들어낸 추상물일 뿐이다. 자연이 이 모든 공식과 법칙을 어딘가에 몰래 감춰두고 있으리라고 보기는 극히 의심스럽다.

그러면 그 밖의 어떤 방법으로 그래프 상에서 점의 위치를 기억할 수 있을까? 물론 각 점의 정확한 좌표를 저장해놓으면 될 것이다. 하지만 곧 문제가 되는 것이, 인간의 기억 용량은 한계가 있어서 그 무수한 점의 정보를 다 처리할 수가 없다. 그러나 자연에게는 무한성이 문제가 되지 않는다. 자연은 수학공식을 써서 그래프 위에다 점의 위치와 움직임을 기록할 필요가 없다. 선형 그래프를 무한 개수의 작은 점들로 쪼개어놓는다면 그 각각의 점들을 원인으로, 그리고 그 점에 뒤따라오는 점들을 결과로 간주할 수 있을 것이다. 그러므로 시간과 공간 속의 물질적 지점의 움직임은 무한히 작은 원인과 결과의 무한히 긴 사슬로 볼 수 있다.

우리는 우리가 가진 지식으로 법칙을 만들어 물질의 움직임을 기술

한다. 반면에 자연은 이 움직임을 있는 그대로의 순수한 형태, 곧 무한수의 원인과 결과로서 품고 있다. 대략적으로 말하자면, 존재 가능한 모든 물체와 그 동선상의 무한수의 지점에 관한 데이터는 정보의 장場 속에 저장된다. 이 정보의 장을 우리는 가능태 공간(space of variations)이라고 부를 것이다. 가능태 공간은 과거에 존재했던 모든 것과, 현재에 존재하는 모든 것, 그리고 미래에 존재할 모든 것에 대한 정보를 담고 있다.

정보체(informational structure)인 가능태 공간은 물질적이라고 할 수 있는 기반을 가지고 있다. 이 무한한 정보장은 일어날 수 있는 모든 사건의 모든 가능태를 품고 있다. 그러니 이 가능태 공간 안에는 모든 정보가 담겨 있다고 할 수 있다. 이 정보가 어떤 방식으로 저장되는지는 논하지 않기로 하자. 그것은 별로 중요하지 않다. 기억해야 할 가장 중요한 것은, 가능태 공간이 시간과 공간 속을 움직이는 물질의 형판, 혹은 좌표시스템의 역할을 한다는 사실이다.

가능태 공간의 각 점은 어떤 사건의 특정한 가능태를 품고 있다. 이해를 돕기 위해, 모든 가능태가 시나리오와 무대장치로 구성되어 있다고 생각해보자. 무대장치는 현실이 펼쳐지는 외적 형태, 즉 현상이고, 시나리오는 물질이 움직여가는 트랙이다. 편의상 가능태 공간을 섹터별로 나눌 수 있다. 각각의 섹터가 고유한 시나리오와 무대장치를 가지고 있다. 섹터 간의 거리가 멀면 멀수록 시나리오와 무대장치의 차이도 크다. 사람의 운명도 이처럼 무수한 가능태로 이루어져 있다.

가능태 공간은 무한하기 때문에 이론상 인간 운명의 시나리오와 무대장치의 형태와 수는 무한하다. 그래서 사소하기 짝이 없는 사건 하나가 운명의 흐름을 바꿔놓을 수도 있다. 인간의 삶은 물질의 움직임과

29

마찬가지로, 원인과 결과의 사슬에 지나지 않는다. 가능태 공간에서는 원인과 결과가 서로 가까이 배치되어 있다. 원인 다음에는 곧 결과가 따라온다. 그래서 한 사람의 운명의 구역이 한 생애의 트랙을 이룬다. 그런 한 인생트랙의 시나리오와 무대장치는 그 성격이 비슷하다. 한 사람의 삶은 시나리오와 무대장치를 바꾸어놓는 사건이 일어나기 전까지는 하나의 트랙을 따라 평범하게 흘러간다. 그러다가 운명이 커브를 틀면 다른 인생트랙을 따라 움직이기 시작하는 것이다.

당신이 어떤 연극을 봤다고 상상해보자. 다음날 당신은 같은 연극을 보러 또 극장에 간다. 그런데 오늘은 무대장치가 조금 바뀌어 있다. 이 두 연극은 가능태 공간에서 서로 비교적 가까이 배치된 인생트랙들이다. 다음 연극시즌에 당신은 같은 배우들이 출연하는 같은 연극을 보는데, 이번에는 시나리오가 많이 바뀌어 있다. 이것은 맨 처음에 보았던 것보다 더 멀리 떨어져 있는 인생트랙이다. 마지막으로, 같은 연극을 다른 극장에서 보는 경우가 있다. 거기서는 동일한 희곡작품을 아주 다르게 해석한 연극을 보게 된다. 이것은 처음 것에서 아주 멀리 떨어진 인생트랙이다.

가능태의 수가 무한하다는 바로 이 이유로 인해서 현실은 그 모든 다양성을 펼쳐낸다. 모든 출발점으로부터 인과의 사슬이 흘러나온다. 출발점을 선택하면 그에 따른 현실이 펼쳐져 나온다. 선택된 출발점에 따라서 다른 인생트랙을 따라 현실이 전개된다고 할 수 있는 것이다. 모든 사람은 자기가 선택한 것을 얻는다. 무한한 가능태가 이미 존재하므로, 당신은 당연히 선택권을 가지고 있다. 당신이 마음에 드는 운명을 골라잡는 것을 막을 사람은 아무도 없다. 운명을 지배한다는 것은 결국 단 하나의 단순한 일, 곧 골라잡기로 귀착된다. 그러면 그 선택은 어떻게 하는 것일까? — 트랜서핑이 그 답을 줄 것이다.

그러니까 정보체는 무한한 수의 잠재적 가능성, 즉 각기 고유한 시나리오와 무대장치를 지닌 가능태를 담고 있다. 물질화 과정은 이 정보체에 담긴 내용에 상응하여 일어난다. 물질이 가능태 공간 속을 움직여가는 과정은 다음의 생각실험으로써 보여줄 수 있다.

물이 들어 있는 호스를 상상하라. 호스를 감싼 고리 모양의 냉동기가 호스를 따라 천천히 움직인다. 냉동기가 있는 위치의 호스 안의 물은 빠르게 결빙한다. 물 분자들은 상대적으로 느슨한 상태로 제 자리에 머물러 있다. 냉동기가 통과하는 순간 그 지점의 호스 안의 물 분자들은 얼음결정이 되어 고정된다. 하지만 냉동기가 지나가면 얼음은 다시 녹아서 물 분자들이 느슨히 풀려난다. 그러니까 얼음결정 자체가 호스를 따라 물속을 움직이는 것이 아니라 물의 구조, 즉 결빙상태가 호스를 따라 이동하고 있는 것이다.

이 비유에서, 호스 속의 물은 가능태 공간이고, 얼음결정은 가능태가 물질적으로 현실화된 것이다. 물 분자들은 사람들을 상징하는데, 결정구조 안에서의 그들의 위치는 운명의 한 가능태를 나타낸다. 냉동용 고리가 무엇을 상징하는지에 대해서는 명확히 대답할 수가 없다. 이것은 다른 말로 하면, 정보체는 어떻게, 왜 물질로 변할 수 있는가 하는 것이다. 양자물리학의 미시세계에서 물질은 에너지 다발의 형태를 취할 수 있다. 우리는 진공 공간에서 소립자들이 탄생과 소멸을 반복한다는 것을 알고 있다. 그러니까 물질은 한편으로는 존재하지만, 동시에 사실은 물질적 바탕을 제대로 갖추지 못하고 있다. 분명한 점은 단 하나 — 만질 수 있는 모든 것은 만질 수 없는 에너지로부터 비롯된다는 사실이다.

물리학 이야기를 너무 많이 해서 피곤하게 만드는 것은 아닌지 모르겠다. 우리는 이제 막 트랜서핑의 항해를 시작했지만, 당신이 곧이어 이 책에서 발견하게 될 사실은 상당히 충격적일 것이다. 그래서 너무 혼란스러워지지 않도록 할 수 없이 이론적 배경을 소개하고 있는 것이다. 조금만 더 참아주기를 바란다.

바다의 파도는 가능태의 실현을 설명하기에 좋은 또 하나의 비유이다. 지진 때문에 바다에 파도가 생기는 경우를 가정해보자. 파도는 거대한 혹처럼 바다 표면을 따라 이동해간다. 그러나 바닷물 자체는 그 자리에 그대로 머물러 있다. 퍼져 나가는 것은 물의 덩어리 자체가 아니라, 위치에너지의 상태이다. 단지 해변에서만 물이 마른 땅을 적실 뿐이다. 다른 파도들도 모두 마찬가지다. 이 비유에서 바다는 가능태 공간이고 파도는 그것이 물질적으로 실현된 상태이다.

여기서 우리는 무엇을 얻을 수 있을까? 한편에서 물질적으로 실현된 상태는 시간과 공간 속을 움직여 다니지만 다른 한편에서 가능태는 제자리에 계속 머물러 있으면서 영원히 존재하는 것일까? 그리고 이는 모든 것은 존재했으며, 존재하고, 또 존재하리라는 것을 의미하는 것일까? 글쎄, 그러지 못할 이유가 있는가? 시간은 공간과 마찬가지로 정적이다. 우리는 영화필름이 돌아가면서 장면들이 꼬리를 물고 이어질 때에만 시간의 흐름을 느낄 수 있다. 이제 필름을 전부 펼쳐놓고 모든 장면을 동시에 바라보라. 시간은 어디로 갔는가? 모든 장면이 동시에 존재한다. 우리가 장면들을 하나하나 이어서 보기 전에는 시간은 정지 상태로 있다. 바로 이것이 정확히 우리 현실의 삶에서 일어나고 있는 일이다. 모든 것이 왔다가 사라진다는 생각이 우리 의식 속에 단단히 심어져 있는 것도 바로 이 때문이다.

사실, 정보장 안에 기록된 모든 것은 언제나 거기에 존재해왔고, 영
원히 그대로 남아 있을 것이다. 인생의 트랙들은 마치 영화필름처럼 존
재한다. 일어난 모든 일은 사라져버리지 않고 남아 있다. 일어날 모든
일은 지금 일어나고 있다. 현재란, 가능태 공간 속의 특정 구역이 당신
의 인생트랙 위에 실현되어 나타난 것일 뿐이다.

많은 사람들이 이렇게 의아해할 것이다. '내 운명의 모든 가능태들
이 어떻게 영원히 존재할 수가 있담? 그런 정보는 또 누구에게 소용이
있을까? 신에게? 아니면 자연에게? 그리고 그런 정보가 도대체 왜 필
요한 거지?' 그렇다면 좌표평면 위의 한 점을 상상해보기 바란다. 학교
에서 우리는 이렇게 배웠다. 좌표평면 위의 한 점(x, y)은 음과 양의 무
한수 중에서 그 어떤 값이라도 다 가질 수 있다. '그 어떤 값이라도' 라
는 말에 주목하자. 그런데 왜 아무도 질문을 하지 않았을까? — '한 점
이 왜 어떤 좌푯값이라도 다 가질 수 있는가요?' 라고. 자, 이제 선형線形
함수를 따라 움직이는 한 점을 머릿속에 그려보자. 그 점은 혼자 이렇
게 물어본다. '내가 지나온 길이 어떻게 늘 거기에 존재하고 있었을까?
그리고 어떻게 영원히 존재할 수가 있는 걸까? 또 내 앞날의 여정은 어
떻게 미리 다 정해져 있는 걸까?' 하지만 당신은 그 점과 그 점이 가는
길을 위에서 내려다보고 있다. 그러므로 당신이 볼 때는, 그 점의 여행
은 놀랍달 만한 것이 하나도 없다.

가능태 공간은 하나의 형판으로서 작용한다. 사물이 현실 속에 어떤
식으로 드러날지를 그것이 결정한다. 어두운 숲에서 손전등을 들고 있
는 사람을 상상해보라. 그는 숲속을 헤치고 걸어간다. 손전등이 어디를
향하든, 그것은 숲의 한 부분을 밝게 비춘다. 물질적 현실은 마치 손전
등빛이 비친 곳처럼 자신을 드러낸다. 어두운 숲 전체는 가능태 공간이

며, 밝혀진 부분은 실현된 가능태 구역이다. 그렇다면 '빛'은 무엇일까? 다른 말로, 무엇이 형판 속의 한 가능태에 '빛을 비추는가', 혹은, 그것을 물질화시키는가?

이 질문에 대답하기 위해 우리는 또 하나의 출발점을 정해야 한다. 우리의 이 시대는 생각이 곧 물질이라는 사실에 대해 이미 의심이 없다. 현실은 우리에게 두 가지 모습으로 나타난다. ― 한편으로 우리의 존재는 우리의 의식에 의해 결정되지만 다른 편으로는 그와 반대되는 분명한 증거들도 많이 있다. 생각은 행동의 동기로서만 작용하는 것이 아니고, 우리의 현실에 직접적인 영향을 끼치기도 한다. 예컨대, 우리가 가장 두려워하는 일은 실현되는 경우가 많다. 물론 당신은 그것이 생각이 실현된 게 아니라 불길한 예감이 맞아떨어진 것이라고 반박할 수 있다. 대부분의 신기한 현상들이 설명할 수 없고 모호한 구석이 많은 것은 사실이지만, 그렇다고 해서 이 같은 현실을 눈앞에 놓고 그냥 무시해버릴 수 있는 것은 아니다. 생각이 현실에 직접 영향력을 행사한다는 사실을 뒷받침하는 증거들이 많이 있기 때문이다.

어떤 식으로든 의식은 사람의 운명을 형성시킨다. 이 책은 그런 일이 어떻게 일어날 수 있는지에 대해 이야기하려는 것이다. 다음의 진술을 우리의 출발점으로 삼아보자. ― 사념 에너지의 파동은 잠재된 가능태를 물질화시킨다. 현실은 의식이 결정하는 어떤 형태로도 실현될 수 있으므로, 이 진술은 옳다. 이 가정이 옳다는 증거는 일상의 삶에서뿐만 아니라, 양자물리학 실험에서도 찾을 수 있다. 생각이 가능태 공간과 어떻게 상호작용하는지를 정확히 아는 것은 우리의 목적을 위해서는 중요하지 않다. 정보전달 과정이 어떻게 일어나는지는 아직도 분명히 밝혀지지 않았다. 그 과정이 에너지를 기반으로 하는지, 아니면 다른 종류의 기반이 있는지도 분명하지 않다. 문제를 단순하게 만들기 위해, 사념 에너지의 파동이 가능태 공간의 특정 섹터sector를 '밝게 비추어' 그 결과로 그 가능태가 물질화된다고 가정하자. 사념의 파동은 가능태 공간 내에서 자신의 해당 섹터를 찾아낼 것이다. 그러면 그 특정 섹터의 가능태가 물질화된다. 이런 과정을 통해 의식이 현실을 결정할 수 있는 것이다.

이것이 현실이 실현되는 유일한 방법임을 명심해야 한다. 순수한 명상만으로는 바라는 현실을 만들어낼 수 없다. 허공에서 물건을 물질화시키는 능력을 지닌 사람들도 있지만 이런 사람들은 희귀하고, 자신의 능력을 떠벌리고 다니지도 않는다. 아무튼 생각은 행동과 마찬가지로 사람의 운명에 동일한 영향력을 미친다. 사람들은 행동이 가시적인 결과를 끌어온다는 손쉬운 설명에 익숙해 있다. 생각의 영향은 보통 눈에 띄지 않으므로 설명할 수도, 예측할 수도 없다. 생각과 그에 따른 사건들 사이의 일목요연한 인과관계를 보여준다는 것은 상대적으로 어려운 일로 보일 수 있다. 그러나 당신은 곧 한 사람의 생각이 그의 현실에 직접적인 영향을 미친다는 사실을 깨닫게 될 것이다. 사람은 정확히 자신이 선택한 것을 얻는다.

어떤 사람은 이렇게 반문할 수도 있다. "바다와 산과 행성과 은하계들, 이 모두가 내 생각의 산물에 지나지 않는다고 주장하는 겁니까?" 때로 자신이 우주의 중심이라고 생각하고 싶어하는 성향은 인간 본성의 한 부분이다. 사실 인간은 이 무한한 우주공간 속에서 아주 작은 한 귀퉁이를 차지하고 있다. 우리의 세계에는 수많은 생명체들이 살고 있으며, 그들 하나하나가 모두 현실의 형성에 자기 몫의 기여를 하고 있다. 각 생명체는 고유한 사념파와 그 매개변수를 가지고 있다. 식물을 생각하는 존재로 보는 것이 불편하다면 그 작용에 다른 이름을 붙일 수도 있다. 하지만 이름을 바꾸어도 요점은 변하지 않는다. 심지어, 무생물이 생물의 생각과 유사한 어떤 것을 가지고 있지 않다고 확언할 수조차 없다. 우리가 신이라 부르는, 존재하는 모든 것을 관통하는 대영혼의 존재에 대해서는 말할 것도 없다. 모든 피조물은 고유한 의식을 지니고 있으며, 자기 세계의 한 층을 이루고 있다. 우주의 만물은 저마다 한 티끌만큼의 신을 지니고 있으며, 신은 이런 방식으로 우주를 다스린다고 말할 수 있다.

각자가 자신만의 인생트랙을 따라 여행한다. 그러나 동시에 모든 사람이 하나의 동일한 세계에 살고 있다. 물질세계는 모두에게 하나지만, 각자는 자기에게 실현된 고유한 현실을 갖는다. 당신이 여행자이며 지금 아름다운 도시를 방문하고 있다고 가정해보자. 당신은 아름다운 풍경과 건축물을 감상하고 있다. 꽃이 만발한 정원과 분수, 작은 오솔길이 난 공원, 그리고 풍요롭게 사는 사람들의 미소 띤 얼굴을 구경하고 있다. 그런데 쓰레기통 옆을 지나다가 노숙자 한 사람을 발견한다. 그는 같은 차원, 같은 세계에 사는, 당신과 똑같은 사람이다. 그러나 그의 눈에는 당신이 보는 세상이 보이지 않는다. 그는 쓰레기통에 들어 있는 빈병, 빈병을 주우러 온 다른 부랑자, 경찰 등을 경계하는 눈빛으로 바라본다. 그는 당신이 가고 있는 트랙과는 다른 인생트랙을 가고 있다. 당신의 인생트랙과 그의 인생트랙은 가능태 공간 속에서 서로 교차했다. 그래서 실현된 현실인 이 세계에서 당신과 노숙자가 마주치게 된 것이다.

물질적으로 실현된 모든 현실은 에너지 기반을 가지고 있다. 가장 본질적인 것은 에너지장이고, 다른 모든 물리적 현실은 부차적이다. 과학자들은 에너지의 다양한 현상들을 하나의 이론적 틀 속에다 묶어 넣으려고 애쓰고 있고, 우리는 곧 그 결과를 보게 될 것이다. 하지만 그다음에도 그 이론에다 더 많은 것을 더해야 할 것이다. 왜냐하면 현실은 무한수의 방법으로 실현될 수 있기 때문이다. 더 세부적으로 들어가지는 말고, 에너지를 일종의 추상적이고 비가시적이지만 실제로 존재하는 힘으로 간주해보자. 우리의 목적을 위해서는, 인간의 사념 에너지는 전적으로 물질적인 것이라는 사실을 인식하기만 하면 충분하다. 사념 에너지는 머릿속에 갇힌 채 목적 없이 그 안을 맴돌고 있는 것이 아니다. 사념 에너지는 공간으로 퍼져 나와 주변의 에너지장과 상호작용한다. 오늘날 이 사실에 반론을 펴는 사람은 거의 없을 것이다.

편의상, 라디오 전파를 측정할 때처럼 주파수를 사념파의 한 매개변수로 삼을 수 있다. 우리가 뭔가를 생각할 때마다, 사념 에너지의 주파수는 가능태 공간의 한 섹터에 동조된다. 그러면 그 섹터 고유의 가능태가 물질화하기 시작한다. 에너지는 복잡한 구조를 지니고 있으며, 이 세계의 모든 것을 관통한다. 에너지는 사람의 신체를 통과할 때 그 사람의 생각에 따라 변조되고, 몸에서 나갈 때는 그 생각에 상응하는 매개변수를 얻게 된다. (전파 송신기도 유사한 방식으로 작동한다.) 에너지의 매개변수들은 그 생각의 성질을 흡수한다. 그렇게 해서 몸 밖으로 빠져나가는 에너지는 사념파로 바뀐다. 그리고 그것은 가능태 공간의 한 섹터를 물질적 현실로 바꿔놓는다. 좋은 것이든 나쁜 것이든 뭔가를 생각할 때 당신은 사념 에너지를 가능태 공간 속으로 방사하는 것이다. 변조된 에너지는 특정 섹터에 작용하고, 이 상호작용이 그에 상응하는 변화를 당신의 삶에 가져온다.

인생의 상황들은 특정 행동에 의해서만 형성되는 것이 아니라, 그 사람의 생각의 성질에 의해서 형성되기도 한다. 당신이 세상에 대해 적대적인 태도를 취하면 세상도 당신을 같은 식으로 대접할 것이다. 당신이 늘 투덜대며 세상에 대한 불만을 늘어놓는다면 만족하지 못할 이유는 갈수록 늘어날 것이다. 세상에 대한 당신의 태도가 부정 일색이라면, 세상은 살기 힘든 곳이 될 것이다. 그 반대의 경우도 물론 그렇다. 긍정적인 태도는 당신의 삶을 더 나은 삶으로 바꿔주는 가장 자연스러운 방법이다. 당신은 자기가 골라잡은 것을 가진다. 당신이야 좋든 싫든 그것이 사실이다.

당신의 생각들이 대략 같은 방향을 향하고 있으면 당신은 같은 인생 트랙 위에 머물러 있을 것이다. 그러다가 당신이 현실에 대한 태도를 바꾸면 사념파의 매개변수들도 즉시 새로운 특성을 얻는다. 그러면 당신의 물질적 세계는 새로운 트랙으로 옮겨간다. 그 새 트랙에서는 당신이 방사하는 사념파의 매개변수에 따라 완전히 다른 시나리오로 사건이 전개된다. 만일 어떤 이유로 시나리오가 마음에 들지 않으면 당신은 상황을 고쳐보려고 애쓸 것이다. 사람은 누구나 장애물을 만나면 부정적인 반응을 보이면서 불만을 표하거나 절망에 빠진다. 그러면 당신의 사념파는 더 많은 장애물이 있는 트랙으로 옮겨간다. 결국 인생은 점점 더 빠르게 아래로 곤두박질친다.

이런 과정은 당신의 통제력 밖에 있는 것처럼 보일지도 모르지만 사실, 가능태 공간 속의 말썽 많은 섹터로 실현의 에너지를 보낸 책임은 바로 당신에게 있다. 당신은 자신이 하고 있는 일이 장애물을 효과적으로 제거해주리라고 믿는다. 그러나 사실 당신은 정확히 자기가 선택한 대로 얻은 것이다. 장애물과 싸우기를 선택하면, 싸워야 할 장애물을 넘치도록 만나게 될 것이다. 당신이 문제를 가지고 고민에 빠져 있다면, 당신의 삶에는 언제나 문제가 끊이지 않을 것이다. 당신은 현재의 인생트랙 위의 상황을 바꿔놓으려고 여러 가지로 행동을 취해보지만, **가능태 공간 속 시나리오의 내용을 고칠 수는 결코 없다. 오직 다른 시나리오를 선택할 수 있을 뿐이다.** 가능태 공간 속 시나리오의 불쾌한 사건을 고치려고 애쓸 때, 당신은 정확히 자기가 싫어하는 것들을 생각하게 된다. 바로 이를 통해서 당신의 선택은 유감없이 물질화되어서, 원하지 않았던 바로 그것을 얻게 되는 것이다.

현재의 인생트랙에서 어떤 것을 고치는 것은 불가능하다. 미술관에 가서 작품을 구경할 때처럼, 마음에 들지 않는 전시작품을 없애거나 새로 만들 수는 없다. 거기서는 당신이 대장이 아니다. 그러나 당신이 발길을 돌려 다른 전시실로 가서 마음에 드는 작품을 구경하는 것을 막을 사람은 아무도 없다. 물론, 원하는 것은 뭐든지 다 얻을 수 있는 그런 인생트랙으로 건너가는 것은 그저 바라기만 해서 되는 일이 아니다. 모든 생각이 다 실현될 수는 없으며, 모든 소망이 다 성취되지는 않는다. 그리고 그것은 생각의 내용 때문이 아니라, 생각의 성질 때문이다. 단순히 꿈꾸거나 바라는 것은 '선택하기' 가 아니다. 꿈은 실현되지 않는다. 꿈이 실현되려면 일정한 조건이 충족되어야만 한다. 이 책에서 당신은 그런 조건들이 무엇인지를, 그리고 그 조건들을 충족시키는 방법을 배우게 될 것이다.

가능태 공간에는 사람마다 무한수의 인생트랙과 운명이 있다. 우리에게는 선택할 권리가 주어졌기 때문에, 운명을 원망할 핑계가 없다. 우리의 유일한 문제는 선택하는 방법을 모른다는 것이다. 세상은 마치 있을 수 있는 모든 요구를 다 충족시켜주기 위해 창조된 것처럼 무수한 가능성으로서 우리 앞에 나타난다. 누구든지 자신이 원했던 모든 것을 이 세상에서 찾을 수 있다. 심지어 지식의 다양한 영역에서조차도, 세상은 우리가 보기 원하는 바로 그 모습으로 우리 앞에 나타난다. 예를 들어 관념론이 세상을 환상이라고 주장하면, 세상은 거기에 맞춰준다. 물질주의가 그 반대를 주장하면, 세상은 또 거기에 아무런 반대도 내세우지 않는다. 사람들은 자신의 견해를 상대방에게 강요하며 서로 논쟁한다. 그러면 세상은 또 그들의 견해가 모두 옳다는 것을 보여준다. 멋지지 않은가! 가능태 공간은 사람들이 하는 말로, 하나의 환상이다. 그것이 물질적으로 실현된 것이 바로 '물질세계'이고 말이다. 우리는 언제나 자기가 선택한 것을 얻는다.

이슬람교의 교리를 알고 있는 사람이라면 '인간의 운명은 거룩한 책에 적혀 있다'는 말이 무엇을 뜻하는지 알 것이다. 기본적으로 이 말은, 운명은 미리 정해져 있어서 벗어날 수 없다는 것을 뜻한다. 다른 종교에도 이와 비슷한 말들이 있다. 운명이 미리 정해져 있다는 것은 사실이다. 사람의 운명에는 하나의 가능태만 있는 것이 아니라 무한수의 가능태가 존재한다는 사실만 뺀다면 말이다. 운명은 피할 수 없다. 가능태의 시나리오를 고칠 수가 없으므로 어느 정도까지는 이것이 사실이다. 운명을 고쳐보려고 세상과 싸운다는 것은 무척 힘들기도 하지만 말짱 헛수고다. 시나리오를 고치려고 애쓰지 말라. 부질없는 짓이다. 그저 가장 마음에 드는 가능태를 골라잡기만 하면 된다.

물론 이것은 아주 희한한 이야기라서 의심을 불러일으킬 것이다. 나도 당신이 쉽사리 가능태 모델을 믿어주리라고는 기대하지 않았다. 나또한 트랜서핑이 효과가 있으며, 그것도 백 퍼센트 작동한다는 것을 확신하게 되기 전까지는 이것을 믿지 않았다. 당신의 유일한 목표가 절대적인 진리를 찾는 데 있다면 어떤 특정한 모델을 옹호하는 것은 의미가 없다. 모델 자체는 중요하지 않고, 그 모델을 적용하여 얻게 되는 실질적인 결과가 중요한 것이다. 서로 다른 수학적 모델들이 동일한 물리적 현상을 다른 방식으로 표현할 수 있다. 해석 기하학 전문가가 갑자기 수학적 해석에 반기를 들고 일어나서 기하학만이 유일하고도 진정한 수학원리라고 주장하기 시작한다면 얼마나 우스울까? 수학자들은 서로 간에 일종의 합의에 도달할 수 있다. 하지만 철학자들과 종교인들은 어떤가? 그들은 서로 동의하는 법이 결코 없다.

가능태 공간은 어디에 있는 것일까? 이 질문에 답하기란 매우 어렵다. 우리가 지니고 있는 삼차원 지각능력으로 본다면 가능태 공간은 모든 곳에 있고, 또 동시에 어느 곳에도 없다고 말할 수 있다. 시작도 끝도 없는 무한 평면을 상상해보자. 그 평면 위에 아주 작은 이차원의 사람들이 살고 있다. 그들은 삼차원 같은 것이 존재하리라고는 생각조차 하지 않는다. 그들에게는 이 납작한 평면이 온 우주인 것처럼 보여서, 그들은 그 경계 너머에 뭔가가 존재할 수 있다는 것을 도무지 이해할 수가 없다. 그러나 우리는 이 모델에다 제3의 차원을 그냥 더하기만 하면 된다는 것을 알고 있다. 그러기만 하면 갑자기 그런 납작한 평면들이 무한수로 창조된다. 그러니까 무한수의 우주가 우리의 우주와 어떻게 병존할 수 있는지를 상상하기 힘들더라도 걱정할 필요는 없다.

병존우주들이 실제로 존재한다고 믿기는 쉽지 않다. 하지만 상대성 이론을 믿는 것은 어디 쉬운 일인가? 상대성 이론은, 가속되는 물체는 질량이 점점 커지고 크기는 작아지며, 그 물체가 통과하는 시간의 흐름은 느려진다고 주장한다. 그렇지만 이것은 당장 실험해볼 수도 없다. 중요한 것은 이론을 이해하는가가 아니라 그것을 실질적으로 써먹을 수 있는가 하는 것이다.

무한가능성의 공간을 앞에 두고서 이런 저런 모델이 유익한지 어떤 지를 따진다는 것은 무의미하고 중요치 않은 일이다. 우주공간처럼 무한히 넓은 공간을 마음속에 그려보라. 아무리 멀리 나가도 끝이 없다. 이상하게 들릴지 모르지만, 무한히 작은 공간에도 역시 끝이 없다. 우리는 가시적인 우주의 한정된 일부분만을 볼 수 있을 뿐이다. 망원경과 현미경은 둘 다 한계가 있다. 미시적 차원의 무한성도 거시적 차원의 무한성과 전혀 다르지 않다.

눈에 보이는 이 우주가 '대폭발'로 생겨났다고 하는 이론이 있다. 그 이론에 따르면 대폭발 이래로 우주는 모든 방향으로 끊임없이 팽창하고 있다. 천체들은 엄청난 속도로 우주를 운행하고 있다. 하지만 관점을 넓혀서 엄청나게 큰 거리를 상정한다면 이 팽창은 아주 천천히, 그리고 대단히 오랜 시간에 걸쳐 일어나고 있는 것처럼 보일 것이다.

진공의 공간에서 물질의 기본입자들은 매 순간 난데없이 나타났다가 순식간에 사라진다는 사실 또한 잘 알려져 있다. 시간과 공간의 상대성을 고려한다면, 각 입자들을 우리의 우주와 비슷한 하나의 독립된 우주로 생각해볼 수 있다. 사실 우리는 기본입자들이 어떻게 만들어지고 있는지에 대해서는 전혀 아는 바가 없다. 물리학자들의 말에 따르면 기본입자들은 때로는 파동으로, 또 때로는 입자로 나타날 수 있다. 미시세계로 좀더 들어가면 입자들 간의 상대적 간격은 우주공간의 별들 사이의 간격과 유사해진다. 그리고 그 내부에 있는 관찰자에게는 시간이 다시 느려진다. 외부의 관찰자에게는, 우리의 우주 또한 허공 속에서 몇 초 사이에 명멸하는 입자와 똑같이 단지 찰나 속에 존재한다. 반면 내부의 관찰자인 우리에게는 이 우주가 수십억 년 동안 존재해왔다.

이제부턴 커피를 한 모금 마실 때 이것을 생각해보라. 나는 지금 막 얼마나 많은 우주를 삼켰을까? 당신은 방금 무한수의 우주를 들이마셨다. 우주의 끝없는 공간 속을 날아갈 때처럼, 미시세계를 '날아갈' 때도 똑같이 먼 거리와 긴 시간이 걸릴 것이다. 공간과 마찬가지로 시간도 앞으로나 뒤로나 무한하다. 시간의 한 조각은 무한히 작을 수도 있고 동시에 무한히 클 수도 있다. 시간의 한 조각 위에서는 어떤 점이라도 출발점이 될 수 있으며, 그 점의 양쪽으로는 무한한 시간이 놓여 있다. 한 조각의 시간을 따라 출발점을 아무리 움직여도 그 앞과 뒤에 놓여 있는 시간의 무한함은 조금도 바뀌지 않는다.

이 무한한 '우주 속의 우주'들은 동시에 존재한다. 그 어떤 순간의 그 어떤 지점도 우주의 중심이 될 수 있다. 왜냐하면 그 각각의 점은 모든 방향에서 똑같은 무한성으로 에워싸여 있기 때문이다. 그리고 모든 지점이 우주의 중심이 되는 이유와 똑같은 이유로 해서, 가능한 모든 사건은 동시에 존재한다. 이것을 상상하기란 쉽지 않다. 다시 말하지만, 한눈에 온 우주를 다 보는 것은 불가능하다. 이 우주를 아무리 멀리까지 간다고 상상해봐도 여전히 똑같은 무한공간이 당신을 둘러싸고 있을 것이기 때문이다. 물론 우주의 구조에 관한 더 복잡한 이론들도 있다. 그 이론에 따르면, 우리의 눈에 보이는 우주는 사차원 공간 속에서는 한정된 하나의 구체로 변한다고 한다. 그러나 그렇다고 해서 더 쉬워지는 건 아니다. 여기서도 다시 차원의 수는 무한히 존재할 수 있기 때문이다. 이 모든 것이 상상 불가능하므로, 우리는 뭘 좀 아는 척하면서 자신의 좁은 관점에 만족해야만 한다.

아무튼 현대과학에는 이해할 수 없고 상상하기 힘든 것들이 너무나 많다. 그러나 그것이 우리가 과학의 성과를 이용하는 것까지 막지는 못한다. 트랜서핑의 원리를 이용하면 당신은 놀라운 결과를 얻을 것이다. 43

트랜서핑이 정확히 왜, 어떻게 작용하는지를 궁금해하면서 자신을 괴롭히지만 말기로 하자. 그것은 마치 어린아이가 물리학자에게 "물체들은 왜 서로 끌어당기나요?" 하고 묻는 것과 같다. 물리학자는 이렇게 대답할 것이다. "중력의 법칙 때문이란다." 그러나 아이는 또 묻는다. "중력의 법칙은 왜 존재하죠? 그리고 물체들은 왜 서로를 끌어당기는 거죠?" 이런 질문에 대답할 방법은 없다. 그러니까 모든 것을 설명하려는 부질없는 노력은 그만두고 그냥 가능태 모델이 가져다주는 성과만을 이용하자. 모든 것을 이해한다는 것은 분명히 우리의 한계를 넘어서는 일이다.

가능태 모델에 의하면, 사람은 자신의 운명을 창조한다. 하지만 트랜서핑에서는 운명의 개념이 일반적인 관점과는 다르다. 그 차이는 무엇일까? **자신의 행복은 스스로 선택하는 것이어서, 그것을 얻어내려고 싸울 필요가 없다**는 것이다. 이 가능태 모델을 단번에 받아들이거나 거부하노라고 성급하게 대들지는 말라. 그저 자신에게 이렇게 물어보기 바란다. — 내가 행복을 위해 세상과 싸워서 얻어낸 것은 과연 무엇인가? 각자가 스스로 결단을 내려야 한다. 해오던 식으로 계속 싸울 것인지, 아니면 다른 방법을 시도해볼 것인지를 말이다. 평생을 바쳐서 발버둥치고 싸워봤자 결국은 아무것도 얻지 못할 수도 있다. 세상이 제발로 당신에게 걸어온다면 그 편이 훨씬 더 쉽지 않겠는가? 결국 세상이 하는 일이란 모두가 당신의 선택을 실현시켜주는 것인데 말이다.

당신이 그 무엇을 주문하든지 그것은 언제나, 무조건 배달된다. 그러나 선택한다는 것은 무엇을 바라는 것과는 다르다. 그것은 전혀 다른 성질의 것이다. 당신은 곧 선택하기가 무엇인지를 알게 될 것이다. 소원은 오직 동화 속에서만 이루어진다. 소원을 이룬다는 것은 지극히 어렵거나 불가능한 일이라는 강력한 신념이 존재하는 것도 우연이 아니다. 우리는 아직 보호구역 감시인의 수수께끼를 풀기 위한 첫발을 겨우 내디뎠을 뿐이다. 당신은 곧, 소원이 절대로 이루어지지 않고 꿈이 결코 실현되지 않는 이유를 발견하게 될 것이다.

가
능
태

모
델

요약

- 현실은 무한수의 방식으로 실현될 수 있다.
- 가능태의 다양성이야말로 이 우주의 첫 번째 본질이다.
- 우주에 대한 모든 모델은 현실이 나타날 수 있는 무수한 방식 중의
  한 단면만을 보여준다.
- 지식의 각 분야는 실현된 현실 중에서 선택한
  단 한 가지 측면에 근거한 것이다.
- 당신의 선택은 항상 현실이 된다. 당신은 스스로 선택한 것을 얻는다.
- 가능태 공간은 존재했고 존재하고 존재할 모든 것의 정보장이다.
- 정보장은 모든 사건의 잠재적 가능태를 담고 있다.
- 가능태는 시나리오와 무대장치로 이루어져 있다.
- 가능태 공간은 섹터별로 나눌 수 있고,
  각 섹터는 고유한 가능태를 가지고 있다.
- 섹터들이 서로 멀리 떨어져 있을수록 가능태의 차이도 커진다.
- 대체로 유사한 매개변수를 가진 섹터들이 정렬하여
  하나의 인생트랙을 형성한다.

45

- 물질적 실현은 응결된 덩어리처럼 공간 속을 움직인다.
- 사념 에너지의 파동은 잠재적 가능태를 물질화시킨다.
- 모든 유기체는 물질세계의 형성에 저마다 기여한다.
- 사념 에너지의 매개변수가 변하면, 유기체는 다른 삶의 트랙으로 옮겨간다.
- 가능태의 시나리오를 고칠 수는 없으나 다른 시나리오를 선택할 수는 있다.
- 행복을 얻으려고 싸우지 말라.
  마음에 드는 가능태를 그저 골라잡을 수 있으니까.

제2장 펜듈럼

여러 사람이 동일한 방향의 사고를 하면 펜듈럼이라 불리는, 정보에 기반한 에너지체가 만들어진다. 그리하여 결국 이 구조체들은 독자적으로 발전하기 시작한다. 펜듈럼은 자신의 고유한 법칙을 창조해내고 사람들이 거기에 복종하게 만든다. 사람들은 자신이 본의 아니게 펜듈럼에 도움이 되게 행동하고 있음을 알아차리지 못한다. 우리는 어떻게 이 깊은 암시에서 깨어날 수 있을까?

자신을 빌려주라

파괴적인 펜듈럼*

어린 시절부터 우리는 자신의 의지를 다른 누군가의 의지에 복종시키고 임무를 완수하고 조국과 가족, 정당, 회사, 정부, 심지어는 이념에까지 자신을 바치도록 훈련받아왔다. 다른 모든 사람의 의지에 복종하고 나면 자신의 의지는 맨 나중이었다. 우리는 누구나 정도의 차이는 있지만 이런 의무감, 책임감, 죄책감 등을 가지고 있다.

모두가 이런 저런 식으로 가족, 클럽, 학교, 직장, 정당, 정부 등의 다양한 단체와 조직에 '봉사'하고 있다. 분리된 개인들이 모여서 같은 방향의 생각을 하기 시작하면 이런 온갖 조직체가 생겨나고 발전해간다. 그러면 새로운 사람들이 합류하고, 그 결과 조직체는 커져서 힘을 얻고 구성원들에게 정해진 규칙을 따를 것을 강요한다. 그리하여 결국은 큰 사회단체들을 그 밑에 복속시킬 수 있을 정도로 커지기까지

* Pendulum 시계추, 단진자 등의 진동추

한다.

물질적으로 현실화될 때, 이 에너지체는 공동의 목표 아래 연합된
사람들과 건물, 가구, 설비, 기술 등과 같은 물질적 대상으로 구성된다.
그런데 이런 구조체가 형성되게 하는 과정은 무엇일까? 어떤 집단의
생각이 한 방향으로 초점 맞추어지고, 그 결과로 각자의 사념 에너지의
매개변수가 동일해질 때 하나의 구조체가 생겨난다. **개개인의 사념 에
너지는 합쳐져서 하나의 흐름을 이룬다. 그리하여 이 에너지의 바다 한
가운데에서 정보에 기반을 둔 하나의 독자적 에너지체인 에너지 펜듈럼
이 만들어지는 것이다.** 이 구조체는 독자적인 생애를 시작하고, 그 창조
에 참여한 사람들을 자신의 법칙에 복종시킨다.

그런데 이것을 왜 펜듈럼이라고 부르는가? 펜듈럼이 더 높이, 더 빠
르게 흔들릴수록 더 많은 지지자들이 자신의 에너지를 거기에 보태주
기 때문이다. 모든 펜듈럼은 고유의 특징적 주파수를 가진다. 예를 들
어, 펜듈럼은 일정한 간격(주파수)으로 힘을 가해야만 흔들리게 할 수
있다. 이 주파수를 공명주파수라고 부른다. 펜듈럼을 지지하는 사람의
숫자가 줄어들면 펜듈럼은 흔들림이 느려지다가 결국 움직임을 멈춘
다. 펜듈럼을 흔들어줄 지지자가 없으면 펜듈럼은 멈추고 한 존재로서
의 죽음을 맞이한다. '죽은' 펜듈럼의 예를 몇 가지 들어 보자. 고대 그
리스와 로마의 다신교, 석기, 고대 무기, 옛날 패션, 레코드판 등 ― 다
른 말로, 지금은 쓰이지 않는 오래된 것들이 모두 그렇다.

당신은 아마도, 이 모두가 정말 펜듈럼이란 말인가, 하고 놀랄 것이
다. 그렇다. 사람들의 사념 에너지에 의해 그 특질이 형성된 모든 구조
체는 펜듈럼이다. 전반적으로 말해서, 어느 한 방향으로 에너지를 방사
할 수 있는 모든 살아 있는 존재들은 조만간 에너지 펜듈럼을 만들어낸

49

다. 야생의 자연에 존재하는 펜듈럼의 예를 들어보자 — 박테리아군, 생명체 집단, 물고기 떼, 짐승 떼, 숲의 군락, 대초원, 개미탑 등이 그것이다. 비교적 동종이며 잘 조직된 유기체로 구성된 모든 구조체는 펜듈럼을 형성할 수 있다.

그리고 모든 생명체는 하나의 에너지 단위를 이루므로 그것도 펜듈럼이라고 볼 수 있다. 이 단위 펜듈럼들이 모여서 하나로 흔들리기 시작하면 집단 펜듈럼이 된다. 집단 펜듈럼은 하나의 독립적 상부구조처럼 지지자들 위에 군림하면서, 지지그룹을 유지하고 새로운 지지자들을 끌어들이기 위해서 법을 만들어낸다. 이런 구조체는 자신의 법칙을 따라 독자적으로 발전해간다는 의미에서 자치적이다. 지지자들은 자기가 자신의 의지에 따라 행동하는 것이 아니라 펜듈럼의 법칙대로 행동하고 있다는 사실을 알아차리지 못한다. 예컨대, 관료 조직은 관료들 개인의 의지에 의존하지 않는 자치적 구조를 발전시켜간다. 물론 영향력 있는 관료는 독자적인 결정을 내릴 수도 있지만, 이런 결정도 시스템의 법칙에 반할 수는 없다. 만일 그런 결정을 내린다면 그는 배척당할 것이다. 자신이 이미 하나의 펜듈럼인 한 개인조차도 자신의 동기가 무엇인지를 언제나 자각하고 있는 것은 아니다. 그런 사람의 한 예는 에너지 뱀파이어(습관적으로 상대방의 주의를 끊임없이 요구하는 사람 – 역주)이다.

모든 펜듈럼은 그 지지자들로부터 에너지를 얻어서는 그 위에 군림하므로, 그 본질이 파괴적이다. 펜듈럼의 파괴성은 그것이 지지자 개개인의 운명에는 관심을 두지 않는다는 점에서 분명히 드러난다. 펜듈럼은 오직 하나의 목적을 가진다. 그것은 지지자 개개인으로부터 에너지가 끊임없이 흘러오게 하는 것이다. 그것이 지지자들에게 이익이 될지,

해가 될지는 펜듈럼의 관심사가 아니다. 어떤 시스템의 영향 아래에 있는 사람은 그 시스템의 법칙과 일치하는 삶을 살아야 한다. 그러지 않으면 시스템은 그를 실컷 씹고 나서 뱉을 것이다. 파괴적인 펜듈럼의 영향 아래에 놓이면 하루아침에 인생을 망친다. 상실의 고통 없이 거기서 빠져나오기란 대개 매우 어려운 일이다.

운이 좋으면 그중에서도 어떤 사람은 그 시스템 안에서 한 자리를 차지하고, 거기서 물 만난 물고기처럼 놀 것이다. 그는 지지자로서 펜듈럼에게 에너지를 주고, 펜듈럼은 그 대가로 그에게 살 만한 환경을 제공한다. 그러나 그 지지자가 조직의 규칙을 깨는 순간, 그의 사념 에너지의 주파수는 이미 펜듈럼의 진동 주파수와 일치하지 않게 된다. 에너지를 받지 못하면 펜듈럼은 그 뻣뻣한 지지자를 내치거나 파멸시켜버린다.

어떤 사람을 자신이 가장 좋아하는 트랙으로부터 멀리 떼어내어 낯선 펜듈럼 조직 속에다 갖다놓는다면 그의 삶은 지옥 아니면 따분하고 우울한 일생으로 전락할 것이다. 그런 펜듈럼은 그 지지자에게는 파괴적인 존재일 뿐이다. 그는 자유를 잃고 좋든 싫든 거대한 기계 속의 작은 나사처럼 강요된 규칙을 따라 살아야만 한다.

반면에 어떤 사람은 펜듈럼의 보호 아래서 뛰어난 업적을 성취할 수 있다. 나폴레옹, 히틀러, 스탈린 그리고 이와 유사한 인물들은 모두 파괴적인 펜듈럼을 좋아했던 사람들이다. 하지만 어떤 경우에도 이 펜듈럼은 지지자들의 행복에 결코 관심이 없다. 오로지 지지자들을 자신의 목적에 이용할 뿐이다. 나폴레옹에게 진정으로 행복한 적이 있었느냐고 물었더니 그는 전 생애에서 단 며칠만을 꼽았다고 한다.

펜듈럼은 새로운 지지자들을 유혹하기 위해 세련된 방법을 사용한다. 지지자들은 불꽃에 달려드는 나방처럼 펜듈럼을 향해 날아든다. 얼마나 많은 사람들이 펜듈럼의 선전술에 유혹되어 언제나 눈앞에 있는 행복으로부터 멀어져 가는가! 그들은 군대에 입대했다가 죽음을 맞이한다. 학교에 가서 자신의 천성과는 무관한 온갖 직업교육을 받는다. 사람들이 부러워하지만 정작 자신에게는 맞지 않는 직업을 얻는다. 그리고 일을 하다가 문제의 구렁텅이 속으로 빠져든다. 낯선 사람을 자신의 삶에 끌어들였다가 고생만 한다.

펜듈럼은 온갖 고상한 가면 뒤에다 진정한 동기를 숨기지만, 그 활동은 지지자 개개인의 운명을 파멸로 끌고 가는 경우가 너무나 많다. 파괴적 펜듈럼의 영향 아래 자신을 내맡긴 사람에게 가장 위험한 것은, 펜듈럼은 희생자를 진정한 행복을 찾을 수 있는 인생트랙으로부터 멀리 떼놓는다는 점이다. 펜듈럼의 속성을 살펴보자.

- 펜듈럼은 그 지지자의 에너지를 먹고 산다. 그로써 펜듈럼은 진폭이 점점 커진다.
- 펜듈럼은 에너지를 최대한 많이 얻기 위해 지지자를 가능한 한 많이 끌어들이려 한다.
- 펜듈럼은 지지자 그룹을 다른 모든 그룹과 비교하고 대항하게 한다. (우리를 좀 봐! 우리가 저들보다 더 낫지.)
- 펜듈럼은 지지자가 되려고 하지 않는 모든 이를 공격적으로 비난한다. 그리고 그들을 복속시키거나 중화시키지 못하면 모조리 제거하려고 애쓴다.
- 펜듈럼은 자신의 행동을 정당화하고 가능한 한 많은 지지자들을 복속시키기 위해 멋지고 매력적인 가면을 쓰고 고상한 목표로 위

장하며, 사람들의 감정을 조종한다.

펜듈럼은 그 본질상 하나의 에그레고르egregor(심리학이나 은비학에서 사용하는 용어로서, 염체念體 혹은 집단적인 상념을 의미한다. - 역주)라고 할 수 있다. 그러나 이 개념이 펜듈럼의 모든 것을 말해주는 것은 아니다. '에그레고르'라는 개념은 사람과 에너지 기반의 정보체 사이에서 일어날 수 있는 복잡한 상호작용을 모두 반영해주지 못한다. 펜듈럼은 사람들의 삶에 생각보다 훨씬 더 큰 비중을 차지하고 있다.

펜듈럼이 지지자들의 에너지를 빨아들이는 방식은 다음의 예로써 알 수 있다. 팽팽한 접전 속에 축구경기가 진행되고 있는 경기장을 상상해보자. 팬들의 열기가 뜨겁게 달아오르고 있다. 갑자기 한 선수가 용납할 수 없는 실수를 저질러서 그 팀이 패배한다. 팬들의 분노가 폭풍처럼 그에게 쏟아진다. 그들은 그 선수를 물어뜯기 일보 직전이다. 그 불행한 선수의 머리 위에 내려오는 부정적인 에너지가 얼마나 클지 상상할 수 있는가? 그는 그 엄청난 타격 때문에 그 자리에서 죽을 수도 있을 것이다. 하지만 그런 일은 일어나지 않는다. 죄책감 때문에 침울하기는 하지만 그는 멀쩡하게 살아 있다. 그렇다면 그에게 향했던 그 부정적인 에너지는 다 어디로 간 것일까? 펜듈럼이 그 에너지를 수확해간 것이다. 그러지 않았다면 군중의 분노의 표적이 된 그는 아마도 죽음을 맞이했을 것이고, 그 경기를 승리로 이끈 스타는 하늘로 날아올랐을 것이다.

펜듈럼이 살아 있는 존재인지 아니면 단순히 에너지체인지는 단정하지 않겠다. 트랜서핑의 방법에 관한 한 그것이 어느 쪽인지는 중요하지 않다. 펜듈럼의 정체를 제대로 인식하여, 거기서 뭔가 이익을 얻어낼 수 있는 경우가 아닌 한 펜듈럼 게임에 끼어들지 않는 것이 중요하다. 파괴적인 펜듈럼은 뚜렷한 속성을 띠고 있으므로 그것은 알아차리기가 쉽다. 파괴적인 펜듈럼은 더 많은 사람을 지배하기 위해 항상 자기와 유사한 에너지체와 경쟁한다. 펜듈럼은 오직 하나의 목표를 가지고 있다. 최대한 많은 에너지를 얻기 위해 가능한 한 많은 지지자를 붙잡는 것이다. 지지자를 얻기 위한 투쟁에서 더 공격적으로 행동할수록 펜듈럼은 더 파괴적이 된다. 즉, 그것은 개인의 운명에 더욱 더 위협적인 영향력을 발휘하게 된다.

자연과 동물을 보호하는 단체나 사람들을 돕는 자선단체도 있다고 반박할 수 있다. 그런 단체들이 무엇이 그렇게 파괴적이란 말인가? 그들은 당신의 에너지를 먹고 살면서 당신의 행복이나 복지에는 조금도 관심을 갖지 않는다. 개인적으로, 당신을 위한 관점에서 본다면 이것이 파괴적인 점이다. 그들은 당신에게 자선을 베풀라고 하면서도, 정작 당신의 행복에는 무관심하다. 그래도 상관이 없다면 당신은 거기서 진정으로 행복감을 느낄 것이다. 그리고 그 일이 당신의 소명으로 여겨질 것이고 당신은 자신의 펜듈럼을 찾은 것이다. 그러나 여기서 우리는 자신에게 정직해져야 한다. 자신이 단지 은혜를 베푸는 사람이라는 가면을 쓰고 있는 것은 아닌지를 스스로 물어보라. 당신은 진실로 다른 사람들의 행복을 위해 자신의 에너지와 돈을 주고 있는가, 아니면 단지 좋은 사람처럼 보이기 위해 자선적인 모습을 연기하고 있는 것인가?

파괴적인 펜듈럼은 사람들에게 운명을 선택하지 못하도록 가르쳐왔다. 선택을 정말 자기 마음대로 할 수만 있다면 그는 독립적인 존재가 될 것이다. 그렇게 되면 그는 펜듈럼 따위에 매혹되지 않을 것이므로 펜듈럼의 지지자가 되지 않는다. 우리의 마음은 운명이 이미 정해져 있다는 생각에 너무 익숙해져 있어서, 운명을 원하는 대로 선택할 수 있다는 사실을 믿기가 매우 어렵다. 펜듈럼으로서는 지지자들을 완전히 장악해놓는 편이 훨씬 유리하기 때문에 온갖 종류의 교묘한 수단을 다 동원해서 지지자들을 조종한다. 다음은 그런 일이 어떻게 일어나는지를 분명하게 보여주는 보기들이다.

만일 당신이 트랜서핑으로써 종교집단이나 사회운동 단체, 또는 학파를 만든다면, 트랜서핑도 하나의 펜듈럼이 될 수 있다. 물론 펜듈럼도 파괴적인 정도는 저마다 다르다. 트랜서핑은 최악의 경우에도 훨씬 덜 파괴적인 것으로 나타날 것이다. 트랜서핑은 어떤 외면적이고 전체적인 목표에 봉사하지 않고, 오로지 개개인의 이익을 위해서만 존재하기 때문이다. 그러므로 그런 펜듈럼은 매우 평범하지 않을 것이며, 오로지 자신의 개인적 운명에만 관심이 있는 개인주의자들의 집단처럼 보일 것이다. 이참에 문제를 하나 내보자. — 그러면 어떤 펜듈럼을 건설적인 펜듈럼이라고 말할 수 있을까?

그런데 나는 대체 왜 당신에게 이런 이야기를 하고 있는 것일까? 운명을 선택한다는 것은 무엇인지, 그리고 실제로 어떻게 선택하는지를 설명하기 위해서다. 독자 여러분, 조금만 더 참으시기를. 지금 우리가 이야기 나누고 있는 내용들은 모두가 간단한 것이 아니지만, 이제 점차 명확한 그림이 나타나기 시작할 것이다.

펜듈럼들의 전쟁

파괴적인 펜듈럼의 특성은, 사람들을 자기편으로 끌어들이기 위해 다   55

른 펜듈럼들을 공격하여 파괴하려고 한다는 것이다. 이를 위해 펜듈럼은 언제나 자신의 지지자들을 다른 펜듈럼의 지지자들과 대립시키려고 애쓴다. "우리는 착하지만 저들은 우리와 달라! 저들은 나빠!" 이 싸움에 말려든 사람들은 길을 잃고 그릇된 목표를 따르기 시작한다. 사람들은 그 허위의 목표를 자신의 목표인 양 믿는 실수를 저지른다. 이렇게 하여 펜듈럼의 파괴적 성질이 본색을 드러낸다. 다른 지지자들과 싸우는 것은 부질없는 짓이며, 당신과 상대편 양쪽의 삶을 모두 망치는 짓이다.

지지자를 얻기 위한 싸움 가운데 가장 극단적인 예는 전쟁이다. 펜듈럼은 지지자들을 설득하여 전쟁터로 내몰기 위해 그 시대에 알맞은 명분을 내세운다. 역사상 애용된 가장 원시적인 방법은, 사람들에게 원래 자기 소유였던 것을 무력으로써 다시 되찾으라고 명하는 것이다. 사회가 더 문명화될수록 명분과 논리도 좀더 교묘한 형태를 갖춰왔다. 어느 한 국가가 스스로를 가장 문명화되고 진보된 국가로 선언하고 다른 국가들은 미개한 후진국으로 선언한다고 하자. 그러면 이 미개한 사람들을 더 높은 수준으로 끌어올리는 것이 고상한 목표가 된다. 그리고 그들이 거부한다면 무력을 사용한다. 현대의 전쟁은 다음과 같은 식의 수순을 따르는 것처럼 보인다. 숲속의 한 나무에 벌집이 매달려 있다. 야생벌들이 거기에 살면서 꿀을 모으고 유충을 기르고 있다. 그때 펜듈럼 하나가 그 벌집에 접근해서 자신의 지지자들에게 이렇게 말한다. "이들은 야만적인 벌입니다. 아주 위험해요. 그러니 이들은 파멸시켜야만 합니다. 아니면 적어도 이 벌집만이라도 파괴해야 해요. 못 믿겠나요? 그럼 한 번 보세요!" 그 펜듈럼은 막대기로 벌집을 여기저기 쑤신다. 벌들이 밖으로 나와서 펜듈럼 지지자들을 쏘기 시작한다. 그러면 펜듈럼은 의기양양하게 외친다. "자, 보세요. 내가 말했지요! 이들이 얼마나 공격적인지 보세요! 이들은 파멸시켜버려야 합니다."

전쟁과 혁명을 정당화하기 위해 어떤 슬로건을 사용하느냐는 중요하지 않다. 펜듈럼의 목표는 오로지 하나 — 지지자를 얻기 위한 전쟁이다. 이런 전쟁은 여러 가지 다른 형태를 취할 수 있지만, 그 유일한 목표는 최대한 많은 지지자를 얻는 것이다. 펜듈럼에게는 새로운 에너지가 반드시 필요하다. 새 에너지가 없으면 펜듈럼은 멈추고, 독립적인 존재가 소멸된다. 그러므로 펜듈럼에게 전쟁은 자신의 생존을 위해 당연하고 피할 수 없는 것이다.

전쟁과 혁명의 뒤에는 곧이어 다른 형태의 전쟁이 뒤따르는데, 그것은 덜 공격적이기는 하지만 여전히 가혹하다. 그런 전쟁의 예를 들어보자. — 시장 점유를 위한 경쟁, 정당 간의 싸움, 경제 전쟁, 온갖 형태의 마케팅, 광고 전쟁, 이념 선전 등등. 우리가 살아가는 환경 자체가 펜듈럼으로 이루어져 있기 때문에, 우리는 현대생활의 모든 영역에서 경쟁을 목격한다. 정치적 논쟁에서부터 단체들과 개인들 사이의 경쟁에 이르기까지, 모든 가능한 수준의 모든 곳에 경쟁이 있다.

새로운 것, 평범하지 않은 것, 이해하기 어려운 것들은 자신의 길을 개척하는 데 늘 어려움을 겪는다. 왜 그럴까? 단지 새로운 개념이 우리의 머리에 자리 잡는 데 시간이 걸리기 때문일까? 그 주된 이유는, 낯선 펜듈럼이 등장해서 지지자들을 자기편으로 끌어가면 터줏대감 펜듈럼이 불쾌해하기 때문이다. 예를 들어보자. 자동차 엔진 같은 내연기관은 도시의 환경을 심각하게 오염시켰기 때문에 벌써 오래전에 다른 것으로 대체될 수 있었을 것이다. 이미 많은 친환경적 대체 엔진들이 개발되지 않았던가? 하지만 이런 새로운 엔진은 기존의 석유회사 펜듈럼들에게는 위협이 될 수 있는데, 이들은 아직도 세력이 막강하다. 그들은 몇몇 발명가가 자신을 무대에서 끌어내리도록 좌시할 리가 없다. 결국, 거대 석유회사들을 대표하는 이 괴물 펜듈럼은 대체 엔진의 특허를 사들여서는 비밀로 묻어버린다. 그리고 한편으로 그 새로운 발명품은 효용성이 없다고 강변한다.

펜듈럼은 물질세계에 자신을 구축할 때 인적 자원은 물론, 재정수단, 건물, 설비 등을 가지고 자신의 입지를 강화한다. 펜듈럼은 이 인적 자원의 피라미드 꼭대기에다 가장 마음에 드는 사람을 앉혀놓는다. 이들은 작은 부서의 책임자로부터 한 나라의 대통령에 이르기까지 모든 계급의 지도자다. 이들은 특별하거나 뛰어난 자질을 가져야 할 필요가 전혀 없다. 대개는 펜듈럼의 구조에 완벽하게 어울리는 특질을 갖춘 지지자들이 리더로 앉혀진다. 펜듈럼의 총애로 선택받은 사람은 자기가 오직 개인적 덕목으로 인해 인생의 큰 일을 성취했다고 믿을 것이다. 그것은 맞는 말이지만 부분적으로만 그렇다. 펜듈럼이 총애하는 사람의 승진에 가장 큰 역할을 하는 것은 펜듈럼의 자기조직적인 구조 자체다. 그 사람이 지닌 변수, 곧 특질이 시스템의 요구에 더이상 맞지 않으면 그는 무자비하게 제거될 것이다.

펜듈럼들의 전쟁은 그 지지자들에게 파괴적인 영향을 미친다. 왜냐하면 지지자들은 자신이 그 높은 목표를 진정으로 믿기 때문에 그 일에 헌신한다고 생각하기 때문이다. 지지자들의 개인적 신념은 펜듈럼의 손에 꼼짝없이 장악되기 쉽다. 펜듈럼의 주파수에 동조하는 즉시 그와 펜듈럼 사이에는 에너지 차원의 상호작용이 일어난다. 지지자의 사념 에너지 주파수는 펜듈럼의 에너지에 의해 고정된 채 유지된다. 그는 이제 피드백 고리 속에 갇힌 것이다. 지지자는 펜듈럼의 주파수에 맞춰 사념 에너지를 방사하고, 펜듈럼은 그 대가로 작은 에너지를 지지자에게 돌려준다. 그에 대한 영향력을 유지하기 위해서다.

현실화된 물질 차원에서는 펜듈럼과 지지자 사이의 이런 상호작용을 나날의 일상 속에서 목격할 수 있다. 예를 들어보자. 어느 정당의 펜듈럼이 선거운동을 시작한다. 펜듈럼은 한 지지자에게 달라붙어 그에게 인정, 만족감, 자부심, 비중감 등과 같은 좋은 느낌의 형태로 약간의 에너지를 전해준다. 그 지지자는 자기가 상황을 지배하고 있고 선택권을 가지고 있다고 믿는다. 그러나 사실 그는 펜듈럼에 선택당한 것이고, 펜듈럼이 그를 지배하고 있다. 그러나 표면적으로 상황은 다른 모습을 띤다. 지지자는 자신이 하고자 하는 일을 하고 있다고 믿는다. 그러나 지지자의 의지는 펜듈럼에 의해서 암암리에 의도적으로 강요된 것이다. 그래서 지지자는 펜듈럼의 정보장 안에 놓여서 자기와 비슷한 다른 사람들과 함께 '핫이슈'를 토론하면서 시간을 보내게 된다. 이런 식으로 지지자는 펜듈럼과 에너지로 연결되고, 그 조직 안에 자신의 에너지를 고정시킨다. 그러나 결국 지지자는 그 펜듈럼의 활동이 자신의 기대에 못 미친다는 것을 깨닫고 이전의 우상을 향해 원망과 의심을 품기 시작할 수도 있다. 그러면 그의 방사 주파수는 펜듈럼의 손아귀를 빠져나온다. 펜듈럼의 손아귀가 쥐는 힘은 그 펜듈럼이 얼마나 강력한가에 달려 있다. 펜듈럼은 지지자가 떠나도록 그냥 내버려두는 경우도 있지만, 다른 경우에는 그 이단자의 자유를 빼앗거나 심지어는 목숨을 빼앗기도 할 것이다.

다음의 예는 펜듈럼이 어떻게 지지자들의 주파수를 낚아채는지를 보여준다. 당신이 혼자서 노래하고 있다고 하자. 그때 갑자기 누군가가 큰 소리로 다른 노래를 부르기 시작한다. 그러면 다른 멜로디의 소리 때문에 당신은 자신의 노래를 계속 부르기가 무척 힘들어진다.

펜듈럼과 지지자 사이에 일어나는 상호작용의 배후에 관한 세세한 내용은 트랜서핑을 이해하는 데는 중요하지 않다. 우리는 일상적 상황에서 보기를 들어가면서 단순화된 모델을 이용해서 이 상호작용을 살펴볼 것이다. 우리의 목적에는 이것만으로도 충분하다. 어떤 일이 정말로 어떻게 일어나는지는 아무도 자세하고 정확하게 설명할 수가 없을 것이다. '그 정말로란 것이 과연 무엇을 뜻하는가?' 하고 반문할 수 있기 때문이다. 이런 식의 토론은 지식추구의 끝없는 과정과 마찬가지로, 영원히 계속될 수 있다. 이것은 전혀 부질없는 짓이다. 우리는 그보다 작은 것에 만족해야 한다. 그럼에도 불구하고 최소한 한 가지는 이해할 수 있다는 사실에 기뻐해야 하는 것이다. 자, 이제 펜듈럼이 지지자들을 어떻게 조종하는지를 살펴보자.

꼭두각시 인형의 줄

자신에게 이런 질문을 던져보자. ― 펜듈럼은 어떻게 지지자들이 자신의 에너지를 아낌없이 포기하도록 만들 수가 있는 것일까? 예를 들면, 펜듈럼이 크고 강력하다면 지지자들로 하여금 일정한 규칙을 따라 행동하도록 강요할 수 있다. 그러나 그보다 약한 펜듈럼들은 어떻게 그런 일을 해낼까? 상대방에게 강요할 힘이 없을 때, 사람들은 타당한 근거가 있는 주장을 제시하고 바람직한 결과를 약속함으로써 상대방을 설득하려고 애쓴다. 이것은 자연의 힘에서 멀어진 인간 사회에서만 볼 수 있는, 다소 약한 설득방법이다. 펜듈럼도 때때로 이런 방법을 사용하기는 하지만 그들은 이보다 훨씬 더 강력한 무기를 가지고 있다. 펜듈럼은 에너지를 기반으로 하는 정보체다. 그래서 펜듈럼은 강력하고 논란의 여지가 없는 존재 법칙에 복종하고, 그에 따라 행동한다.

한 사람이 펜듈럼에 자신의 에너지를 넘겨주기 위해서는, 그의 사념 에너지가 펜듈럼의 공명 주파수와 같은 주파수를 가져야 한다. 이렇게 되기 위해서 그가 생각을 의식적으로 펜듈럼을 향해 맞추어야 할 필요는 없다. 알다시피, 사람들의 생각과 행동은 대부분 무의식적으로 일어난다. 펜듈럼은 인간 마음의 이런 속성을 잘 이용한다. 이렇게 해서 펜듈럼은 지지자들에게서뿐만 아니라 가장 극심한 반대자들에게서도 에너지를 얻어낼 수 있다. 이제는 당신도 어떻게 그렇게 되는지를 짐작할 수 있으리라.

나이 든 사람들이 공원 벤치에 앉아 정부를 비판하면서 불만을 토하는 장면을 상상해보라. 그들은 많은 이유로 정부를 싫어하므로 정부 펜듈럼의 지지자가 아니다. 하지만 어떤 일이 벌어지고 있는가? 그들은 정부가 무능하고 부패했으며 파렴치하고 어리석다고 욕하고 있다. 그러니까 그들이 실제로 하고 있는 일은, 이 펜듈럼의 주파수를 가진 사념 에너지를 양산해내고 있는 것이다. 사실 펜듈럼은 당신이 그것을 어느 쪽으로 밀어서 흔들든, 그 방향에는 눈곱만큼도 관심이 없다. 사념 에너지가 펜듈럼의 주파수와 공명하는 한, 긍정적인 에너지와 부정적인 에너지가 똑같이 작용한다.

그래서 펜듈럼의 가장 주요한 과제는 무슨 수를 쓰든지 사람들의 아픈 곳을 찌르는 것이다. 사람들의 마음을 펜듈럼에 사로잡아놓을 수만 있으면 어떤 방법을 쓰는지는 중요하지 않다. 대중매체가 발달된 이후로는 펜듈럼의 수법이 점점 더 정교해지고 있다. 사람들은 대중매체에 깊이 중독되어 있다. 뉴스는 대부분 나쁜 일만 말하고 있다는 것을 알아차린 적이 있는가? 이런 프로그램들은 흥분, 두려움, 짜증, 분노, 시기심과 같은 강렬한 감정을 불러일으킨다. 저널리스트들의 일은 당신의 주의를 끌어당기는 것이다. 매스 미디어는 그 자체가 펜듈럼이면서, 동시에 더욱 강력한 펜듈럼들을 위해 봉사하고 있다. 그것은 누구든지 모든 정보를 자유롭게 얻을 수 있게 하는 것이 목적인 것처럼 내세우고 있지만, 실제 목적은 사뭇 다르다. 특정 펜듈럼들의 주파수에 가능한 한 많은 사람들을 동조시키는 것이 본래의 목적이다.

펜듈럼이 당신의 에너지에 접근하려고 할 때 가장 선호하는 방법 중 하나는 당신의 균형을 깨뜨리는 것이다. 균형이 무너지면 당신은 그 펜듈럼의 주파수로 '흔들리기' 시작한다. 그로써 당신은 또 그 펜듈럼 자체를 흔들어주게 된다. 물가가 오르는 상황을 가정해보자. 당신은 그 상황이 싫어서 부정적으로 반응한다. 아마도 화가 나서 친구들과 치솟는 물가에 대한 불평을 주고받을 것이다. 그것은 너무나 정상적인 반응이다. 그러나 바로 그것이 정확히 펜듈럼이 원하는 것이다. 당신은 펜듈럼의 주파수에 맞춰서 부정적 에너지를 세상으로 방사하고 있다. 펜듈럼은 이 에너지를 수확할 것이다. 수확된 에너지는 펜듈럼이 더 크게 흔들리게 만들고, 그 결과 현실 세계에서는 물가가 갈수록 더 치솟는 상황이 벌어진다.

이쯤 되면 펜듈럼은 당신을 마치 꼭두각시 인형처럼 조종하고 있는 것이다. 그리고 당신을 잡아당기는 가장 팽팽한 줄은 두려움이다. 두려움은 가장 오래되고 가장 강렬한 감정이다. 당신이 정확히 무엇을 두려워하는지는 문제가 되지 않는다. 당신의 두려움이 어떻게든 펜듈럼의 한 측면과 연결되어 있기만 하면 펜듈럼은 당신의 에너지를 얻어낼 수

있다. 불안과 초조는 그보다 약간 약한 줄이기는 하지만 당신을 잡아당
겨 튀어오르게 하기에 충분하다. 이런 감정들은 방사되는 사념 에너지
를 펜듈럼의 주파수에 고정시키는 데 아주 유용하다. 뭔가가 걱정을 끼
치고 있을 때 거기서 마음을 돌려 전혀 다른 일에 집중하기란 매우 어
려운 법이다.

펜듈럼이 당신에게서 에너지를 뽑아내는 데는 죄책감 또한 아주 효
과적인 수단이다. 죄책감은 누구나 어릴 때부터 느끼도록 강요받아 왔
다. 죄책감은 사람을 조종하기에 아주 손쉬운 수단이다. "죄책감을 느
낀다면 내가 시키는 대로 해야 해." 죄책감을 가지고 사는 것은 매우 불
쾌하기 때문에 사람들은 그 느낌에서 벗어나려고 애쓴다. 어떻게? 벌
을 받거나 빚을 갚는 것으로 잘못을 속죄하려고 한다. 이 두 가지는 모
두 굴복과 순종, 그리고 특정한 방향으로 생각을 맞추는 것을 의미한
다. 의무감도 죄책감의 한 형태다. 의무감을 가진다는 것은 원하든 원
하지 않든 뭔가를 하지 않으면 안 된다는 것을 뜻한다. 그 결과 진짜 죄
를 지은 사람이든 누명을 쓴 사람이든, '죄인'은 모두 고개를 숙이고
나아가서 펜듈럼에게 에너지를 갖다 바친다. 암시로써 죄책감을 유도
하는 것은 독재자들이 가장 좋아하는 무기다. 이에 대해서는 나중에 다
시 다루도록 하자.

인간의 모든 심리적 콤플렉스에는 특별히 주목할 필요가 있다. 콤플
렉스는 뭔가가 당신의 아픈 곳을 찌를 때 드러난다. 여러 가지 콤플렉
스의 예를 들어보자. 열등감 콤플렉스 ― 나는 매력적이지 않다, 나는
능력이나 재능이 없다, 나는 머리가 나쁘다, 나는 말을 잘 못하고 사교
성이 없다, 나는 쓸모가 없는 사람이다 등. 죄책감 콤플렉스 ― 나는 그
것에 대해 죄를 지었다, 모두가 나를 심판하고, 나는 그 십자가를 져야

한다. 전사 콤플렉스 — 나는 냉정해야 한다, 나는 나 자신과 모두에게 전쟁을 선포한다, 나는 나의 성공을 위해 싸울 것이다, 나는 내 것을 힘으로 되찾을 것이다. 진리를 사랑하는 자 콤플렉스 — 나는 어떤 대가를 치르더라도 내가 옳고 다른 모든 사람들은 틀렸음을 보여줄 것이다. 이런 모든 콤플렉스가 한 사람 한 사람의 에너지에 접근할 수 있는 열쇠가 된다. **펜듈럼은 사람의 약한 곳을 건드려서 그의 에너지를 마구 뽑아낸다.**

펜듈럼이 꼭두각시 인형을 조종하는 데 사용하는 이 같은 줄들을 얼마든지 열거할 수 있다. — 정의감, 자부심, 허영심, 명예, 사랑, 증오, 욕망, 관용, 호기심, 관심, 갈망, 그 밖의 다른 감정과 욕구들…… 감정과 관심이 생각의 흐름을 한 방향으로 고정되게 한다. 어떤 주제가 흥미나 감정을 유발시키지 않는다면 거기에는 집중하기가 무척 어렵다. 그래서 펜듈럼들은 그 사람의 특정한 감정이나 욕구 등의 정확한 약점을 찔러서 생각의 흐름을 사로잡는 능력을 가지고 있다.

사람들은 보통 외부의 부정적인 자극에 대해 정해진 반응방식을 가지고 있다. 부정적인 뉴스는 불만을 불러일으키고, 경악스러운 뉴스는 근심과 두려움의 반응을 일으키며, 불쾌한 것은 혐오감을 부른다. 이같은 습관은 펜듈럼의 주파수 포획 메커니즘을 가동시키는 스위치 역할을 한다. 예컨대 사소한 일로 신경질을 내거나 걱정하는 습관은 자극에 휘말려 반응을 일으키는 것과 같다. 그것은 거슬리는 부정적 자극에 부정적 반응을 보이는 것과 본질적으로 동일하다. 부정적인 생각과 행동은 결코 좋은 결과를 가져오지 못한다는 것을 알면서도 사람들은 습관 때문에 같은 실수를 반복한다.

이렇게 습관은 자주 문제를 일으키고 비효율적인 행동을 하게 만들지만, 습관을 없애기란 쉬운 일이 아니다. 습관이란 편안한 느낌을 주는 환상이다. 사람은 익숙한 쪽을 더 신뢰한다. 새로운 것은 뭐든 걱정과 두려움을 일으킨다. 오래되고 익숙한 것들은 경험을 통해 이미 그 효과가 입증되어 있다. 마치 오래된 안락의자와도 같다. 일이 끝나고 나면 당신은 거기에 몸을 묻고 휴식한다. 새 안락의자가 더 나을지도 모르지만 오래된 것이 더 편안한 느낌을 주는 것이다. 편안한 느낌이란 편리성, 신뢰감, 긍정적인 경험, 예측가능성 등의 개념으로써 성격지을 수 있다. 새로운 것에는 이런 특성이 훨씬 미약하다. 그래서 새로운 습관이 몸에 배려면 많은 시간이 걸리는 것이다.

우리는 펜듈럼이 사람들에게 영향력을 미치는 수법을 살펴보았다. 사람이 펜듈럼의 영향으로부터 벗어날 수가 있을까? 이제 거기서 탈출하는 방법을 이야기해보자. 어떤 사람이 자신을 노예로 만들어온 펜듈럼에 반기를 들고 일어나 내놓고 맞서는 일은 흔히 일어난다. 사람과 펜듈럼 사이의 전쟁에서 사람은 항상 패배를 맛볼 것이다. 펜듈럼은 오직 다른 펜듈럼만이 물리칠 수 있다. 사람은 아무것도 할 수 없다. 사람이 펜듈럼에 더이상 복종하지 않고 대항하여 싸운다면 그는 에너지를 잃기만 할 뿐 아무것도 얻지 못할 것이다. 아무리 잘 돼봤자 시스템 밖으로 내팽개쳐질 것이고, 최악의 경우에는 짓밟혀 목숨을 잃을 것이다. 펜듈럼이 세워놓은 규칙을 어길 배짱을 가진 사람에게는 반역자라는 낙인이 찍힐 것이다. 현실 세계의 표면에서 그 사람은 그의 행위에 대해 유죄판결을 받겠지만, 실제로 그를 죄인으로 만드는 것은 그의 행위가 아니라 그가 통제를 벗어났고, 그래서 더이상 펜듈럼의 에너지원이 되지 못한다는 사실이다.

러시아 속담에, "죄를 자백한 자는 처형하지 못한다"는 말이 있다. 65

왜 그럴까? 죄를 받아들인 사람은 펜듈럼의 규칙에 온전히 복종할 준비가 되어 있기 때문이다. 그 지지자가 자신의 행동에 대해 실제로 양심의 가책을 느끼는가 하는 것은 펜듈럼에게 전혀 중요하지 않다. 오직 그 지지자에 대한 지배력을 회복하는 것만이 중요한 것이다. 당신이 펜듈럼에게 당신을 조종할 수 있게만 해주면 펜듈럼은 그 즉시 무척 상냥한 얼굴을 보여줄 것이다. 죄인이 펜듈럼에 복종하지 않는다면 그는 제거해도 된다. 그에게서는 더 얻을 것이 없기 때문이다. 펜듈럼은 그 음흉한 목적을 흔히 도덕적인 원칙의 베일 뒤에다 감춘다. 죄를 뉘우치는 사람은 따지고 보면 그리 나쁜 사람이 아니라는 등으로 말이다. 하지만 펜듈럼이 어떤 것이고 그것의 진짜 목표가 무엇인지를 명심하고 있기만 하면 당신은 도덕적 원칙이 작용하고 있는 것인지, 아니면 시스템의 이익이 침해당하고 있는 것인지를 쉽게 구별할 수 있다.

당신은 언제나 원치 않는 것을 얻는다

앞에서도 말했듯이, 펜듈럼은 지지자들에게서만이 아니라 반대하는 사람들에게서도 에너지를 얻어낼 수 있다. 그런데 에너지를 뺏기는 것은 문제의 반쪽일 뿐이다. 펜듈럼이 매우 파괴적일 때는 지지자의 행복과 미래의 운명도 모두 손상을 입을 것이다.

우리는 누구나 부정적인 정보나 달갑지 않은 사건을 수시로 마주치게 된다. 이 모두는 다름 아닌 펜듈럼의 집적거림이다. 사람들은 삶에 이런 것들이 끼어드는 것을 원하지 않으면서도 언제나 두 가지 중 한 방식으로 반응한다. 그 정보가 큰 영향을 주지 않을 때는 거기에 별로 신경을 쓰지 않고 금방 잊어버린다. 그러나 어떤 정보가 자신을 화나게 하거나 겁을 주면, 즉 그 정보가 뭔가 자기와 깊이 관련된 것이면 사념 에너지가 거기에 사로잡힌다. 펜듈럼의 올가미에 걸려서 펜듈럼의 공명 주파수에 동조되는 것이다.

그다음에 어떤 일이 일어날지는 쉽게 짐작할 수 있다. 그는 화를 내기 시작하고 분개하고 걱정하고 두려워하며 불만을 마구 토해낸다. 무슨 뜻인가 하면, 그는 그 파괴적인 펜듈럼의 주파수에서 에너지를 방사하고 있는 것이다. 펜듈럼이 그 에너지를 모두 수확하지는 않는다. 그중 일부는 가능태 공간의 특정 섹터로 간다. 그 사람의 사념 에너지의 매개변수가 그러하기 때문에, 그는 그가 피하고 싶어하는 것들만 널려 있는 가능태 공간의 섹터로 옮겨가게 된다. 앞서 말한 대로, 사람의 사념 에너지가 특정 주파수에 고정되면 그 사람은 거기에 맞는 인생트랙으로 옮겨지는 것이다. 이 경우에 펜듈럼은 그 지지자에게 파괴적으로 작용한다. 펜듈럼이 그 올가미로써 그의 주파수를 붙들어놓고 있기 때문이다.

당신이 대참사나 자연재해에 관한 정보를 듣고 그것을 귓가로 흘려보내 버린다고 생각해보자. 사실 당신에게 그 영향이 끼쳐오는 것이 아니라면 그 때문에 스트레스를 받을 필요는 없지 않은가? 이런 경우에는 대개, 자연재해는 다른 곳에서 일어나고 당신은 피해자가 아니라 지켜보는 사람으로 존재하는 인생트랙에 있게 될 것이다. 당신이 피해자가 되는 인생트랙은 비껴간다. 그 반대의 경우도 마찬가지로 성립한다. 당신이 재난과 불행한 사건에 대한 소문이 자신에게 영향을 미치도록 놔둔다면 당신은 그것을 슬퍼하면서 친구들과 그것에 대해 이야기를 하며 시간을 보낼 것이다. 이럴 경우, 당신은 곧 그런 재난의 피해자가 되는 인생트랙으로 옮겨갈 가능성이 아주 커진다.

뭔가를 피하려는 욕구가 강하면 강할수록 그것을 갖게 될 위험은 더욱 커진다는 것이 분명해진다. 원하지 않는 것에 맞서서 싸우는 것은 사실은 바로 그것을 인생의 한 부분으로 만들려고 갖은 애를 쓰는 것이나 마찬가지다. 달갑지 않은 인생트랙으로 옮겨가고 싶다면 그토록 별나게 애쓸 필요조차 없다. 부정적인 생각을 하면서 거기다 감정을 실어주는 것만으로 충분하다. 예컨대 궂은 날씨를 싫어해서 비가 지긋지긋하다는 생각만 계속 한다. 이웃이 시끄럽게 굴어서 당신은 늘 그들과 싸우거나, 마음속으로 그들을 경멸한다. 당신은 뭔가를 두려워하고, 그것이 당신을 불안에 빠뜨린다. 직장 일이 지긋지긋해서 일에 대한 혐오의 감정 속으로 빠져든다.

두려워하거나 혐오하거나 경멸하는 것과 같은, **당신이 정말 꺼리는 것들은 당신을 어디에나 따라다닐 것이다.** 물론 피하고 싶은 다른 것들도 많지만 그것이 지금 당장 당신을 크게 괴롭히지는 않는다. 이런 경우, 그 일들은 당신의 인생에 끼어들지 않을 것이다. 실제로 일어나지 않는 것이다. 그러나 꺼리는 그것이 당신에게 영향을 미치도록 허용하여, 혐오감을 느끼고 부정적인 감정을 품자마자 그 원치 않는 일은 틀림없이 당신의 삶 속에 현실화될 것이다.

삶에서 원치 않는 일을 제거하는 유일한 방법은, 당신의 사념 에너지를 사로잡고 있는 펜듈럼의 영향에서 벗어나는 것이다. 이제부터는 펜듈럼이 집적거리도록 놔두지도 말고 그 게임에 빠지지도 말라. 파괴적인 펜듈럼의 손아귀를 빠져나오는 방법은 두 가지가 있다. 펜듈럼을 그냥 지나가게 하거나 멈추게 만드는 것이다. 이 방법들을 좀더 자세히 알아보자.

펜듈럼이 그냥 지나가게 하기

펜듈럼과 싸우는 것은 헛수고다. 이미 말했듯이, 펜듈럼과 싸우는 것은 펜듈럼을 당신의 에너지로 먹여 키워주는 짓이다. 성공을 위한 첫째 조건은 펜듈럼과 싸우기를 거부하는 것이다. 첫째로, 당신을 괴롭히는 것을 싸워서 떼어놓으려고 애쓰면 애쓸수록 그것은 더욱 기를 쓰고 당신을 따라다닐 것이다. 이렇게 말하는 것이 입버릇처럼 될지도 모른다. "제발 나를 편안히 좀 내버려둬! 모두들 저리 꺼져!" 당신은 당신을 괴롭히는 펜듈럼으로부터 자신을 지키고 있다고 생각하겠지만 사실은 그 펜듈럼을 당신의 에너지로 먹여주고 있는 것이기 때문에 그것은 더욱 더 달라붙는다.

둘째로, 당신은 이 세상 어떤 것도 비난하거나 바꿔놓을 권리가 없다. 미술관에 전시된 작품을 볼 때처럼, 좋든 싫든 모든 것을 있는 그대로 받아들여야 한다. 미술관에서는 마음에 들지 않는 작품이 많아도 그것이 보기 싫으니 치워버리라고 요구할 생각은 떠오르지도 않을 것이다. 펜듈럼이 존재할 권리가 있음을 인정하면 당신에게는 펜듈럼을 저혼자 내버려둘 권리, 곧 그것의 영향력에서 벗어날 권리가 있음을 깨닫게 된다. 하지만 가장 중요한 것은 펜듈럼과의 싸움에 말려들지 않는 것이다. 펜듈럼을 비난하지도 말고 화내지도 말고 침착성을 잃지도 말라. 그 모두가 펜듈럼의 게임에 말려드는 것이기 때문이다. 그와 정반대로 하라. 펜듈럼을 이미 주어진 것, 피할 수 없는 악으로 묵묵히 받아들이고 거기서 떠나라. 어떤 형태로든 싫은 마음을 보인다면 펜듈럼에게 에너지를 뺏기게 될 것이다.

선택하기가 무엇을 의미하는지를 알려면 거부하기를 먼저 배워야 69

한다. 사람들은 대개 자기가 원하는 것이 무엇인지는 잘 몰라도 무엇을 원하지 않는지는 분명히 알고 있다. 많은 사람들이, 원치 않는 일로부터 벗어나려고 애쓰다가 그와 정반대의 결과를 일으키고 있다. **거부하기 위해서는 받아들임이 필요하다.** 여기서 '받아들임'이라는 말은 무엇을 껴안아 자신의 일부로 만들라는 의미가 아니다. 여기에서 말하는 받아들임이란, 만물이 그 자체로서 존재할 권리를 지니고 있음을 인정해주고 그것을 담담하게 지나쳐 가라는 뜻이다. 받아들이고 놓아 보내는 것 — 그것은 모든 것이 당신을 통과하여 지나가도록 허용하고, 그것이 떠나갈 때 미련 없이 보내주는 것이다. 그와 반대는 받아들여서 곁에 붙들어두는 것, 그리고 거기에 집착하거나 저항하는 것이다.

좋아하지 않는 어떤 것에 대한 생각이 당신을 괴롭히고 있다면, 그것은 결국 당신의 삶에 나타날 것이다. 어떤 사람이 사과를 좋아하지 않는다고 상상해보자. 그는 사과가 그냥 싫다. 사과만 보면 역겹다. 그렇다면 그냥 사과를 무시해버리면 될 것이다. 하지만 그는 자기가 사는 세상에 사과와 같은 역겨운 것이 존재한다는 사실을 받아들일 수가 없다. 사과가 눈에 들어올 때마다 짜증이 난다. 그리고 그 혐오스러운 느낌에 대해 열심히 이야기한다. 이것은 물질 차원에서 일어나는 일이다. 하지만 에너지 차원에서 보면, 그는 탐욕스럽게 대들어 사과를 입에 쑤셔 넣고 우적우적 요란스럽게 씹어 먹으면서 자기가 얼마나 사과를 혐오하는지를 외쳐대는 꼴이나 마찬가지다. 그는 호주머니에 사과를 가득 쑤셔 넣은 채, 목이 메도록 게걸스럽게 먹으면서 사과는 정말 질린다며 또 불평을 늘어놓기 시작한다. 사과가 싫으면 그것을 삶 밖으로 던져버리면 된다는 생각이 그에게는 떠오르지조차 않는 것이다.

당신이 무엇을 좋아하든 싫어하든, 그것은 아무런 의미가 없다. 중요한 것은, 생각이 그런 감정의 대상에 매여 있으면 사념 에너지가 특정 주파수에 고정되고, 그러면 당신은 펜듈럼에 붙잡혀서 당신이 좋아하거나 싫어하는 대상이 널려 있는 해당 인생트랙으로 옮겨가게 된다는 사실이다.

삶에서 어떤 것을 원하지 않는다면, 거기에 대해 생각하기를 멈추고 그것을 담담하게 지나쳐가라. 그러면 그것은 당신의 삶에서 사라질 것이다. **삶 밖으로 어떤 것을 내던진다는 것은 그것을 회피하라는 것이 아니라 그냥 무시하라는 뜻이다.** 회피하는 것은 어떤 것을 자기 삶 속으로 들어오도록 허용하면서, 동시에 거기서 벗어나려고 안간힘을 쓰는 것이다. 무시한다는 것은 어떤 식으로도 거기에 반응하지 않으며, 따라서 그것을 삶 속에 가지고 있지 않는 것을 뜻한다.

당신이 라디오 수신기라고 가정해보라. 잠에서 깨어나면 당신은 매일같이 진절머리 나는 방송을 듣는다. 그 방송이란 바로 당신을 둘러싼 세상이다. 그러니 그저 다른 주파수로 다이얼을 돌리라!

당신과 세상 사이에 철의 장막을 쳐놓는다면 좋지 않은 펜듈럼들로부터 보호받을 수 있으리라고 생각할 수도 있다. 그러나 그것은 환상일 뿐이다. 그런 철갑의 보호막 속에 있게 되면 당신은 이렇게 혼잣말을 할 것이다. "난 꽉 막힌 벽이야. 아무것도 보이지도 않고 들리지도 않아. 난 아무것도 모르고, 그 누구와도 대화하지 않아. 나에게 다가올 길은 없어." 그런 보호의 장을 유지하기 위해서는 에너지를 소비해야 하는데, 그것도 조금이 아니라 실로 많은 에너지가 필요하다. 의도적으로 세상으로부터 자신을 단절시키려고 애쓰는 사람은 끊임없는 긴장 속에서 살아간다. 게다가 무엇보다도, 보호의 장의 에너지는 애초에 그로부터 자신을 보호하려고 했던 그 펜듈럼의 주파수에 동조되어 있다. 그리고 바로 그것이 펜듈럼이 노리는 바다. 펜듈럼은 당신이 에너지를 기쁜 마음에서 주든 분노하는 마음에서 주든 전혀 상관하지 않는다. 펜듈럼은 그저 에너지를 얻는 데에만 관심 있을 뿐이다. 그렇다면 무엇이 우리를 펜듈럼으로부터 보호해줄 수 있을까? 그것은 비어 있음이다. 내가 텅 비어 있다면 무엇으로도 나를 붙잡지 못할 것이다. 나는 펜듈럼의 게임에 말려들지 않는다. 펜듈럼으로부터 자신을 보호하려고 애쓰지도 않는다. 나는 단순히 그것을 무시한다. 펜듈럼의 에너지는 나를 그냥 통과해 가버린다. 나를 건드리지 못하고 그냥 공간 속으로 사라져 버린다. 펜듈럼의 게임이 나를 괴롭히지 못한다. 아무런 영향도 주지 못한다. 펜듈럼에게, 나는 텅 비어 있는 존재다.

펜듈럼의 주된 목표는 가능한 한 많은 지지자를 끌어들여서 그들의 에너지를 얻어내는 것이다. 펜듈럼을 무시해버리면 그것은 당신을 내버려두고 다른 사람들에게로 옮겨간다. 펜듈럼은 오직 게임을 받아들이는 사람들에게만, 달리 말해서, 펜듈럼의 주파수에 맞춰서 사념 에너지를 방사하는 사람들에게만 영향을 줄 수 있기 때문이다.

가장 단순한 예를 들어보자. 개가 짖으며 당신을 뒤따라오고 있다. 당신이 뒤돌아보면 개는 더 큰 소리로 짖을 것이다. 당신이 그것을 심각하게 받아들이고 대적하기 시작하면 개는 한참 동안이나 계속 당신을 뒤쫓을 것이다. 사실 개는 소동부릴 만한 대상을 찾아다닌다. 그러나 당신이 그것을 간단히 무시해버리면 개는 다른 대상을 찾아갈 것이다. 개에게는 무시당했다고 모욕감을 느끼는 따위의 일은 일어나지 않는다는 점을 기억하라. 개는 에너지를 얻어내려는 목표에 너무나 몰두해 있어서 다른 것은 생각할 겨를이 없다. 자, 이제 개를 말썽 일으키기 좋아하는 사람과 바꾸어놓고 생각해보라. 이 모델이 똑같이 적용되는 것을 발견할 것이다.

누군가가 당신에게 귀찮게 군다면 그에게 파괴적인 펜듈럼 모델을 적용시켜보라. 아마도 완벽하게 맞아떨어질 것이다. 그 '말썽꾼'을 잠 잠해지게 만들 방법이 없다면 그저 그의 도발에 반응하기를 멈추라. 그를 무시하라. 당신이 그에게 에너지를 대주기를 멈추지 않는 한 그는 당신을 가만히 내버려두지 않을 것이다. 당신은 그와의 싸움에 말려들 어서 직접 에너지를 줄 수도 있고, 말없이 그를 증오하면서 간접적으로 에너지를 줄 수도 있다. 에너지 대주기를 멈춘다는 것은 그 말썽꾼에 대해 생각하기를 일절 멈추는 것이다. 당신의 머리에서 그를 그냥 몰아 내 버리라. 자신에게 그저 이렇게 말하라. "그냥 내버려둬!" 그러면 그 는 당신의 인생에서 사라져버릴 것이다.

그렇지만 펜듈럼을 간단히 무시해버릴 수가 없는 경우도 종종 생긴 다. 예를 들어, 사장이 당신을 야단치기 위해 호출한다고 하자. 단순히 저항하는 것이나 자신을 방어하려고 애쓰는 것은 모두 에너지의 손실 을 가져온다. 두 경우 모두 펜듈럼과 싸우는 것이기 때문이다. 이런 경 우에는 펜듈럼의 게임에 참여하는 것처럼 보이도록 행동할 수 있다. 중 요한 것은, 당신은 단지 펜듈럼 게임을 하는 척하고 있는 것일 뿐임을 명심하는 것이다.

우악스러운 사내가 큰 망치로 당신을 내려치려 하고 있는 상황을 상 상해보자. 당신은 거기에 맞설 방법이 없다. 방어할 수도 없고 공격할 수도 없다. 그 순간에 그저 옆으로 비껴서라. 그러면 그 덩치 큰 사내는 자기가 휘두른 망치를 따라 허공으로 나가떨어진다. 이것은 펜듈럼이 당신을 잡지 못하고 허공으로 헛발질하는 것을 의미한다.

합기도合氣道의 핵심이 바로 이와 동일한 원리다. 합기도에서는 실제로 다음과 같은 일이 일어난다. 방어자는 공격자의 팔을 잡고 마치 손님을 가볍게 배웅하는 것처럼 잠시 함께 가주다가, 아무 힘도 들이지 않고 풀어놓는다. 그러면 공격자는 처음 노렸던 방향으로 자신이 나가 떨어진다. 비밀은 오로지 방어자가 공격자에게 결코 맞서지 않는다는 데 있다. 방어자는 공격자의 길에 합류해서 잠시 그와 함께 간다. 그런 다음 그를 놓아 보내주는 것이다. 공격자의 에너지는 허공 속으로 떨어진다. 방어자가 '텅 비어' 있다면 붙잡을 데가 없기 때문이다.

그러면 이 유연한 작전 뒤에 숨겨진 기술은 무엇일까? 기본은, 펜듈럼이 처음에 공격해올 때, 그것을 받아들이는 반응을 보여주는 것이다. 그러다가는 옆으로 재치 있게 살짝 비켜나서 펜듈럼의 움직임을 당신이 원하는 쪽으로 얌전히 돌려놓는다. 예를 들면, 열성적인 상사가 당신에게 일을 잔뜩 맡기면서 정확히 자기가 원하는 대로 해줄 것을 강요한다. 당신은 그 일을 그런 식이 아니라 다른 방식으로 해야 하는 것으로 알고 있다. 아니면 아예 그 일이 당신이 해야 할 일이 아니라고 생각할 수도 있다. 그렇다고 당신이 그것을 거부하고 자기방어를 위한 논쟁을 벌인다면 상사는 단도직입적으로 당신에게 복종을 요구할 것이다. 당신은 이미 결정난 일에 반항하고 있는 것일 뿐이다. 이와는 정반대로 해야 한다. 상사가 무슨 말을 하는지 잘 귀 기울여 듣고, 그의 모든 말에 동의해주라. 펜듈럼이 최초의 충동을 소진하도록 내버려두라. 그런 다음 그와 함께 부드럽게 일의 세부사항을 논의하기 시작하라. 이때 당신은 상사의 사념 에너지를 받아들여서 그의 주파수로 방사하고 있는 것이다. 그의 충동은 아무런 반대에도 부딪히지 않았으므로 당분간은 잠잠히 가라앉아 있을 것이다. 그 일을 어떻게 해야 하는지를 더 잘 아는 척하지 말라. 뭐든지 긍정하고 논쟁을 피하라. 단지 그의 조언을 구하라. 어떻게 하면 더 빨리 잘 할 수 있을지, 어쩌면 다른 직원은 더 잘할 수도 있지 않을지 물어보라. 이렇게 함으로써 당신은 그 펜듈럼을 따라 함께 흔들리는 것이다. 하지만 의식적으로 그렇게 한다. 그 게임에 빠지는 것이 아니라 마치 바깥에서 그것을 관찰하는 것처럼 한다. 펜듈럼은 게임에 완전히 몰두해서 흔들리고 있다. 그것은 펜듈럼의 게임이다. 펜듈럼이 결정하고, 사람들은 거기에 동의하고 조언을 구한다. 당신은 당신을 향하던 그 에너지가 다른 해결책이나 그 일을 할 다른 사람에게로 방향을 바꾸는 것을 목격할 것이다. 당신에 관한 한 펜듈럼은 헛발질을 할 것이다.

펜듈럼 끄기

펜듈럼이 그냥 지나가게 할 수가 없는 경우도 있을 수 있다. 펜듈럼을 간단히 무시하거나 피할 수가 없는 경우다.

나에게는 정말 착하고 마음씨 좋은, 그러면서도 엄청나게 힘도 센 친구가 있었다. 어느 날 밤 우리는 전차를 타고 가고 있었는데 그 안에는 시빗거리를 찾고 있는 깡패 무리가 있었다. 그것은 정말 파괴적인 펜듈럼이었다. 그들은 하나로 뭉쳐서 서로 부정적인 에너지를 먹여주고 있었고, 아무도 자기들을 막을 수 없다고 확신하고 있었다. 그들은 에너지를 증폭시키기 위해서 끊임없이 사람들을 괴롭혀야 했고, 사람들은 그 도발에 반응함으로써 에너지를 주고 있었다.

이 패거리는 내 친구를 집적거리기 시작했다. 아마도 그 친구의 착하고 온순한 표정 때문에 별 위험이 없어 보였을 것이다. 그들은 모욕을 주고 비아냥거리며 온갖 짓으로 싸움을 걸어보려고 애썼다. 그러나 친구는 어떤 도발에도 반응하지 않고 묵묵히 있었다. 달리 말해서, 그는 펜듈럼이 헛발질을 하게 하려 했던 것이다. 그는 두려움이 없다는 것을 알고 있었기에 나도 거기에 끼어들지 않았다. 하지만 그 깡패들은 정말 사람을 구석까지 몰아갔다. 결국 친구는 더이상 참지 못하고 일어나서 출구로 향했다. 그러자 그중 가장 뻔뻔스러운 놈이 그를 가로막았다. 궁지에 몰린 내 친구는 그 녀석의 목덜미를 잡고 그의 머리에 무시무시한 타격을 가했다.

그 희생자의 얼굴은 즉각 묵사발이 되어버렸다. 나머지 주인공들은 너무나 놀라고 겁에 질려서 얼어붙어버렸다. 친구는 돌아서서 다른 한 녀석을 붙잡았다. 그러자 그는 떨리는 목소리로 빌기 시작했다. "이제…… 됐어, 이제 그만 해……, 그만……." 그 펜듈럼의 에너지는 금방 꺼져버렸다. 그리고 그 지지자들은 여전히 놀란 채 슬슬 뒷걸음질하다가 결국 전차 밖으로 달아나버렸다.

물론 이런 일을 감당해낼 수 있는 사람은 복이 많다. 그러나 당신이 그런 사람이 아니라면 어떻게 해야 할까? 정말 더이상 물러설 곳이 없다면 당신은 뭔가 특별한 것, 아무도 예상하지 못했던 유별난 행동을 함으로써 펜듈럼을 멈추게 할 수도 있다.

누군가가 나에게 바로 그런 경우를 이야기해주었다. 언젠가 겁 없는 폭력배들이 한 청년을 에워싸고 그를 때리려던 참이었다. 그때 갑자기 그 청년이 폭력배 두목에게 다가가 제정신이 아닌 듯한 눈빛으로 그를 노려보면서 말했다. "그래, 뭘 부러뜨려줄까, 코를 부숴줄까, 아니면 턱을?" 그런 말은 분명 각본에 없는 엉뚱한 것이다. 두목은 잠시 말을 잃고 서 있었다. 그때 청년이 약간 맛이 간 듯 들뜬 목소리로 이렇게 소리

쳤다. "아, 네 귀를 떼어내는 게 좋겠군!" 그러면서 그는 손으로 두목의 귀를 움켜잡았다. 두목은 비통한 비명을 지르며 울부짖었다. 그 폭력배들이 늘상 벌이던 쇼는 엉망이 돼버렸다. 두목은 이제 누구를 패주겠다는 생각은커녕, 오로지 이 미친놈의 손아귀에 꽉 붙잡힌 귀를 어떻게 빼낼까 하는 생각에만 사로잡혀 있었다. 그들은 그가 미친 사람이라고 생각하고 놓아주었다. 그래서 청년은 참사를 피할 수 있었다.

사건이 어떻게 펼쳐질지를 예측할 수 있는, 즉 기본 시나리오를 알 수 있는 상황에 처한다면 무엇이든 그 시나리오에 맞지 않는 기이한 짓을 하라. 그러면 펜듈럼은 꺼질 것이다. 주어진 시나리오대로 행동하는 한, 당신은 펜듈럼의 게임을 받아들여 당신의 에너지를 그 주파수에 맞추어 내주는 것이다. 그러나 당신의 주파수가 펜듈럼의 주파수와 아주 다르면 당신과 펜듈럼은 동조하지 못하게 되고, 그 결과 당신은 펜듈럼이 리듬을 잃게 만든다.

동시에, 손해 볼 일도 없는 밑바닥까지 간 펜듈럼을 마주쳤을 때는 함부로 덤벼서 말썽을 자초하지 말아야 한다. 만일 강도에게 습격을 당하면 곧바로 돈을 줘버리는 게 낫다. 어떤 사람들은 그런 경우를 대비해서 일부러 10달러짜리 지폐를 지니고 다니기도 한다. 예컨대 그 강도가 마약중독자나 정신질환자라면 당신이 무술의 대가라 할지라도 쉽게 목숨을 뺏길 수 있다. 그러므로 광견병에 걸린 개를 건드리지 않는 것과 마찬가지로, 그런 사람들은 아예 상대하지 않는 편이 훨씬 낫다. 그러지 않으면 당신은 원치 않게 값어치 없는 죽음을 맞이할 수도 있다.

펜듈럼을 끄는 데는 유머감각과 창조적인 상상력이 크게 도움이 된다. 짜증을 놀이로 바꿔보라. 예를 들어, 길거리나 버스 안에서 사람이

붐벼서 짜증이 날 때, 그리고 사람들이 모두 바삐 지나가느라 걸려서 길을 가기가 어려울 때, 바닷새들이 떼를 지어 모여 있는 남극대륙의 해안에 서 있다고 상상해보라. 당신 주위에 있는 모든 사람이 사실은 펭귄들이다. 그들은 우스꽝스런 몸짓으로 뒤뚱뒤뚱 걷다가 넘어지기도 하면서 이리저리 분주하게 돌아다니고 있다. 당신은 무엇이 되고 싶은 가? 당신도 펭귄이 될 수도 있을 것이다. 그렇게 바꿔놓고 보면 주위의 사람들이 짜증 대신 호감과 호기심을 불러일으키기 시작할 것이다.

물론 분노에 휩싸여 있을 때 자신을 제어하기란 쉽지 않다. **이런 순간에 무엇보다 가장 어려운 것은, 이것이 단지 당신으로부터 에너지를 끌어내리고 애쓰는 펜듈럼일 뿐이라는 사실을 상기하는 것이다.** 펜듈럼의 자극에 굴복하지 말라. 펜듈럼은 흡혈귀와 같다. 펜듈럼은 자기만의 마취법을 사용한다. 그것은 성가신 것에 부정적으로 반응하는 당신의 습관이다. 지금 이 글을 읽고 나서도 당신은 몇 분 후에 잘못 걸려온 전화를 짜증난 목소리로 받을지도 모른다. 하지만 그것이 펜듈럼임을 상기하는 습관을 기르기로 목표를 세운다면, 당신은 머지않아 펜듈럼의 도발에 대한 면역력을 기르게 될 것이다.

귀찮은 상황을 마주하여 짜증과 불만 등 부정적인 감정으로 반응하면, 그 감정을 일으킨 부정적 상황이 즉시 더 악화되어서 당신은 더 많은 문제에 부딪히게 된다는 사실을 명심하라. 펜듈럼은 바로 이런 식으로 점점 더 크게 흔들린다. 그리고 당신도 그것을 흔들어주고 있다. 그러니 이와는 정반대로 하라. 전혀 반응하지 않거나 이상하게 반응하는 것이다. 예를 들어, 당신은 불쾌한 일을 당했을 때 일부러 열광하거나 백치처럼 좋아라고 날뛸 수도 있다. 이것이 펜듈럼을 끄는 방법이다. 당신은 펜듈럼이 더이상 도발해오지 않는 것을 알게 될 것이다.

앞에서 말했듯이, 불쾌한 상황에 부정적으로 반응하는 습관은 펜듈럼의 주파수 포획 메커니즘을 가동시키는 스위치다. 이것이 켜지면 펜듈럼이 당신의 사념 에너지에 접근할 수 있게 된다. 그런 습관은 의도적으로 다음과 같이 바꿔놓기 게임을 하면 사라질 것이다. ― 두려움을 자신감으로, 우울을 열정으로, 분노를 담담함으로, 짜증을 기쁨으로. 최소한 약간 불쾌한 일에 대해 '이상한' 방식으로 반응하기를 한 번 시도해보라. 손해 볼 것은 없다. 좀 우스꽝스럽게 보일지는 모르지만 이런 식으로 게임을 하면 펜듈럼은 질 수밖에 없을 것이다. 게임을 이렇게 하는 것이 우스꽝스럽게 보이는 것은, 펜듈럼이 자기에게만 유리한 게임을 하도록 우리를 훈련시켜놓았기 때문일 뿐이다. 이젠 펜듈럼이 당신의 게임을 하도록 만들어보라. 그것은 무척 재미있고, 당신은 그것이 얼마나 강력한 테크닉인지를 깨닫고 깜짝 놀랄 것이다. 그 이치는 이렇다. 공명 주파수와는 다른 주파수의 사념 에너지를 방사하면 당신은 펜듈럼과 공명하지 않는 상태가 된다. 그러면 당신에게는 펜듈럼이 꺼지게 되고, 그 결과 펜듈럼은 당신을 건드리지 않고 평화롭게 내버려둔다.

펜듈럼을 부드럽게 끄는 재미있는 방법이 하나 더 있다. 누군가가 당신을 괴롭히고 문제를 일으킨다면 그 사람에게 필요한 것이 무엇인지, 무엇이 부족한지를 진단해보라. 그런 다음 그 사람이 필요한 것을 가지고 있는 모습을 상상한다. 그에게 필요한 것은 건강, 자신감, 혹은 마음의 평화일 수도 있을 것이다. 가만히 생각해보면 이 세 가지 중요한 요소는 만족감을 느끼기 위해 누구나 필요로 하는 것이다. 그 사람에게는 지금 당장 무엇이 정말 필요한지를 생각해보라.

상사가 당신에게 고함을 지르고 있다고 가정해보자. 그는 지친 것일까, 아니면 집에서 무슨 일이 있었을까? 그렇다면 그는 마음의 평화가 필요하다. 그가 안락의자에 기대앉아 TV를 보고 있는 장면이나 난롯가에 앉아 편안히 쉬고 있는 모습을 떠올려보라. 혹은 강가에 앉아 낚시를 하거나, 친구들과 맥주를 마시는 모습을 떠올려도 좋겠다. 그가 무엇을 하고 싶어하는지 알겠는가? 어쩌면 그는 자신의 상사에게서 압박을 받고 있고 많은 책임을 떠맡는 것을 두려워하고 있는지도 모른다. 그렇다면 그에게는 자신감이 필요하다. 그가 프로선수처럼 스키를 타는 모습이나 스포츠카를 모는 모습을 그려보라. 또는 파티에서 모든 사람의 주목을 받는 모습을 떠올려본다. 아니면 그는 몸이 아파서 고통스러워하고 있는 것일까? 그러면 그가 행복하고 건강한 모습으로 바다에서 수영을 즐기고 있는 모습을 그려보라. 자전거를 타거나 축구를 하는 모습도 좋겠다. 물론 그가 좋아하는 것을 하고 있는 모습을 상상하는 편이 더 좋다. 그러나 그것을 알아맞혀야 할 필요는 없으니 걱정하지 않아도 된다. 그가 만족해하는 상황을 상상하는 것만으로도 충분하다.

그러면 여기서 실제로 어떤 일이 일어날까? 당신의 상사가 당신이 해결해야 할 문제만 잔뜩 가지고 갑자기 나타난다.(그것은 상사 대신 강도나, 다른 골치 아픈 사람이 될 수도 있다.) 그가 무슨 문제를 들고 오든지, 거기서 비껴나라. 그렇게 해서 처음부터 주파수 포획 올가미에 머리를 들이밀지 않도록 해야 한다. 이제 그가 정확히 그에게 필요한 것을 얻는 모습을 상상한다. (강도는 무엇을 원할까? 먹을 것, 마실 것, 아니면 환각제?) 그 사람이 만족을 느끼는 장면을 그려보라. 그렇게 하는 데 성공했다면 당신의 문제는 이미 사라진 것으로 봐도 된다. 펜듈럼은 혼자서 저절로 흔들리기 시작한 것이 아니다. 뭔가가 펜듈럼이 균형을 잃게 만들었다. 펜듈럼은 의식적으로든 무의식적으로든 그 균형을 회복시켜줄 어떤 것을 찾고 있다. 바로 그때, 비록 간접적인 방법이 긴 하지만, 특정한 주파수의 당신의 사념 에너지가 그 균형을 회복시켜 준다. 펜듈럼은 즉각 그의 공격성을 호의로 바꿀 것이다. 뭐라고? 믿기 어렵다고? 그럼 직접 시험해보라!

위의 테크닉을 적용할 때 기본적으로 일어나는 일은 펜듈럼이 꺼진 다는 것이다. 인간 펜듈럼이 말썽거리를 가지고 당신에게 다가오면 당 신은 그것을 보이지 않게, 상상을 통해서 에너지 차원에서 해결해버리 는 것이다. 당신은 펜듈럼에게 에너지를 준다. 그러나 그러지 않았을 경우에 빼앗길 수 있는 것에 비하면 아주 조금만 준다. 게다가 당신은 좋은 일을 한 것이다. 비록 일시적이긴 하지만 어려움에 처한 사람을 도와주었다. 흥미로운 사실은, 그 사람이 다음에는 당신에게 전과 다른 친절한 태도를 보인다는 것이다. 그는 당신과 함께 있으면 왜 편안하게 느껴지는지를 결코 짐작하지 못할 것이다. 그것은 당신의 작은 비밀로 간직하라.

이 테크닉은 상대방에게서 뭔가를 얻어내야 하는데 그는 자신의 문 제에 몰두해 있어서 당신이 원하는 것을 주는 일 따위에는 관심이 없는 상황에서 효과적으로 써먹을 수 있다. 공무원의 결재를 받아야 할 일이 있는가? 그럴 때 먼저 그에게 멋진 장면을 상상함으로써 에너지를 '먹 여' 주라. 그러면 그는 당신을 위해 무슨 일이든 다 해줄 것이다.

마지막으로 이것을 생각해보자. 풀이 꺾인 펜듈럼의 에너지는 어디 로 가는 것일까? 그 에너지는 당신에게 돌아온다. 당신의 문제를 극복 하고 나면 당신은 더욱 강력해진다. 다음에 이와 같은 일이 일어나면 그 문제의 올바른 해결책을 찾는 것이 아주 쉬워진다. 그렇지 않겠는 가? 그러나 당신이 그 문제와 싸우려고 대들면 애초에 그 문제를 야기

81

한 펜듈럼에게 에너지를 주게 된다.

펜듈럼이 그냥 지나가게 하거나 꺼버리는 테크닉은 심리학자나 정신과 의사들도 전문적인 요법으로서 널리 사용하는 것이다. 그러니 이것은 사실 새로운 것도 아니다. 그렇지만 응용심리학 기법을 잘 모르는 사람들에게는 심리적 방어기제가 어떤 것이며 어떻게 작용하는지를 명료하게 이해할 수 있게 해주므로 유용하다.

복잡한 문제의 간단한 해결책

펜듈럼을 끄거나 그냥 지나가게 할 수 있으면 당신은 일어날 수 있는 모든 종류의 문제를 해결할 수 있다. 삶 속의 복잡한 상황, 갈등, 불리한 사태, 어려운 일, 또는 단순히 맡은 임무 등을 모두 해결할 수 있는 것이다. 모든 복잡한 문제에는 단순한 해결책이 있다. 문제의 열쇠는 표면의 어딘가에 늘 있다. 문제는 단지 그것이 어디에 있는지를 알아내는 것이다. 당신에게 문제를 만들어준 펜듈럼은 당신이 열쇠를 찾는 일을 방해할 것이다.

파괴적 펜듈럼의 목표는 당신에게서 에너지를 얻어내는 것이다. 그러기 위해서 펜듈럼은 당신이 방사하는 사념 에너지의 주파수를 문제에다 고정시켜야 한다. 당신이 그 문제가 어렵다고 확신한다면 그것은 펜듈럼에게 아주 쉬운 일이 된다. 당신이 이 게임의 규칙을 받아들인다면 펜듈럼은 당신을 쉽사리 붙잡아 복잡한 미로 속으로 끌고 갈 것이다. 나중에 가서야 당신은 해답이 언제나 바로 눈앞에 있었다는 것을 깨닫게 될 것이다.

어떤 사람에게 그가 아주 어려운 문제에 봉착해 있다고 겁을 주어 혼란에 빠뜨리고 걱정하게 만들어서 그의 두려움을 건드려주면, 그는 쉽사리 말려들어서 사태가 복잡하다는 말에 고개를 끄덕일 것이다. 그러나 사실 그렇게 하려면 겁을 줄 필요조차 없다. 대중은 이미 문제란 원래 어려운 것이라서 단순한 해결책은 없다고 생각하고 있다. 우리는 누구나 평생 끊임없이 어려운 문제에 부딪혀왔다. 그것이 새롭고 친숙하지 않은 것일 때는 특히 더 어렵게 느낀다. 그 결과 우리에게는 걱정과 근심으로, 심지어 때로는 경건한 두려움까지 품고 문제를 대하는 습관이 뿌리 깊이 박혀 있다. 게다가 문제를 다루는 자신의 능력을 의심의 저울로 잰다. 결국, 문제를 두려움으로써 대하는 습성이 꼭두각시 인형의 줄이 된다.

펜듈럼은 지지자, 즉 어떤 문제에 연루된 사람들을 통해서 작용할 수도 있고, 생명 없는 대상을 통해서 작용할 수도 있다. 펜듈럼은 지지자가 문제에 정신이 팔려 있는 사이에 그 사념 에너지를 특정 주파수에 고정시킴으로써 에너지를 신나게 빨아먹는다. 사람들은 문제에 주파수를 고정시키는 것이 집중을 돕는다고 생각할 것이다. 그것이 어떻게 문제해결을 방해할 수가 있겠는가 말이다.

그러나 문제는, 펜듈럼은 우리의 생각을 정보장의 아주 좁은 섹터에다 고정시켜 놓는데, 문제의 해결책은 십중팔구 그 섹터 바깥에 있다는 것이다. 그 결과 우리는 비좁은 우물 속에서 생각하고 행동하고 있어서 전체를 조망할 수 있는 기회를 갖지 못한다. 기발하고 직관적인 해결책은 당신이 펜듈럼으로부터 벗어나서 다른 방향으로 자유분방한 사고를 할 수 있을 때 나타난다. 천재가 되는 비법은 바로 펜듈럼의 영향에서 자유로워지는 것이다. 평범한 사람들의 사념 주파수는 펜듈럼에게 사로잡히는 반면, 천재들의 사념 주파수는 독립적으로 스스로를 재조직할 수 있어서 정보장의 미개척 지역으로 들어갈 수 있는 것이다.

펜듈럼의 올가미에 걸리지 않으려면 어떻게 행동해야 할까? 문제에 빠져들지 말고, 펜듈럼이 당신을 게임 속으로 유인해 들이도록 허용하지 말라. 집을 내주듯 자신을 빌려주라. 그런 상황에서 늘 하던 것처럼 행동하되, **게임의 참여자로서가 아니라 외부의 관찰자로서 행동하라.** 당신과는 전혀 상관 없는 것처럼 상황을 바라보라. 펜듈럼은 당신의 손을 잡고 미로 속으로 끌어들이려 한다는 사실을 명심하라. 문제가 당신을 겁주고 사로잡아서 근심과 혼란 속에 빠뜨리도록 내버려두지 말라. 모든 문제에는 아주 간단한 해결책이 있다는 것만 기억하라. 펜듈럼이 당신에게 강요하는 '어려운' 해석을 받아들이지 말라.

당신이 어떤 문제나 까다로운 상황에 직면해왔다면, 그에 대해 당신이 어떤 태도를 취해왔는지를 잘 파악하라. 문제는 혼란과 두려움, 분노와 절망 등을 불러올 수 있다. 당신은 문제를 대하는 평소의 태도를 정반대로 바꾸어야 한다. 그러면 문제가 저절로 사라져버리거나, 아니면 간단한 해결책을 금방 발견하게 될 것이다. 고정관념과 습관에 거슬러서, 문제를 장애물로 보지 말고 당신이 걸어가야 할 길의 일부라고 생각하라. 내면에 문제가 머물 자리를 주지 말고, 문제에 대해 텅 비어 있으라.

좀 숙고해봐야 할 필요가 있는 문제가 있다면 논리적인 생각으로 당장 해결하려고 달려들지 말라. 당신의 잠재의식은 정보장에 직접 연결되어 있다. 모든 문제의 해결책은 거기에 이미 존재한다. 그러니 우선 긴장을 풀고 그 문제에 대해 가지고 있는 두려움과 걱정을 모두 던져버리라. 해결책이 이미 존재한다는 것을 알고 있지 않은가? 자신을 느슨하게 풀어놓고 생각의 흐름을 멈춘 다음, 텅 비어 있는 상태를 명상하라. 그렇게 하면 해결책이 즉각 떠오를 것이다. 그리고 그것은 아마도 아주 단순한 해결책일 것이다. 그것이 당장 효과가 없더라도 흥분해서 생각장치를 다시 켜지 않도록 하라. 다음번에는 잘 될 것이다. 이 연습은 직관적 지식을 얻는 능력을 개발하는 데 아주 유용하다. 중요한 것은 이것을 습관화하는 것뿐이다.

펜듈럼으로부터 자신을 해방시켜서 자기를 '빌려줄' 수 있다면, 이 방법은 정말 효과가 있다. 그러나 말로는 쉽지만 실제로 행하기는 어렵다. 이 책의 뒷부분에서 펜듈럼을 다루는 새로운 방법들을 소개할 것이다. 이것은 정말 시작일 뿐이다. 내가 지금 당신의 손을 붙잡고 미로 속으로 끌고 가려는 것처럼 느껴지지 않는가? 사실 그렇다. 당신을 해방시켜주겠노라고 설교하는 사람들로부터도 벗어나라.

유보留保상태

파괴적인 펜듈럼의 영향력을 벗어나면 당신은 자유를 얻는다. 그러나 목표가 없는 자유는 유보상태이다. 주위에 있는 펜듈럼들을 그냥 지나가게 하거나 끄는 일에 몰두해 있으면 당신은 허공 속에 놓일 위험을 안게 된다. 이전의 갈등과 성가시던 일들은 사라졌고 논쟁도 갈수록 뜸해지고 근심 걱정은 사라져버렸다. 폭풍우가 어느새 서서히 잠잠해지듯이, 이 모든 일이 거의 눈에 띄지 않게 일어난다.

그러나 당신은 여기에도 부작용이 있음을 곧 알게 될 것이다. 전에는 당신이 사건의 중심에 있었다면 이제는 사건들이 다른 어딘가에서 일어나는 것처럼 보인다. 이제 당신은 주위의 사람들에게 이전처럼 중요한 사람이 아니다. 그래서 사람들은 점점 당신에게 주의를 기울이지 않게 된다. 걱정거리는 갈수록 적어지지만 그와 함께 욕구 또한 사라진다. 외부세계의 압박은 약해지지만 그것이 당신에게 별 득이 되는 것도 아니다. 문제는 줄어들지만 새로운 성취도 없다.

무슨 일이 일어나고 있는 것일까? 문제는, 인간세상은 온통 펜듈럼 위에 건설되어 있다는 것이다. 그러므로 누군가가 펜듈럼으로부터 완전히 벗어난다면 그는 사막 속에 남게 될 것이다. 유보상태는 펜듈럼에 묶여서 사는 것보다 크게 나을 게 없다. 예컨대 모든 것을 다 가진 아이는 우울하게 야위어간다. '더 이상 원하는 게 없기' 때문이다. 그런 아이들은 스스로 괴로워하면서 변덕과 칭얼거림으로써 주위 사람들을 못살게 군다. 인간은 항상 뭔가를 추구하도록 되어 있는 존재인 것이다.

당신의 자유란 다른 사람들의 펜듈럼으로부터 자유로운 것을 말한다. 그러나 개인적으로 당신에게 유용한 펜듈럼도 있다. 이들이 당신의 펜듈럼이다. 달리 말하자면, 당신에게 강요되고 있는 목표가 존재하며, 그 목표를 따라가면 행복의 인생트랙에서 점점 더 멀어지게 된다는 사실을 알아야 한다. 우리가 해야 할 일은, 자유로운 상태로 있으면서 동시에 진정한 성공과 행복이 기다리고 있는 인생트랙을 선택하는 것이다.

자신의 행동과 상황을 스스로 알아차리고만 있다면 펜듈럼이 절대적으로 나쁜 것은 아니다. 펜듈럼으로부터 전적으로 벗어나는 것은 불가능하다. **유일한 문제는, 어떻게 하면 펜듈럼의 영향 아래에 놓이는 것을 피하고 펜듈럼을 자신의 목적에 맞게 의식적으로 이용할 것인가이다.** 트랜서핑은 이를 위한 특별한 도구를 제공해 준다. 펜듈럼의 영향에서

완전히 벗어난다는 것은 불가능하거니와, 필요하지도 않다. 오히려 펜 펜듈럼
듈럼이야말로 우리의 꿈을 현실로 실현시켜주는 장본인이다.

요약

- 펜듈럼은 같은 방향으로 생각하는 사람들의 에너지에 의해 만들어진다.
- 펜듈럼은 정보를 기반으로 한 에너지체다.
- 펜듈럼은 지지자의 사념 에너지를 자기의 주파수에 고정시킨다.
- 펜듈럼들은 지지자를 얻기 위해 서로 치열한 싸움을 벌이고 있다.
- 파괴적인 펜듈럼은 지지자들에게 낯선 목표를 강요한다.
- 펜듈럼은 사람들의 감정을 교묘히 건드려
  그들을 올가미 안으로 끌어들인다.
- 당신이 뭔가를 싫어하여 적극적으로 저항하면
  그것은 반드시 삶 속에 나타난다.
- 펜듈럼으로부터 자유로워진다는 것은 그것을 당신의 삶 밖으로
  내던져버리는 것을 말한다.
- 무엇을 삶 밖으로 내던져버린다는 것은 그것을 피하는 것이 아니라
  무시해버리는 것이다.
- 펜듈럼을 끄려면 게임의 시나리오를 무시해야 한다.
- 긍정적 심상화는 인간 펜듈럼을 부드럽게 꺼준다.
- 꺼진 펜듈럼의 에너지는 당신에게 돌아온다.
- 문제를 만들어낸 펜듈럼을 끄거나 그냥 지나가게 하면 문제가 해결된다.

- 문제를 해결하려면 당신 자신을 빌려주라.
- 유보상태를 피하기 위해서는 자신의 펜듈럼을 찾아야 한다.
- 이 모두를 상기하는 습관을 길러야 한다.

제3장 성공의 물결

"행복의 파랑새", "행운의 수레바퀴"와 같은 비유는 꽤 확고한 물질적 근거를 가지고 있다. 성공과 실패는 얼룩말의 희고 검은 줄무늬처럼 서로 번갈아 가며 온다고들 한다. 어떻게 하면 우리의 인생에서 검은 줄무늬를 없앨 수 있을까?

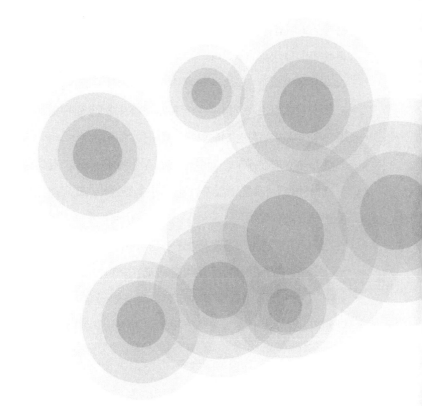

생각은 부메랑처럼 당신에게 되돌아온다

펜듈럼과 정반대의 것

이제 숙제검사 시간이다. 어떤 펜듈럼을 건설적인 것이라고 할 수 있겠는가? 그 대답은 '건설적인 펜듈럼은 없다'이다. 이 말은 모순처럼 들리겠지만 사실이 그러하다. 독자 여러분, 기분 나쁘게 여기지 마시라. 그 질문은 흥미를 불러일으키기 위한 것이었다. 모든 펜듈럼의 중요하고도 유일한 목표는 지지자들에게서 에너지를 얻어내는 것이다. 에너지를 얻어내지 못하면 펜듈럼은 멈춘다.

펜듈럼은 자신에게만 건설적이고, 당신에게는 결코 건설적이지 않다. 당신은 에너지를 빼앗기는데 거기에 건설적이고 창조적이랄 것이 무엇이 있겠는가? 물론 펜듈럼은 다양하기 때문에 파괴적이고 공격적인 정도도 펜듈럼에 따라 그만큼 다양하다. 예를 들자면, 비치발리볼 클럽이 겨울수영 동호회에 반기를 들고 일어나는 것을 상상하기는 어렵다. 또한 비치발리볼 클럽이 당신의 인생을 망칠 리도 없다. 그렇지만 비치발리볼 클럽의 펜듈럼 역시 그 지지자들의 에너지를 먹고 산다.

그들이 비치발리볼 경기에 싫증을 내면 클럽은 그 수명을 마칠 것이다. 그러나 이것은 자유와, 심지어는 목숨까지도 빼앗길 수 있는 폭력조직의 조직원이 되는 것과는 다르다.

당신은 이 말에 반론을 제기할지도 모른다. 내가 헬스클럽에 다니면서 오로지 나 자신을 위하는 일에만 마음을 둔다면 어떻게 펜듈럼에게 에너지를 빼앗길 수가 있겠는가? 당신이 자신에게만 초점을 맞추든 안 맞추든 그것은 문제가 되지 않는다. 그래도 당신은 헬스클럽의 규칙을 따라야만 한다. 집에서는 당신 마음대로 모든 것을 할 수 있지만 헬스클럽에서는 모든 회원이 시스템이 정해놓은 규칙을 따라 동일한 방식으로 행동한다. 그래서 그들은 집단적 에너지를 헬스클럽 펜듈럼에게 내어주고 있다. 만일 모든 회원이 떠나버린다면, 그 펜듈럼은 더이상 에너지를 받지 못해서 멈추어버릴 것이다.

이제 질문을 다른 방식으로 던져보자. **당신의 에너지를 필요로 하지 않는 에너지체가 있을까?** 그렇다. 그런 에너지체가 실제로 존재한다. **그중 하나가 바로 성공의 물결이다.** 그것은 당신 개인에게 운 좋은 상황들이 우연의 일치처럼 한꺼번에 일어나는 것이다. 모든 사람에게는 자신만의 성공의 물결이 있다. 처음에 약간의 행운이 찾아오다가, 그 뒤에 다른 예상치 못했던 즐거운 사건들이 물결처럼 밀려오는 경우가 많다. 인생의 크나큰 행운의 시기가 마치 물밀듯 덮쳐오는 것 말이다. 이 같은 물결이 날마다 나타나는 것은 결코 아니다. 그것은 첫번째 성공에 즐거운 비명을 지르면서 활기찬 기분에 젖어 있을 때만 찾아온다.

"행운의 수레바퀴"와 "행복의 파랑새"라는 말은 한갓 추상적인 비유가 아니다. 성공의 물결은 당신에게 행운이 되는 인생트랙들의 다발이다. 가능태 공간에는 이 같은 금광맥을 포함하여 모든 것이 다 있다. 그

91

런 금광맥의 표층을 발견하고 약간의 행운을 얻었다면 당신은 그것을 따라 행운이 잔뜩 쌓여 있는 다른 광맥을 타고 들어갈 수 있다. 거기에는 새로운 행운이 당신을 기다리고 있다. 그러나 만일 첫번째 성공 후에 불행이 그 추한 얼굴을 다시 치켜든다면, 그것은 파괴적인 펜듈럼이 당신을 금광맥으로부터 벗어나게 만들었음을 의미한다.

성공의 물결은 당신의 에너지를 전혀 취하지 않으면서 행복을 가져다준다. 그것은 헤엄치다 지쳐버린 사람을 해변으로 데려다주는 파도에 비유할 수 있다. 성공의 물결은 당신을 행복한 인생트랙으로 옮겨준다. 성공의 물결은 펜듈럼과 마찬가지로 당신의 운명에는 관심이 없다. 하지만 그것은 당신의 에너지를 필요로 하지도 않는다. 원한다면 그 물결을 타고 함께 가라. 당신이 원하지 않는다면 물결은 미련 없이 당신을 비껴 지나갈 것이다. 성공의 물결은 다른 사람들의 에너지를 먹고살지 않으므로 일시적인 구조체로서 존재한다. 그래서 그것은 결국 사라질 것이다. 마치 해안에 부딪혀 부서지는 파도처럼.

성공의 물결은 좋은 소식의 형태로 나타날 수도 있다. 그것은 다른 인생트랙들로부터 정보를 가지고 온다. 그것이 현재의 인생트랙에서 좋은 소식으로 해석되는 것이다. 당신이 할 일은 이 가느다란 끈을 붙잡아 좋은 소식이 들려오는 인생트랙으로 당신 자신을 끌어올리는 것이다. 이제 그 인생트랙은 당신에게 좋은 소식만이 아니라 행운을 안겨줄 상황들도 갖추고 있을 것이다.

성공의 물결은 오고 가는 것처럼 보일 수도 있다. 그러나 사실 이 물결은 전혀 움직이지 않는다. 에너지를 모으지 않기 때문에 약해지지도 않는다. 이해하기 쉽게 하려고 이 모델에 '물결'이라는 말을 붙인 것뿐이다. 앞서 말했듯이, 성공의 물결은 순조로운 인생트랙의 다발로서 가능태 공간 안에 정적으로 존재한다. 하나의 인생트랙에서 다른 트랙으로 옮겨가는 것은 바로 당신이다. 그래서 당신에게는 이 '광맥'이 물결처럼 보인다. 당신은 그것을 자신의 인생 안으로 들여놓음으로써 붙잡을 수도 있고, 혹은 펜듈럼에 의해서 그것으로부터 멀리 실려 갈 수도 있기 때문이다.

물결은 당신에게 관심이 없다. 그래서 놓치기 쉽다. 그것은 당신을 비껴 지나가서는 돌아오지 않는다. 그래서 행복의 파랑새는 잡기가 어렵다는 믿음이 널리 생겨난 것이다. 하지만 실제로는 이 물결을 타기 위해서 아무런 노력도 할 필요가 없다. 그것은 오직 선택의 문제다. 삶 속에 그 물결을 맞아들이면 그것은 당신과 함께한다. 만일 파괴적인 펜듈럼의 영향에 굴복하여 그것의 부정적 에너지에 물들면 당신은 성공의 물결로부터 멀어져갈 것이다. 이것이 사람들이 늘 하는 일이다. "우리는 우리가 가진 것을 소중하게 여기지 않는다. 그것이 사라져버리기 전에는." 행복의 파랑새는 당신의 손바닥에서 씨앗 쪼아 먹기를 꺼리지 않는다. 파랑새는 붙잡을 필요가 없다. 단지 파랑새를 쫓아버리지 않는 것만으로도 충분하고도 남는다.

이것이 선택의 자유가 지닌 가장 역설적 본질 중 하나다. 사람들은 실제로 자신을 위해 행복과 성공을 선택할 수 있다. 하지만 동시에, 성공의 물결에서 멀어지게 하는 펜듈럼으로부터 자유롭지 못하다. 우리는 여기서 다시 이전 주제로 돌아간다. 선택의 자유를 얻기 위해서는 반드시 펜듈럼에 대한 종속을 거부해야 한다. 우리는 또한 '우리의 것'이 아닌 펜듈럼의 영향에서 자유로울 권리가 있다. 그러면 한 가지만이 남는다. ─ 그것은 이 권리를 얻을 방법을 찾는 것이다.

부메랑 효과

대부분 사람들의 머릿속에는 끊임없이 생각이 오간다. 사고 과정을 통제하지 않으면 부정적 생각과 근심 걱정이 머리를 채울 것이다. 우리가 가장 염려하는 것은 우리가 두려워하는 것, 우리를 화나게 하고 우울하게 하고 불만족스럽게 만드는 것들이다. 파괴적인 펜듈럼들은 이렇게 수천 년 동안 인간심리의 형성에 영향을 미쳐왔다. 이 펜듈럼들은 사람들을 조종하기 위해 그들 안에 두려움이 남아 있게 만든다. 사람들이 스스로 무엇을 원하는지는 잘 모르면서 원하지 않는 것은 정확하게 알고 있는 이유도 바로 이 때문이다.

부정적인 '생각 믹서'가 가동하도록 내버려두는 것은, 다시 말해서, 모든 나쁜 일에 대해 불만을 토하고 비관적인 생각만 하고 있는 것은 파괴적인 펜듈럼의 게임에 빠져들어 그 주파수로 에너지를 방사하는 것이다. 이것은 아주 해로운 습관이다. 그것을 다른 습관, 곧 생각을 의식적으로 통제하는 습관으로 바꿔놓으면 정말 유익할 것이다. 마음이 특별한 일에 매달려 있지 않을 때마다, 예를 들어, 기차나 버스를 타고 갈 때, 혹은 산책을 하거나, 특별한 집중과 주의를 요구하지 않는 일을 할 때마다 머릿속에 긍정적인 생각을 떠올리라. 당신이 얻지 못했던 것들을 생각하지 말라. 당신이 갖고 싶은 것을 생각하라. 그러면 그것을 갖게 될 것이다.

당신이 지금 살고 있는 집이 마음에 들지 않는다고 가정해보자. 당신은 자신에게 이렇게 말하고 있다. "난 이곳에 신물이 났어. 이 집의 모든 게 날 화나게 해. 그렇지만 새 집으로 이사 가면 행복해질 거야. 지금 당장은 짜증나는 걸 어떻게 할 수가 없어. 아, 여기가 지겨워 죽겠어!" 이런 생각으로는 당신이 원하는 것을 얻지 못한다는 사실을 명심하라. 더 나은 새 집으로 곧 이사할 참이라고 하더라도, 그 새 집은 당신에게 많은 실망을 안겨줄 것이다.

"하지만 나는 이 헛간 같은 집을 떠나 호화 저택으로 가는걸!" 당신은 당연히 이렇게 말할 것이다. "거기에 무슨 실망할 일이 있겠어?" 그러나 걱정 마시라. 여러 해 동안 당신에게 보금자리를 제공해준 이 작은 집을 경멸하면 할수록, 더 많은 불쾌한 일이 새 집에서 당신을 기다리고 있을 테니까. 참으로 다양한 불상사가 당신을 놀라게 할 것이다. 수돗물이 나오지 않고 페인트는 벗겨지고 벽도 움푹 들어가기 시작한다. 이웃들도 당신을 짜증나게 만든다. 간단히 말해서, 당신의 부정적인 방사 에너지의 매개변수를 유지하기 위해서 일어나야 할 모든 일이 일어나는 것이다. 그것이 새 집에서든 헌 집에서든 무슨 차이가 있겠는가? 삶의 안락을 위한 모든 것을 갖추고 있더라도 이전과 똑같이 불만족스러운, 그런 인생트랙이 항상 준비되어 있을 것이다. 가능태 공간은 당신이 지옥처럼 느낄 만한 호화저택들을 얼마든지 갖추고 있다.

그리고 아직 이사 갈 곳이 정해지지 않았다면 당신은 분명 이 달갑잖은 상황 속에 계속 머물러 있을 것이다. 사실 말이지, 당신은 꿈에 그리는 집이 기다리고 있는 인생트랙의 주파수에 동조되어 있지도 않다. 지금 당신은 좋아하지 않는 것을 생각하고 있어서 부정적인 에너지를 방사하고 있고, 이 에너지는 지금 당신이 처해 있는 인생트랙에 딱 어울린다. 그러므로 당신은 당신이 방사하는 사념 에너지의 주파수가 바뀔 때까지 거기에 갇혀 있는 것이다. 그러나 주파수를 바꾸는 것은 별로 어려운 일이 아니다.

첫째, 현재의 상황을 있는 그대로 받아들이고, 불만과 분노를 없애

라. 모든 것, 모든 상황에서 언제나 좋은 점을 발견할 수 있다. 인생에서 가장 작은 것조차도 기쁨의 원천이 될 수 있다. 그러니 당신이 살고 있는 집이 마음에 들지 않더라도, 최소한 집에 대해 감사할 수는 있다. 누가 뭐래도 그 집은 당신의 보금자리다. 밖에는 비가 오고 바람이 분다. 당신의 집은 그것을 견뎌내면서 당신을 안전하고 따뜻하게 지켜준다. 이 사실만으로도 어떤 식으로든 그 수고를 인정받을 만하지 않은가? 당신이 지금 가지고 있는 것에 대해 감사하고 당신의 삶을 더 편하게 해주는, 모든 것에 사랑을 느낀다면 당신은 긍정적인 에너지를 발산하게 될 것이다. 그런 다음에는 원한다면 생활형편의 개선을 기대할 수 있을 것이다. 그리고 이사를 갈 때는 반드시 옛집에서 당신 주위를 감싸주고 있던 모든 것에 감사하기를 잊지 말라. 버리는 물건들도 감사받을 자격이 있다. 이렇게 감사하는 순간, 당신은 긍정적인 진동을 주변 세상에 보내고 있는 것이며, 이 진동은 반드시 당신에게 되돌아올 것이다.

둘째, 당신이 갖고자 하는 집을 생각하기 시작하라. 이것은 주위의 사물에 대해 짜증을 내는 것보다는 어려운 일이지만, 그보다 더 쓸모 있는 일이기도 하다. 무엇이 좋을까? 늘 그래왔듯이 외부의 자극에 습관적으로 반응하는 것일까, 아니면 조금 노력해서 습관을 바꾸는 것일까? 미래의 집이 될 만한 부동산의 사진이 나오는 광고 카탈로그들을 눈 여겨 보라. 인테리어 디자인 숍을 찾아가서 미래의 집에 갖다놓을 가구들을 찾아보라. 달리 말하자면, 당신의 모든 생각이 갖고자 하는 것에 몰두해 있게 하라. **우리는 언제나 우리의 생각을 확고하게 사로잡은 물건이나 상황을 갖게 된다. 생각은 부메랑처럼 반드시 되돌아온다.**

96   부정적인 태도가 인생을 망치는 것을 보여주는 예들은 너무나 많다.

당신이 따뜻한 나라에 휴가를 보내러 갈 계획을 세운다고 해보자. 지금 당신이 살고 있는 곳은 날씨가 아주 끔찍하게 사납다. 당신은 거리를 걷고 있다. 매서운 바람이 당신을 떨게 만들고 차가운 비가 옷 속으로 스며든다. 물론 그런 날씨에 기뻐하기는 어렵다. 그러나 최소한 이 파괴적인 펜듈럼을 무시하고 중립적인 태도로 담담히 있을 수 있도록 노력해보라. 날씨에 대한 불만을 대놓고 투덜거린다면 그것은 그 펜듈럼을 받아들여서 더욱 강하게 흔들리게 하는 짓이다.

당신은 이렇게 혼잣말을 한다. "아무튼 이제 난 곧 따뜻한 나라로 갈 거고, 그러면 거기서 따사로운 햇살을 받으며 바닷가를 거닐면서 행복해할 거야. 하지만 지금은 뭐야 젠장, 이 빌어먹을 축축한 날씨!" 당신은 이런 태도로 인해 천국 같은 휴식이 기다리고 있는 인생트랙에 주파수를 맞추지 못한다. 당신은 거기에 가지 못할 것이다. 비행기 표를 벌써 가지고 있다고? 그래서 어쨌단 말인가? 당신은 거기에 도착할 테지만, 나쁜 날씨나 다른 어떤 불행이 당신을 기다리고 있을 것이다. 하지만 긍정적인 주파수에 동조되기만 하면 모든 일이 멋지게 펼쳐질 것이다.

부정적인 에너지가 영향을 미쳐오는 것을 허용하지 않는 것만으로는 충분하지 않다. 당신 자신이 그런 에너지를 방사하지 않아야 한다. 예를 들어, 당신이 누군가에게 화가 치밀어서 소리를 질렀다고 가정해보자. 그러면 어떤 문제나 불쾌한 일이 따라올 것이 분명하다. 이런 상황에서 당신이 방사하는 에너지의 매개변수는 열 받을 일이 많이 일어나는 인생트랙과 일치한다. 그 인생트랙이 정확히 당신이 '옮겨져 가게' 될 트랙이다. 이 트랙에서는 불쾌한 일을 겪을 운명이 평균치보다 높다. 그 불쾌한 상황이 정말 불가피한 것이었다는 합리화로써 자신을 무마시키려 들지 말라. 나는 당신을 확신시킬 필요조차 느끼지 않는다. 그저 당신의 부정적인 반응 뒤에 어떤 불행한 사건들이 뒤따라오는지를 지켜보기만 하라.

이 모든 것의 결론은 아주 단순명료하다. 당신은 언제나 자신이 방사하는 에너지에 상응하는 인생트랙 위에 놓이게 된다는 것이다. 부정적인 에너지를 허용하면 삶 속에 불쾌한 일들이 일어날 것이다. 부정적인 에너지를 방사하면 그 에너지는 부메랑처럼 당신에게 되돌아오는데, 그것도 골칫거리가 돼서 돌아온다.

긍정적 파동 전송하기

파괴적인 펜듈럼과의 게임을 받아들이지 말고, 쓸모가 있어 보이는 펜듈럼을 찾아서 게임을 벌이라. 이것은 긍정적이고 좋은 것에 주의를 기울이는 습관을 갖는 것을 의미한다. 무엇이든 좋은 것, 기쁘고 고무적인 것을 보거나 읽거나 듣거든 당장 그것을 자신의 생각에다 들여놓고 행복을 느끼라. 당신이 숲속을 걸어가고 있다. 숲에는 예쁜 꽃들도 피어 있지만 독이 있는 가시도 있다. 당신은 어느 쪽을 선택하겠는가? 엘더베리(딱총나무, 말오줌나무) 꽃을 꺾어 와서 꽃병에 꽂아두면 당신은 곧 두통을 느낄 것이다. 그렇게 해야 할 이유가 있을까? 파괴적인 펜듈럼에 반응하는 것도 이와 같다. 그 대신 재스민 꽃송이를 꺾어와서 그 기분 좋은 향기를 즐기는 편이 더 나을 것이다. 모든 긍정적인 것을 당신의 삶 속으로 가져오라. 그러면 머지않아 좋은 소식과 멋진 기회들을 갈수록 더 많이 접하게 될 것이다.

그렇게 해서 당신은 고양되고 기쁨을 느끼지만, 그것이 지나면 다시 일상의 삶이 당신을 끌어내린다. 주말은 끝나고 월요일이 다가오고 있다. 어떻게 하면 휴일의 즐거운 기분을 지속시킬 수 있을까? 먼저, **그 즐겁고 행복한 느낌을 기억하라.** 우리는 습관적으로 무미건조한 일상의 삶으로 다시 빠져들면서 멋진 일들을 망각해버린다. 그러면 삶은 더이상 기쁨을 주지 않는다. 이것은 나쁜 습관이며, 우리를 망각에 빠뜨리는 것은 펜듈럼이다.

우리는 마음속에 그 작은 축제의 불꽃을 늘 지펴놓을 필요가 있고, 그 느낌을 소중히 간직해야 한다. 그저 삶이 어떻게 더 나아지는지를 지켜보라. 작은 기쁨의 실오라기를 붙잡고, 모든 곳, 모든 것에서 행복의 손짓을 발견해내라. 이것은 최소한 지루하지는 않을 것이다. 트랜서핑을 하면서 보내는 매 순간들이 당신을 꿈을 향해 의식적으로 다가가게 하고 있으며, 그것은 곧 당신이 자신의 운명을 운전하고 있다는 것을 뜻함을 기억하라. 이렇게 상기하는 것만으로도 평온과 확신과 기쁨이 서서히 스며오는 것을 느낄 수 있을 것이다. 그러면 당신은 언제나 휴일이다. 휴일의 느낌을 즐기는 습관이 몸에 배면 당신은 언제나 성공의 물결을 타고 있을 것이다.

지금 이 순간 당신이 가진 모든 것에 기뻐하라. 관념으로가 아니라 실제로 기뻐하고 행복해야 한다. 때로는 만족하기가 정말 힘든 상황도 찾아오겠지만, 순전히 실질적인 관점에서 봐서도 무엇에 불만을 토로하는 것은 매우 건설적이지 못한 일이다. 만사가 당신을 위해 완벽하게 움직여주는 인생트랙에서 살고 싶지 않은가? 당신이 방사하는 에너지가 불만으로 가득 차 있다면 어떻게 거기에 도달할 수 있겠는가? 그런 불만의 파동은 불행한 인생트랙에 딱 들어맞는다. 그래서 당신이 정말

로 원하는 것과는 반대되는 상황이 일어나는 것이다. 좋은 인생트랙이
란 그 위에 있을 때 행복을 느끼고 생각이 즐거움과 만족으로 가득 차
는, 그런 곳이다.

좋은 소식은 쉽게 흥분됐다가 금방 잊혀버리는 그런 것이 아니다.
반면에 나쁜 소식은 매우 큰 반응을 일구어놓는다. 그것은 잠재적 위협
을 전해주기 때문이다. 나쁜 소식을 가슴에 들여놓음으로써 그것이 당
신의 삶에도 발을 들여놓게 하지 말라. **나쁜 소식에는 문을 닫고 좋은
소식에 마음을 열라.** 긍정적인 변화는 무엇이든 모두 인정하고 소중히
돌보아야 한다. 그런 긍정적인 변화들이 성공의 물결에 앞서 오는 전령
이다. 아무리 작은 것이라도 고무적인 소식을 들을 때마다, 습관처럼
이내 잊어버리지 말고 그와 정반대로 하라. 그 소식을 음미하고, 그것
에 대해 이야기하고, 그것을 추적하라. 가능한 모든 각도에서 그것을
생각해보라. 그 안에서 기쁨을 얻고 그것에 대해 추측해보고 그것이 긍
정적으로 발전해가기를 빌라. 이렇게 하면 당신은 성공 물결의 주파수
로 생각하게 되고 그 매개변수에 동조된다. 그래서 결국 좋은 소식이
점점 더 많아질 것이고 당신의 삶은 더욱 행복해질 것이다. 이것은 신
비주의가 아니다. 비관적인 사람은 검은 안경을 쓰고 세상을 보고 낙관
적인 사람은 장밋빛 안경을 쓰고 본다는, 즉 정보를 저마다 달리 여과
해서 받아들이는 인간심리에 대한 이야기도 아니다. 이것은 현실이다.
당신은 자신의 생각이 지닌 매개변수와 일치하는 인생트랙으로 옮겨
다니고 있는 것이다.

자신과, 그리고 주변 세상과 사이좋게 지내면 당신은 조화로운 에너
지를 주위에 퍼뜨린다. 당신은 주위에 조화로운 파동의 세계를 창조한
다. 그 안에서는 모든 것이 성공적으로 이루어진다. 긍정적인 태도는

언제나 성공과 창조를 일궈낸다.

그 반면에, 부정적인 태도는 항상 파괴적이어서 결국 모든 것을 폐허로 만들어놓는다. 예를 들면, 문젯거리만 찾아내고 해결책은 찾지 않는 부류의 사람들이 있다. 그들은 어려운 일에 대해서는 언제나 열을 올려 토론할 준비가 되어 있고, 온갖 새로운 문제를 찾아낸다. 그런 사람들은 대개 실질적인 해결책을 제시하지 못한다. 애초부터 그들은 해결보다는 더 많은 문제를 찾아내는 일에만 관심을 맞추고 있기 때문이다. 문제를 찾는 일에만 주의가 고착된 그들에게 문제는 차고 넘치지만 상황이 해결되는 일은 없다. 매사에 나쁜 면만 보고 비판하려 하는 태도는 반드시 그에 상응하는 열매를 맺는다. ― 백해무익이라는 열매 말이다. 주위를 둘러보면 그런 사람들이 반드시 있기 마련이다. 그들은 특별히 착한 사람도, 특별히 나쁜 사람도 아니다. 그들은 파괴적인 펜듈럼의 갈고리에 꼼짝없이 걸려 있는 사람들일 뿐이다.

대부분의 사람들은 삶 속에 원치 않은 사건이 일어날 때, 그것을 적대시한다. 우리가 원치 않은 사건이란 대개 원래의 시나리오에 없는 사건이다. 그리고 이 반대의 경우도 성립한다. 우리는 뭔가가 자신의 기대에 부합할 때만 그것이 성공적이라고 믿는다. 어떤 사람이 타야 할 비행기를 놓치고 아주 화가 나 있다고 가정해보자. 그는 그 비행기가 추락할 것이라는 사실을 모르고 있다. 하지만 그 반대가 될 수도 있다. 자신의 계획에 들어 있지 않은 것이라서, 혹은 단지 상상하지 못했던 것이라서 멋진 기회를 놓쳐버릴 수도 있는 것이다.

세상에 대해 나쁘게 생각하면 할수록 세상은 더욱 더 나빠진다. 최소한 그 사람에게만은 그렇다. 자신의 실패에 대해 화를 내면 낼수록 더 많은 실패가 찾아올 것이다. "뿌린 대로 거둔다." 비관적인 태도로 살기를 택한다면 그는 날마다 트랜서핑을 거꾸로 연습하는 것이다. 그는 지옥 같은 삶이 기다리고 있는 인생트랙으로 미끄러져 가고 있는 것이다. 그와 정반대의 태도를 생각해보라. 불행한 상황에서 의도적으로 기뻐하고, 그 속에서 작은 것이라도 뭔가 쓸모 있는 것을 찾아보라. 이것은 언제나 가능한 일이다. 당신의 잔은 반이나 빈 것이 아니라, 반이나 차 있는 것이다. "무슨 일이 일어나든 점점 더 좋아지고 있는 것이다"라는 평범한 속담이 있다. 정말 그렇게 믿기만 한다면 이 말은 마법처럼 효과를 발휘한다. 다만 이런저런 이유로 늘 화내고 좌절하는 오랜 습관을 밀쳐내고 단호하고 끈질기게 긍정적인 태도를 유지해야만 한다.

모든 불행은 아무리 못해도 훌륭한 교훈은 될 수 있다. 그것은 당신을 더 강하고 노련하게 만들어준다. 당신의 세계에서 일어나는 모든 좋은 일에서 기쁨을 얻으라. 그러면 세상은 완전히 낙원으로 바뀔 것이다. 물론 이렇게 하는 것은 아주 평범하지 않은 행동방식이다. 하지만 당신의 목표 또한 아주 비범하지 않은가? 자신의 소원을 성취하는 지니(아라비아 동화에 나오는 요술램프 요정, 모든 소원을 들어주는 능력이 있음 – 역주)가 되는 것 말이다. 평범한 방법으로 어떻게 그런 목표를 이룰 수가 있겠는가?

싫어하는 일에 부정적으로 반응하는 습관이 우리 안에 깊이 뿌리내리고 있어서, 긍정적으로 반응한다는 것이 당장은 어려운 일이다. **불행한 일이 일어날 때마다 그것이 당신을 옭아매려는 펜듈럼임을 기억하는 것. 그것을 배우는 일이 중요하다.** 그것을 기억하는 순간, 당신은 의식적인 선택을 할 수 있게 된다. 당신의 부정적인 감정을 모두 밖으로 퍼부음으로써 펜듈럼에게 에너지를 줄 것인지, 아니면 펜듈럼을 빈손으로 돌아가게 하여 승리를 얻어낼 것인지를.

그것을 기억해내기만 한다면, 펜듈럼을 그냥 지나가게 하거나 꺼버리는 것은 쉬운 일이다. 우리는 언제나 무의식적으로 펜듈럼에게 에너지를 준다. 앞서 말했듯이, 펜듈럼은 감정의 줄로써 우리를 움직이고, 우리의 습관은 포획 메커니즘을 작동시키는 스위치 역할을 한다. 이 장을 읽고 나서도, 그리고 펜듈럼의 비열한 저의를 기억해낸다는 목표를 세우고 나서도, 당신은 원치 않는 것에 대해 또다시 부정적으로 반응할 것이다. 그러다가 자신이 깜박 잊어버리고 습관에 따라 무의식적으로 행동했다는 것을 알아차리게 될 것이다. 그래도 상관없다. 제때에 그것을 기억해내기만 하면, 당신은 즉시 그 상황을 완전히 통제할 수 있게 될 것이다. 당신은 웃으며 혼잣말을 할 것이다. "아, 펜듈럼 너였어? 음, 이번에는 날 낚기가 쉽지 않을 걸." 당신은 이제 더이상 줄에 매달린 꼭두각시 인형이 아니다. 당신에게는 펜듈럼을 받아들일지, 거부할지를 의식적으로 결정할 수 있는 자유가 있다.

아주 끈기 있고 단호하게 이 방법을 사용한다면 결국에는 새로운 습관이 낡은 습관을 몰아낼 것이다. 그러나 그전까지는 펜듈럼이 온갖 방법으로 접근해오려고 애쓸 것이다. 온갖 짜증나는 일들이 마치 일부러 그러는 것처럼 온통 튀어나오기 시작할 것이다. 그러나 절망하지 말라. 그런 문제들도 대부분 사소하고 시시한 것일 테니까. 포기하지 않는다면, 그리고 기억하기를 배운다면 당신의 승리는 대단히 감명 깊은 것이 될 것이다.

그러면 이런 일이 일어날 수 있다. 다음번에 당신이 성공의 물결을 만날 때, 펜듈럼은 당신을 거기서 떼어놓지 못하게 된다. 그러면 행복의 파랑새는 당신의 손에 머물 것이다. 그리고 파랑새를 붙잡아두기 위해서 당신은 긍정적인 에너지를 온 주위에 발산해야 한다. 즉, 당신은 긍정적인 수신기로만 있으면 되는 것이 아니라 긍정적인 송신기가 되어야 하는 것이다. 그러면 당신 주변의 세상은 아주 빠르게 좋아질 것이다. 당신은 더욱 더 성공적인 인생트랙으로 가볍게 미끄러져 들어갈 수 있을 것이다. 그리고 마침내 성공의 물결이 당신을 찾아올 것이다. 그 물결은 당신을 싣고 성공으로 곧장 데려다줄 것이다. 그러나 트랜서핑이 성공의 물결을 타는 것만을 위한 수단이라고는 생각하지 말라. 이것은 첫 단계일 뿐이다. 앞으로 더 많은 놀랄 만한 발견들이 당신을 기다리고 있다.

마법의식

이 장을 마무리하면서, 성공 물결의 주파수에 동조하는 방법을 보여주는 구체적인 예를 하나 살펴보기로 하자. 사람들은 다양한 상황에서 간혹 자기도 모르게 그 물결의 주파수에 동조하려고 노력하고 있다. 예를 들어, 장사를 하는 사람들은 하루를 개시하는 첫 손님에게는 값을 많이 깎아줄 마음의 준비가 되어 있다. 그들은 본능적으로 첫 손님이 아주 중요하다는 것을 느낀다. 마수걸이를 해서 장사를 개시할 필요가 있는 것이다. 트랜서핑의 언어로 말한다면 그것은 성공적인 장사를 위한 트랙의 주파수에 동조하는 것을 의미한다. 단지 생각만을 그 주파수에 맞춘다는 것은 어려울 수 있지만 첫 손님을 맞이하는 것은 실질적인 희망과 믿음을 주고, 그래서 주파수 동조가 절로 일어나는 것이다. 상인은 성공적인 장사의 물결에 올라타서 그 매개변수에 맞는 사념 에너지를 방사한다. 그는 스스로 물건이 금방 다 팔려나갈 것이라고 믿고 있고, 한 손님에게 그것을 말하기만 하면 된다. 그러면 그 손님은 즉시 이 기운에 '걸려들어' 자기가 오늘 정말 운이 좋다고 확신하면서 고분고분 물건을 산다. 예를 하나 더 들어보자. 시장의 상인들은 종종 특이한 마법의식을 치른다. 그들은 자신의 물건들을 돈으로 건드린다. 물론 이 행동 그 자체에는 아무런 힘이 없기 때문에 정말 마법이 일어나는 것은 아니다. 그러나 상인이 그 의식儀式의 힘을 믿는다면, 그의 믿음만으로도 그는 성공적인 장사의 주파수에 동조할 수 있다. 실질적인 동조는 잠재의식의 차원에서 일어난다. 상인의 마음은 오직 표면에서 일어나는 것만 안다. 즉, 그 마법의식은 효과가 있지만 이유는 모른다. 그리고 그것은 분명히 효과가 있지만, 그 자체로서 효과가 있는 것이 아니라 연극의 무대 소도구처럼 작용하는 것이다. 핵심적인 역할을 하는 것은 배우의 사념 에너지다.

다른 직업에서도 다양한 상황에 따라 이와 유사한 '마법' 의식이 많이 벌어지고 있다. 사람들은 이런 의식을 믿고 성공적으로 활용한다. 그들은 성공적인 인생트랙의 주파수에 동조하여 성공의 물결에 올라탄다. 사람들이 무엇을 믿는가는 사실 중요하지 않다. 그 의식의 마법적인 효과를 믿든, 아니면 동조과정을 믿든 상관없다. 알다시피, 중요한 것은 오로지 실질적인 결과뿐이다.

요약

- 성공의 물결이란 가능태 공간에 있는 바람직한 트랙들의 다발이다.
- 첫 성공으로 고무되어 있을 때에만 성공의 급류가 잇따른다.
- 파괴적인 펜듈럼은 당신을 성공의 물결에서 떼어낸다.
- 펜듈럼으로부터 해방되면 선택의 자유를 얻는다.
- 사람은 부정적인 에너지를 수신하고 송신하면서
  자신의 지옥을 스스로 창조한다.
- 사람은 긍정적인 에너지를 수신하고 송신하면서
  자신의 천국을 스스로 창조한다.
- 생각은 부메랑처럼 항상 자신에게 되돌아온다.
- 펜듈럼의 음모를 기억해내는 습관을 가지면
  펜듈럼은 당신을 성공의 물결 밖으로 떼어내지 못한다.
- 기억해내는 습관은 체계적인 훈련에 의해 만들어진다.

제4장 **균형**

사람들은 자신의 문제와 장애물을 스스로 만들어놓고는 그것을 극복하느라
고 시간과 에너지를 낭비한다. 트랜서핑은 흔히 생각하는 것과는 달리, 모든
문제의 원인은 전혀 다른 차원에 놓여 있음을 보여준다. 어떻게 하면 삶에서
문제를 제거할 수 있을까?

잉여 포텐셜*

자연 속의 모든 것은 균형 상태를 유지하려고 애쓴다. 기압이 하강하면 바람이 불어와 다시 균형이 회복된다. 온도의 차이는 열 교환에 의해 **보상된다. 에너지의 잉여 포텐셜이 존재할 수 있는 모든 곳에는 불균형을 제거하려는 균형력(균형을 유지하려는 힘)이 나타난다.** 우리는 이것이 너무나 당연한 일이라고 생각하기 때문에 이런 질문을 떠올리기조차 않는다. — 왜 꼭 그래야만 하는가? 왜 균형의 법칙이 작용하는가? 이 물음에는 답이 없다.

　무릇 법칙은 어떤 이치도 설명해주지 않는다. 명백한 사실만을 천명할 뿐이다. 자연의 모든 법칙은 이차적인 것이어서, 균형의 법칙으로부터 파생한 것이다. 균형의 법칙이 최초의 법칙이다.(아니면, 최소한 그렇게 보인다.) 그러므로 자연에 균형이 왜 존재해야 하는지를 설명하

---

* Potential 잠재 에너지

는 것은 불가능하다. 좀더 정확히 말하자면, 균형력이 어디서 오는지, 그리고 도대체 왜 존재하는지는 설명하기가 불가능하다. 우리가 어떤 현상에 익숙해 있다고 해서 그 일이 꼭 그렇게 일어나야만 하는 것은 아니지 않은가. 우리는 다만 균형의 법칙이 없다면 세상이 어떻게 될지를 추측해볼 수 있을 뿐이다. 세상이 형체 없는 젤리처럼 변할까? 아니면 지옥의 불길처럼 타오르는 열기로 화할까? 그러나 그런 세상은 이상하다는 것이 균형의 법칙이 존재하는 이유가 될 수는 없다. 그러니 우리로서는 균형의 법칙을 그저 하나의 사실로서 받아들이고, 우리를 둘러싼 우주가 얼마나 완벽한지를 감탄하면서 경이롭게 바라볼 뿐이다. 무엇이 이 모든 것을 배후에서 조종하고 있는지는 짐작조차 하기 힘든 일이다.

우리는 행운과 불운을 번갈아 겪는 삶에, 그리고 성공에는 실패가 뒤따른다는 생각에 익숙해 있다. 이것은 모두 균형의 법칙이 실현된 것이다. 성공이든 실패든 모두 균형을 깨뜨리는 것이 아닌가? 절대적인 균형이란 절대적으로 아무 일도 일어나지 않을 때이지만, 절대는 존재하지 않는다. 어쨌든 지금껏 절대적 균형 상태를 관찰한 사람은 아무도 없었다. 우주는 끊임없는 변화와 요동으로 충만하다. 낮과 밤, 밀물과 썰물, 탄생과 죽음 등등. 심지어는 진공 속에서도 기본 입자들이 소멸되고 다시 생성되기를 끊임없이 반복하고 있다.

이 세상은 전체가 '펜듈럼의 집합'이라고 볼 수 있다. 그 안에서 어떤 펜듈럼은 강하게 흔들리고 있고, 또 어떤 것은 힘이 약해지고 있다. 그리고 그 모두는 서로 상호작용한다. 각각의 펜듈럼은 이웃한 펜듈럼들로부터 자극을 받고, 또 그것들에게 자극을 준다. 이 복잡한 전체 시스템을 지배하는 근본 법칙 중의 하나가 바로 균형의 법칙이다. 궁극적으로는 모든 것이 균형을 향해 열심히 가고 있다. 당신 자신도 일종의 펜듈럼이다. 어느 날 당신이 균형을 깨고 갑자기 한쪽으로 흔들리기로 마음먹으면, 당신은 이웃한 펜듈럼들에 영향을 미치고 주변에 불쾌감과 소란을 일으킨다. 그러면 그것은 당신에게로 되돌아올 것이다.

행동뿐만 아니라 생각도 균형을 깨뜨릴 수 있다. 그것은 생각 뒤에 행동이 뒤따른다는 이유 때문만은 아니다. 알다시피, 생각은 에너지를 방사한다. 물질적인 세계에서도 모든 것은 에너지에 기반해 있다. 그리고 보이지 않는 에너지 차원에서 일어나는 모든 것은 보이는 물질의 세계에 그대로 반영된다. 우리의 생각이 갖는 에너지는 너무나 미약해서 주변 세계에 아무런 영향도 미칠 수 없는 것처럼 보일 수 있다. 하지만 만일 그랬다면 만사가 지금보다 훨씬 더 쉽고 간단했을 것이다.

그렇기는 해도, 에너지 차원에서 실제로 무슨 일이 일어나는지를 추측해보려고 애쓰지는 말기로 하자. 그것까지 생각한다면 완전히 혼란에 빠질 것이다. 우리의 목적을 위해서는 단순화된 균형의 모델을 받아들이는 것만으로 충분하다. 즉, 잉여 에너지 포텐셜이 나타나면 균형력이 일어나서 이 포텐셜을 제거한다는 것이다.

우리가 어떤 대상에 지나치게 큰 의미와 중요성을 부여할 때, 사념 에너지는 잉여 포텐셜을 만들어낸다. 예컨대 두 가지 상황을 비교해보자. 한 상황에서는, 당신은 자기 방의 방바닥에 서 있다. 그리고 다른 상황에서는, 당신은 어느 절벽 끝에 서 있다. 첫째 경우는 아무런 문제가 되지 않지만 둘째 경우에는 실제 상황이 당신에게 매우 중요해진다. 한 발만 잘못 디디면 돌이킬 수 없는 일이 벌어질 것이다. 에너지 차원에서는, 사람이 단순히 서 있다는 사실은 첫째와 둘째의 경우 양쪽에서 모두 동일한 의미를 지닌다. 그러나 절벽 끝에 서 있으면 두려움이 일어나 당신의 내부에 긴장이 일어난다. 그래서 당신은 에너지장에 불균형을 만들어낸다. 그러면 이 잉여 포텐셜을 제거하기 위해 즉시 균형력이 나타날 것이다. 당신은 그 힘의 효과를 실제로 느낄 수 있다. 즉, 한편에서는 수수께끼의 힘이 당신을 절벽 아래로 끌어당기고 있고, 다른편에서는 어떤 다른 힘이 당신을 절벽 끝에서 벗어나게 하려고 잡아당기고 있는 것이다. 결국 두려움에 의한 잉여 포텐셜을 제거하기 위해, 균형력은 당신을 절벽 끝에서 멀어지도록 잡아당기거나, 혹은 당신을 절벽 아래로 떨어뜨려 그 상황을 끝내야 한다. 그러니까 당신이 절벽 끝에 서 있는 동안 느끼는 것은 이 균형력의 작용인 것이다.

에너지 차원에서는 모든 물질적 대상이 동일한 의미를 지닌다. 단지 우리가 그것들에 특정한 속성을 부여하는 것이다. 좋음/나쁨, 행복함/슬픔, 매력적임/혐오스러움, 선함/악함, 쉬움/어려움 등등으로. 이 세상에 존재하는 모든 것이 이런 식으로 우리의 평가를 받는다. 평가 그 자체는 에너지장에 불균형을 일으키지 않는다. 당신이 안락의자에 홀로 앉아 있으면서 그 상황에 대해 평가를 내린다고 하자. "여기 앉아 있는 것은 안전하지만 절벽 끝에 서 있는 것은 위험해." 하지만 지금으로서는 그런 평가가 당신과는 무관하여 불안을 일으키지 않는다. 당신은 그저 그 상황에 대해 어떤 평가를 내리는 것이고, 그러므로 균형은 어떤 식으로도 깨지지 않는다. **어떤 평가에 지나치게 많은 의미와 중요성이 부여될 경우에만 잉여 포텐셜이 일어난다.**

중대한 의미를 부여받은 어떤 평가가 현실을 크게 왜곡시키고 있을 때는 잉여 포텐셜의 양이 더 커진다. 일반적으로 말해서 어떤 대상이 우리에게 아주 중요할 때는 그것의 성질을 객관적으로 평가하기가 어렵다. 예를 들어, 존경의 대상은 언제나 좋은 점만 차고 넘치는 반면,

증오의 대상은 항상 결점투성이다. 그리고 두려움의 대상은 언제나 공포를 주는 속성들로 가득하다. 사념 에너지는 애초에는 전혀 존재하지 않았던 어떤 속성을 인위적으로 지어내려고 한다는 것이 밝혀진다. 그럴 때 잉여 포텐셜이 생겨나고, 그것이 균형력의 바람을 일으키는 것이다.

현실을 왜곡시키는 그릇된 평가는 두 가지 경로를 통해 생길 수 있다. 하나는 대상에게 지나치게 부정적인 성질을 부여하는 것이고, 다른 하나는 지나치게 긍정적인 성질을 부여하는 것이다. 그렇지만 평가의 오류, 그 자체는 어떤 역할도 하지 않는다. 이 말을 주목하라. — 그릇되고 왜곡된 평가는, 그것이 당신에게 아주 중요한 의미를 가질 때에만 잉여 포텐셜을 만들어낸다. 당신에게 특별히 중요한 대상과 상황만이 당신의 평가에 에너지를 공급해주는 것이다.

보이지도, 만져지지도 않지만 잉여 포텐셜은 사람들의 삶에 중요한 — 때로는 방심할 수 없이 위험한 — 역할을 한다. 이 포텐셜을 제거하려는 균형력의 작용이 문제를 일으키는 것이다. 위험한 것은, 그것이 종종 사람들이 의도한 것과는 반대의 결과를 가져다준다는 사실에 있다. 게다가 실제로 무슨 일이 벌어지고 있는지를 아는 사람은 아무도 없다. 그래서 우리는 어떤 수수께끼의 사악한 힘이 작용하고 있다는 느낌을 받는다. '머피의 법칙' 같은 것 말이다. 이것은 우리가 왜 항상 원치 않는 것을 얻게 되는가를 논했을 때 건드렸던 문제다. 다음 예를 보면서 우리가 원하는 것이 늘 우리를 피해 달아나는 이유를 알아보자.

일에다 자신을 완전히 투신하면 뛰어난 업적을 성취할 수 있다는 잘못된 생각이 있다. 균형의 관점에서 보면 너무나 분명한 것이, '일에 완전히 빠져든다'는 것은 양팔저울의 한쪽에 그 일을 올려놓고 다른 쪽에는 그 나머지, 세상 모든 것을 올려놓고 달아보겠다는 뜻이다. 균형은 깨지게 되어 있고, 그 결과는 오래 기다릴 필요도 없을 것이다. 결과는 기대했던 것과는 정반대가 될 것이다.

열심히 일한다는 것이 당신에게는 돈을 더 많이 벌고 능력을 키우는 것을 뜻한다면, 그때는 물론 노력을 해야 하고, 그 때문에 큰 문제는 일어나지 않을 것이다. 그러나 이 또한 언제 멈춰야 할지를 알아야만 한다. 당신이 늘 기진해서 일이 악몽이 되어버린다면 그것은 일의 고삐를 늦추거나, 아니면 직업을 완전히 바꿔야 한다는 뜻이다. 지나친 노력은 반드시 부정적인 결과를 가져온다.

이 모든 일이 어떻게 일어나는지를 살펴보자. 일 외에도 당신이 가치를 두는 것들은 많이 있다. ─ 집, 가족, 오락, 여가 시간 등등. 직장 일을 다른 어떤 것보다도 우선시한다면 당신은 아주 강력한 잉여 포텐셜을 만들어낸 것이다. 자연의 모든 것은 균형을 이루려고 한다. 그러므로 당신의 의지와는 상관없이 균형력이 발현하여 그 잉여 포텐셜을 처리할 것이다. 그 힘은 아주 다양한 방식으로 작용할 수 있다. 예컨대 당신은 병이 난다. 그렇게 되면 나을 때까지 일 이야기는 꺼내지도 못하게 될 것이다. 아니면 우울증에 빠질 수도 있을 것이다. 사실 당신은 짐이 되어버린 일을 자신에게 강요하고 있지 않은가. 마음은 계속 이렇게 말한다. "자, 일어나야지. 어서 가서 일을 해서 돈을 벌어야지!" 하지만 영혼(잠재의식)은 의아해한다. "내가 정말 이렇게 살려고 이 세상에 나온 것일까? 온갖 고통을 참고 겪어내려고? 이게 다 무엇을 위해서 필요하단 말이야?" 마침내 당신은 만성피로증후군을 앓게 되면서 일할 수 있는 모든 가능성에 종지부를 찍는다. 그것은 악마의 꼬리를 잡아당기는 거나 마찬가지로 무모한 짓이다.

113

그런가 하면, 당신은 주위의 다른 사람들이 별 힘을 들이지 않고도 당신보다 더 큰 성과를 거두고 있는 것을 깨닫게 될지도 모른다. 어느 정도를 지나면 당신이 자신의 일에 부여하는 중요성도 한계에 이르기 시작한다. 당신에게 그 일의 비중이 크면 클수록 당신은 더 많은 문제를 겪게 될 것이다. 그런 모든 문제를 겪는 것이 당신에게는 그저 정상적인 일로 보일 것이다. 모든 것이 '일의 당연한 과정'인 것처럼 생각되는 것이다. 그러나 사실은, '중요성의 발판'을 낮추면 문제를 훨씬 덜 겪으리라는 것이다.

이 모든 사실로부터 끌어낼 수 있는 결론은 하나밖에 없다. — 잉여 포텐셜을 제거하기 위해서, 일에 대한 자신의 태도를 의식적으로 재검토해볼 필요가 있다는 것이다. 일 외에 취미생활을 할 수 있는 자유시간을 갖는 것이 꼭 필요하다. 휴식하는 법을 모르는 사람은 일하는 법도 모른다. **일하는 시간 동안은 자신을 빌려주라.** 일에게 당신의 머리와 손을 내어주라. 그러나 가슴을 주어서는 안 된다. 그 일의 펜듈럼은 당신의 모든 에너지를 요구한다. 그러나 당신은 그 일만 하기 위해서 세상에 온 것이 아니다. 잉여 포텐셜을 제거하고 펜듈럼으로부터 자유로워지면 직장에서도 훨씬 더 생산적이고 효율적으로 일할 수 있다.

자신을 빌려주는 동안에는 흠잡을 데 없이 행동하라. 사소한 실수도 하지 않도록 주의하라. 그것은 당신이 해이하다고 비난받을 빌미를 준다. 흠잡을 데 없는 경지는 일의 성과를 좌우한다. 자신을 빌려준다는 것은 자신의 행위에 책임을 지지 않고 게으름을 피우는 것과는 전혀 다르다. 그것은 잉여 포텐셜을 만들어내지 않으면서 집착 없이 행동하는 것을 말한다. 그러나 동시에, 시시콜콜한 세부사항에 이르기까지 당신에게 요구된 모든 일을 완수하는 것을 의미한다. 그렇게 하지 않으면 길이 순조롭지 않을 것이다. 예컨대, 주변을 보면 당신과는 달리 일에 완전히 파묻혀 사는 사람들이 언제나 있기 마련이다. 그들은 잠재의식 속에서, 당신이 자신을 그저 빌려주고 있다는 것을 감지한다. 당신이 그들처럼 지독히 열심히 일하지는 않으면서도 많은 일을 해내고 있음을 알아차리는 것이다. 이 부지런한 영혼들은 본능적으로 자신의 라이벌이 실수를 저지르는 현장을 포착할 기회를 찾기 시작한다. 당신이 실수를 하면 그들은 그 즉시 당신을 공격해올 것이다. 당신이 저지르는 실수는 사소한 일일 것이며, 그래서 그들이 그 실수를 지적할 때 모욕감을 느낄 수 있다. 예를 들자면 출근시간에 늦는다거나, 뭔가 해야 할 일을 잊어버리거나 놓쳐버리는 경우 같은 것이다. 당신이 일에 혼신을 다하고 있었다면 그들도 당신의 실수를 너그럽게 봐줬을 것이다. 하지만 지금 그들은 당신이 일에 주의를 제대로 기울이지 않았다고 비난하는 것이다.

이와 비슷한 상황이 직장에서만이 아니라 가족이나 친구들 사이에서도 일어날 수 있다. 그러므로 자신을 빌려줄 때는 어떤 상황이든 자신이 맡은 일을 흠잡을 데 없이 잘 수행해야 한다. 이때, **당신 내면의 관찰자인 지켜보는 자가 당신을 돕게 하라.** 그러지 않으면 당신은 머지않아 또다시 게임에 빠져들게 될 것이다. 당신 내면의 지켜보는 자는 결코 분리된 인격 따위가 아니다. 더 큰 자아인 내면의 관찰자는 배후에서 당신이 무엇을 하는지, 그리고 어떻게 하는지를 단순히 알아차리고 있다. 이 지켜보는 자에 대해서는 나중에 다시 이야기할 것이다.

이렇게 반문할 수도 있을 것이다. 잉여 포텐셜을 막기 위해 과도하게 일하기를 피해야 한다면 "자신의 일에 가슴과 영혼을 바치라"는 말은 어떻게 받아들여야 하는가? 그것은 그 일이 어떤 종류의 일이냐에 달려 있다. "일에 완전히 투신하라"는 말은 오직 그 일이 당신의 목표인 경우에만 정당화될 수 있다. '당신의 목표'라는 말과, 그런 목표를 갖는다는 것이 무슨 의미인지에 대해서는 나중에 논하기로 하자. 당신의 일이 곧 당신의 목표인 경우, 그 일은 당신을 성공으로 이끄는 터널처럼 작용한다. 다른 누군가를 위해 일하는 것과는 대조적으로, 그런 일은 신명을 불어넣어주고 기쁨과 영감과 만족감을 준다. 당신이 자신의 일에 대해 확신을 가지고 이렇게 말할 수 있는, 보기 드물게 행복한 영혼들 중 한 사람이라면 당신은 그 어떤 것도 걱정할 필요가 없다.

이 모든 말은 공부에도 완벽하게 적용된다. 이 장의 뒷부분에서는 잉여 포텐셜을 만들어내는 다른 상황들을 살펴볼 것이다. 그리고 균형력의 작용이 가져오는 결과들도 살펴볼 것이다.

불만족과 심판

자신에게 불만을 품는 것에 대해서부터 이야기를 시작해보자. 우리는 예컨대 자신의 개인적 성취나 자질에 대해 불만을 품기도 하지만, 또한 자신의 결점과 약점을 받아들이기를 거부하는 자신을 불만스러워하기도 한다. 자신의 결점과 약점을 알아차리는 것은 좋지만 그 때문에 콤플렉스를 갖게 되어서는 안 된다. 그런 결점들이 정말 마음을 괴롭혀서 매우 중요한 의미를 갖게 되면 잉여 포텐셜이 생겨난다. 그러면 균형력이 얼른 이 포텐셜을 제거하는 작업에 들어간다. 균형력의 작용은 그 사람의 장점을 발전시키는 데에 맞추어지거나, 아니면 약점과 싸우려는 노력에 맞추어질 수 있다. 그 결과 그는 그 둘 중 하나에 더 많은 노력을 기울이게 될 것이다. 많은 경우에 사람들은 약점과 싸우는 쪽을 택하여 결국은 자신과 맞싸우게 된다. 자신의 불완전함을 숨기려고 애쓰는 것은 부질없는 짓이거니와, 그것을 제거하는 것 역시 어려운 일이다. 그래서 당신은 정반대의 결과를 얻고, 상황은 갈수록 악화된다. 예컨대, 자신의 소심함을 숨기려고 애쓰면 더욱 더 부끄러워지거나, 혹은 반대로 낯선 사람에게도 지나치게 허물없이 행동하게 된다.

자신의 성취에 만족하지 않을 때, 그것이 자기완성을 위한 동기로만 작용할 정도라면 균형은 깨지지 않는다. 우리의 주변 세상은 이런 상대적 불만족에는 영향받지 않는다. 그리고 내적 균형의 변동은 긍정적인 행동으로써 보상할 수 있다. 그러나 자기 비난이나 자기에 대한 분노에 빠지거나, 한술 더 떠서 마음에 들지 않는 부분에 대해 자신을 벌하기 시작한다면 영혼과 마음이 대치하는 위험한 상황이 나타날 것이다. 하지만 영혼은 그런 대우를 받아서는 안 된다. 모든 사람의 영혼은 완벽하고 자족하다. 당신이 획득한 모든 결점과 약점은 마음의 결점과 약점일 뿐, 영혼의 것이 아니다. 그렇지만 이것은 너무나 방대하고 복잡한 주제라서 책을 한 권 따로 써야 할 것이다. 여기서는 자신과 대치하는 것은 지극히 나쁜 일이라는 사실만 강조하자. '마음이 판치는' 한 영혼은 자기 안으로 물러나버릴 것이고, 이것은 인생을 완전히 황폐해지게 하는 결과를 낳을 수 있다. 나중에 병원에 정신분석을 받으러 가지 않기 위해서는 무엇보다도 먼저 자신을 풀어놓고 모든 결점과 약점에 대해 자신을 용서하라. 지금 당장 자신을 사랑할 수 없다면 최소한 자신과 싸우기를 멈추고 자신을 있는 그대로 받아들이라. 이것이 당신의 영혼이 마음과 동맹을 맺을 수 있는 유일한 길이다. 그리고 영혼이야말로 정말 강력한 동맹군이다.

당신은 이렇게 말할 것이다. "좋아, 모든 결점과 약점은 내버려두겠어. 하지만 장점은 어떻게 얻으란 거야? 내가 한 인간으로서 발전하기를 멈추라는 건 아니겠지?" 물론 아니다! 당신은 자신의 장점을 원하는 만큼 최대한 계발할 수 있다. 우리는 지금 결점과 싸우기를 멈추는 일에 대해 이야기하고 있다. 결점과 싸운다면 당신은 잉여 포텐셜을 키우는 데에 에너지를 낭비하는 것이다. 잉여 포텐셜은 쓸모없을 뿐만 아니라 아주 해롭다. 이 싸움을 어떻게든 벗어나야 거기서 풀려난 에너지를 장점을 계발하는 데로 돌릴 수 있는 것이다.

이 모두가 듣기에는 지극히 간단한 일처럼 보일지 모르지만 너무나 많은 사람들이 결점을 감추려고 자신과 싸우는 데에 엄청난 에너지를 낭비하고 있다. 그들은 마치 그 짐을 평생의 운명으로 받아들인 타이탄(그리스 신화의 거인족 – 역주)과도 같다. 이 무거운 짐을 벗어던지고 그저 생긴 그대로 살아가기만 하면 삶은 훨씬 더 단순하고 편안해질 텐데 말이다. 그러면 그들의 에너지는 결점과의 싸움으로부터 장점을 계발하는 쪽으로 돌려질 것이다. 그뿐인가, 그럴 때 방사되는 에너지의 매개변수는 장점이 단점과 약점을 이기는 인생트랙과 맞아떨어질 것이다. 잘 생각해보라. 예컨대 당신의 모든 생각이 신체적 결점에 집중되어 있다면 멋지고 건강한 신체를 갖는 인생트랙으로 옮겨가는 것을 꿈이나 꿀 수 있겠는가? 오히려 싫다고 몸부림치는 바로 그것을 얻게 될 것이다.

자기 자신이 불만스러울 때는 영혼과의 갈등만 겪으면 되지만 세상이 불만스러울 때는 무수한 펜듈럼과의 갈등 속으로 빠져들게 된다. 이제는 당신도 잘 알고 있겠지만, 펜듈럼의 주술에 걸려서 좋을 것은 하나도 없다. 게다가 그것들과 싸움을 벌인다는 것은 생각조차 하지 않는 것이 좋다.

불만족은 전적으로 물질적인 방사이다. 불만족의 주파수는 자신의 좋아하지 않는 면이 더욱 두드러져 보이는 인생트랙과 잘 맞아떨어진다. 이런 트랙으로 이끌리는 것을 느낄 때는 불만이 더욱 깊어지고, 이것은 당신이 늙고 병들어 아무것도 바꿔놓을 수 없는 인생트랙에 이르기까지 이어진다. 남는 것은 오직 당신과 똑같은 사람들과 모여 앉아서 세상을 욕하고, 좋았던 옛 시절이나 추억하면서 위안을 삼는 일뿐이다.

모든 세대가 지금이 이전보다 더 살기 어려워졌다고 믿는다. 그러나 그렇지 않다. 전부가 아니라 오직 불평을 일삼는 사람들에게만 세상이 나빠진 것이다. 그렇지 않다면 몇 세대도 지나지 않아 인류는 모조리 지옥으로 굴러 떨어졌어야 할 것이다. 그건 그림이 너무 칙칙하지 않은가? 이것이 삶을 자꾸만 더 나쁜 쪽으로 몰아가는 불만족의 첫번째 측면이다.

불만을 토하는 이 해로운 습관에는 또다른 측면이 있다. — 그것은 균형 상태를 깨뜨려놓는다. 그 불만이 정당한 것이든 아니든 간에, 그것은 주변의 에너지 공간에 잉여 포텐셜을 일으킨다. 이 포텐셜은 또 균형을 회복시키려는 균형력을 일으킨다. 일이 나아지는 방향으로 이 힘이 작용한다면 좋겠지만, 유감스럽게도 대개는 그 반대의 일이 벌어진다. 균형력은 세상에 대한 당신의 불만을 최대한 줄이기 위해 당신을 에워싸고 달려들 것이다. 그 편이 당신이 불만스러워하는 모든 것을 바꿔놓는 일보다는 훨씬 더 쉽기 때문이다. 통치자가 자기 나라에서 일어나는 모든 일에 대해 내놓고 불만을 표하기 시작한다고 상상해보라. 그러면 어떻게 될까? 그것이 선한 동기에서인지, 악한 동기에서인지는 중요하지도 않다. 아마도 그런 통치자는 제거되거나 심지어는 살해당

할지도 모른다. 인류의 온 역사가 이를 확인해주고 있다.

기본적으로 균형력의 작용은 당신이 주변 세상에 미치는 영향력을 감소시키는 데에 맞춰질 것이다. 이것은 지극히 쉬운 일이며 다양한 방법이 동원될 수 있다. 예컨대 당신의 직업과 직위와 봉급, 집, 가족, 건강 등등을 빼앗는 식으로 말이다. 구세대가 왜 '옛날보다 살기 어려운' 세상에서 인생을 마감하게 되는지를 이제 알 수 있겠는가?

이제 이 문제를 다른 각도에서 살펴보자. 부정적 느낌인 불만족의 잉여 포텐셜을 감소시키기 위해 균형력이 작용한다면 그 반대의 경우도 역시 성립해야 한다고 주장할 수 있을 것이다. 다른 말로 해서, 당신이 세상을 너무나 만족스럽게 느낀다면 균형력이 당신의 잔치를 훼방 놓아 원래의 상태로 되돌려놓기 위해 무슨 짓이든 다 하려고 할 것이라는 말이다. 하지만 당신의 기쁨이 '앞뒤를 못 가리는 열정'으로 바뀌지 않는 한 그런 일은 일어나지 않는다. 첫째, 트랜서핑의 법칙에 따라 당신은 창조적 에너지를 퍼뜨리고, 그 에너지는 당신을 긍정적인 인생트랙으로 옮겨놓는다. 둘째, 그런 에너지는 파괴적인 잉여 포텐셜을 만들어내지 못한다. 인생을 바라보는 다양한 철학과 종교들이, 사랑이야말로 이 세상을 존재하게 하는 창조력이라는 동일한 결론에 도달한 데에는 그만한 이유가 있다. 여기서 '사랑'은 일반적인 의미에서의 사랑이다. 물론 균형력은 세상을 만들어낸 힘과 동일한 힘에 의해 창조되었다. 균형력은 우주의 질서를 도우려고 애쓰고 있고, 자신을 창조한 힘에 거스르는 일은 할 수 없다.

트랜서핑의 관점에서 보면, 사소한 일에도 불만을 토하는 습관은 정말 나쁜 습관이며, 그것이 우리가 원하는 것을 얻지 못하게 가로막는다. 그리고 그 반대도 성립한다. 소소하고 다양한 일들에서 끊임없이 작은 기쁨을 느끼는 것은 아주 좋은 습관이며, 원하는 것을 얻게 해준다. 그러니 우리가 내릴 수 있는 유일한 결론은, **낡은 습관을 새로운 습관으로 대체해야 한다는 것이다.**

어떻게 하면 그렇게 될까? 아주 간단하다. 맨 먼저 말할 수 있는 것은, 진부하게 들릴지도 모르지만, 모든 불행은 불행을 가장한 축복이라는 것이다. 겉보기에 부정적인 것에서 좋은 점을 찾아내는 것을 당신의 목표로 삼는다면 당신은 더이상의 노력을 들이지 않고서도 목표에 도달하게 될 것이다. **그것을 게임으로 만들라. 그 게임을 즐기다 보면 당신의 낡은 습관은 이내 새 것으로 대체될 것이다.** 이 습관은 당신에게는 아주 요긴하고, 파괴적인 펜듈럼에게는 완전한 악몽이 될 것이다.

둘째로, 만일 정말로 끔찍한 일이 일어나서 그 어떤 기쁨을 느끼는 것도 부적절하고 부자연스럽게 여겨진다면, 옛날 이스라엘의 왕 솔로몬이 했던 것처럼 하라. 그는 다른 사람에게는 안 보이도록 안쪽에 글씨가 새겨진 반지를 끼고 있었다. 뭔가 안 좋은 일이 일어나거나 심각한 문제에 빠질 때마다 그는 반지 안쪽에 새겨진 글을 읽곤 했다. "이 또한 지나가리라."

인류에게 불만을 표하는 습관이 생긴 것은 다분히 파괴적인 펜듈럼의 영향 때문이다. 새로운 습관을 기르면 당신은 긍정적인 에너지를 생산해낼 것이고, 그 에너지는 강력한 급류처럼 당신을 긍정적인 인생트랙으로 데려다줄 것이다.

당신이 가능성에 고무되어 습관을 바꾸는 방법을 연습하기 시작했다고 가정하자. 머지않아 당신은 연습이 점점 불규칙적으로 되어가고, 습관을 바꾸기로 했던 각오조차 수시로 까맣게 잊어버리는 것을 깨닫게 될 것이다. 낡은 습관이 깊이 뿌리박고 있기 때문에 이렇게 되는 것

121

은 피할 수 없는 일이다. 당신이 이렇게 해이해지면 펜듈럼은 즉시 당신이 불만을 터뜨리게 만들 방법을 찾아내고, 당신은 자신이 방금 펜듈럼에게 에너지를 먹여준 사실조차 알아차리지 못할 것이다. **그러나 좌절하지 말라!** 각오만 단단히 하면 당신은 원하는 것을 모두 성취할 것이며, 파괴적인 펜듈럼들도 결국은 당신을 건드리지 못하고 평화롭게 놔둘 것이다. **당신은 자신의 각오를 더 자주 상기하기만 하면 된다.**

우리는 모두 이 세상에 손님으로 와 있다. 자신이 창조하지 않은 것에 대해 심판할 권리를 가진 사람은 아무도 없다. 이 당연한 사실을 당신과 펜듈럼들과의 관계에 비추어 이해해야 한다. 전에도 말했듯이, 최초에 당신에게 불만을 야기한 파괴적 펜듈럼을 대적해서 나선다면 스스로 일을 더 그르치는 것밖에 안 된다. 순한 양이 되라는 것은 아니지만, 그렇다고 공공연하게 세상과 맞설 필요도 없는 것이다. 펜듈럼이 당신을 개인적으로 공격해온다면 그것을 그냥 지나가게 하는 방법이나 꺼버리는 방법을 써먹을 수 있다. 펜듈럼이 당신을 다른 펜듈럼들과의 싸움에 끌어들이려고 할 때는 정말 그렇게 할 필요가 있는지를 따져보라.

마음에 들지 않는 작품이 전시되어 있는 미술 전람회의 예로 다시 돌아가 보자. **마치 집에 있는 것처럼 편안하게 행동하되, 당신은 단지 한 사람의 관람객일 뿐이라는 점을 잊지 말라.** 작품을 심판할 권리를 가지고 있는 사람은 아무도 없지만 선택의 자유는 누구나 가지고 있다. 펜듈럼은 당신이 작품에 불만을 표할 때 이익을 얻는 반면, 당신에게는 그저 그 전시실을 떠나서 다른 작품을 감상하는 편이 이익이다. 당신은 이렇게 물으리라. 더 갈 곳이 없으면 어쩌란 말인가? 그것은 펜듈럼들이 그렇게 믿도록 만든 것이다. 이 책은 바로 이런 그릇된 한계를 제거하는 방법에 관한 것이다.

의존적인 관계

불만족의 또다른 측면은 세상을 이상화하는 것이다. 세상을 장밋빛 안경으로 바라보면 많은 것이 실제보다 더 좋은 것처럼 보인다. 알다시피, 어딘가에 뭔가가 있을 거라고 생각했는데 실제로는 그렇지 않을 때, 잉여 포텐셜이 만들어진다.

이상화한다는 것은 어떤 것을 과대평가하여 높은 데다 모셔놓고 숭배하며 우상화하는 것을 뜻한다. **사랑은 세상을 창조하고 이끌어가는 힘이다. 그리고 역설적으로 들릴지는 모르지만 사랑은 본질적으로 냉정하고 침착하기 때문에, 이상화와는 다르다.** 무조건적인 사랑은 주인 없는 느낌이며 숭배 없는 찬탄이다. 다른 말로 하면, 사랑은 사랑하는 사람과 그 대상 사이에 의존적인 관계를 만들어내지 않는다. 이 간단한 공식이, 사랑이 끝나고 이상화가 시작되는 지점을 알아차릴 수 있도록 도움을 줄 것이다.

푸른 식물과 아름다운 꽃나무들이 가득한 산골짜기를 거닐고 있다고 상상해보라. 당신은 이 놀라운 풍경에 감탄하고 있다. 이 향기롭고 신선한 공기를 마시는 당신의 영혼은 지극히 평화롭고 행복하다. 이것이 사랑이다.

다음 순간 당신은 꽃을 꺾기 시작한다. 그것이 살아 있다는 사실은 안중에도 없이, 당신의 손은 꽃잎을 뭉갠다. 꽃은 서서히 시들어 죽는다. 그뿐인가, 당신은 그 꽃으로 향수나 화장품을 만들거나 그냥 다른

123

사람들에게 팔 수 있겠다는 생각을 한다. 혹은 꽃을 숭배하는 종교집단을 만들려고 마음먹을 수도 있다. 이렇게 하는 것이 이상화다. 이 모든 경우에, 당신과, 당신이 사랑했던 꽃 사이에 의존적인 관계가 만들어지기 때문이다. 단순히 골짜기의 풍경을 즐기고 있었을 때 느꼈던 사랑은 이제 하나도 남아 있지 않다. 이 두 상황의 차이를 느낄 수 있는가?

사랑은 긍정적인 에너지를 만들어내고 그 에너지는 당신을 그에 상응하는 긍정적 인생트랙으로 데려다준다. 반면에 이상화는 잉여 포텐셜을 만들어내고, 그 결과 이 잉여 포텐셜을 제거하는 균형력이 일어나게 한다. 균형력은 상황에 따라 다르게 작용하지만 그 결과는 동일하다. 그 결과는 말하자면 '신화 파괴'라고 할 수 있다. 사람이나 사물을 이상화하면 이런 일은 항상 일어나게 되어 있다. 대상에 따라, 그리고 이상화의 정도에 따라 그 결과의 심각성은 달라질 수 있지만 변함없는 것은, 그 결과가 부정적인 것이라는 점이다. 아무튼 이런 과정을 거쳐서 균형은 다시 회복된다.

사랑이 의존적인 관계로 변하면 잉여 포텐셜이 생겨나는 것은 불가피하다. 자신에게 없는 것을 가지고 싶어하는 욕망은 에너지의 '압력 차이'를 일으킨다. 의존적인 관계는 "당신이 A를 해주면 나는 B를 해주겠다"와 같은 식의 조건으로 정의된다. 이와 유사한 예를 많이 찾아볼 수 있다. "나를 사랑한다면 모든 것을 버리고 나와 함께 세상 끝까지 가야 해." "나와 결혼하지 않겠다는 건 나를 사랑하지 않는다는 거야." "나를 칭찬해주면 너의 친구가 되어줄게." "너의 장난감 삽을 내게 주지 않으면 이 모래상자에서 못 놀게 할 거야." 등등.

뭔가가 다른 것과 대비되고 비교될 때에도 균형이 깨진다. "우리는 이렇게 하는데, 저 사람들은 방식이 다르군!" 자기 나라에 대한 자부심이 그 예다. 자기 나라와 다른 나라를 비교하는 것이다. 열등감도 그렇다. 자신과 다른 누군가를 비교하는 것이다. 어떤 것이 다른 것과 대비되기 시작하면 어김없이 균형력이 나서서 그 포텐셜을 제거하기 시작한다. 그 포텐셜이 긍정적이든 부정적이든 상관없다. 그리고 포텐셜을 만들어낸 사람은 바로 당신이기 때문에 균형력은 무엇보다도 당신을 겨냥하여 작용할 것이다. 그 작용은 서로 반대되는 부분들을 떼어놓거나, 아니면 쌍방 합의에 이르게 하거나 서로 부딪히게 해서 하나로 합쳐지는 쪽을 지향한다.

모든 갈등은 비교와 대립에서 온다. 처음에는 이런 생각이 밑바탕이 된다. ― "저들은 우리와 달라." 이것이 나중에는 제멋대로 발전한다. "저들은 우리보다 더 많이 가지고 있어. 그것을 빼앗아와야 해." "저들은 우리보다 적게 가졌어. 우리는 저들에게 베풀어야 해." "저들은 우리보다 열등해. 저들을 변화시켜야 해." "저들은 우리보다 더 착해. 우리는 우리 자신과 싸워야 해." "저들은 우리와 다르게 행동해. 뭔가 조치를 취해야 해." 이런 식의 온갖 비교는 어떤 식으로든 갈등으로 이어질 것이다. 처음엔 개인적인 감정적 불편에서 시작된 것이, 급기야는 전쟁과 혁명으로 끝을 본다. 균형력은 불거진 모순을 중재 혹은 대결이라는 방법을 통해 제거하려고 할 것이다. 그러나 펜듈럼은 대결의 상황이라면 언제나 에너지를 얻어낼 수 있으므로 대결을 조장하려고 애쓴다.

이제 이상화와 그 결과의 예를 몇 가지 살펴보기로 하자.

이상화와 과대평가

과대평가란 어떤 자질을 갖추지 못한 사람을 보고 자질이 있다고 주장하는 것이다. 이것은 정신적 차원에서는 언뜻 보기에 크게 해롭지 않은 환상처럼 보인다. 그러나 에너지 차원에서는 잉여 포텐셜을 만들어낸다. 잉여 포텐셜은 어떤 양이나 질이 과도하게 넘쳐나는 모든 곳에서 생긴다. 과대평가가 바로 그것으로, 실제로 존재하지 않는 어떤 자질의 정신적 복제물을 만들어내는 것이다. 여기에는 두 가지 경우가 있다. 첫째는 사람이 있는 경우다. 즉, 자기 것이 아닌 자질을 지녔다고 주장하는 구체적인 인물이 있을 경우이다. 이 모순상태를 제거하기 위해 균형력은 반대편에서 균형을 잡아줄 추를 만들어내야 한다.

예컨대, 꿈같은 낭만에 빠진 젊은이는 자기의 애인이 '순수하고 아름다운 천사'라고 상상한다. 그러나 실제로 그녀는 완전히 세속적인 여자라서 파티와 오락이나 즐길 뿐, 사랑에 빠진 젊은이와 꿈을 나누는 데는 전혀 관심이 없다. 우상을 만들어 모시는 그 어떤 경우도 마찬가지지만, 신화는 언제고 깨어지게 되어있다.

우리의 주제와 관련하여 칼 메이Karl May의 놀라운 이야기를 소개하고자 한다. 칼 메이는 미국의 서부 개척시대에 관한 소설을 여러 권 쓰고, 올드 섀터핸드Old Shatter-hand와 위네투Winnetou 등의 주인공을 창조한 독일인 작가이다. 칼 메이는 그의 모든 소설을 일인칭시점으로 썼다. 그래서 독자들은 작가가 미국 서부에 가보았고 책에 나오는 모든 사건을 직접 겪었으리라고 믿게 된다. 그러니 그는 정말 찬탄할 만한 소설가임에 틀림없다. 칼 메이의 작품들은 묘사가 너무나 생생하고 실감나서 독자로 하여금 실제로 그런 사건을 겪은 사람이 해주는 이야기라고 믿게 만드는, 완벽한 환상을 창조한다. 그의 책을 읽으면 마치 영화를 보고 있는 것 같다. 그의 이야기들은 그를 찬양하지 않을 수 없게 만든다. 그래서 사람들은 그를 "독일의 뒤마"라고 불러오고 있다.(19세기 프랑스의 극작가, 소설가로《삼총사》,《몽테크리스토 백작》이 세계적으로 유명하다. - 역주)

많은 독자들은 칼 메이가 이야기에서 자신을 소개한 것처럼, 그가 바로 유명한 카우보이 올드 새터핸드와 동일인물이라고 믿는다. 그의 애독자들은 다른 결론을 허용하지 않을 것이다. 누가 뭐라고 해도 그들은 찬양과 모방의 대상을 발견했고, 게다가 그들의 우상이 멀지 않은 곳에 살고 있다는 사실이 그것을 더욱 흥미 있게 만들었다. 칼 메이가 미국에 한 번도 가 본 적이 없을 뿐 아니라 그중 몇 권의 책은 감방에 앉아서 썼다는 사실을 알았을 때 독자들이 얼마나 놀랐을지 상상해보라. 그래서 신화는 깨졌고, 칼 메이를 가장 좋아했던 애독자들은 그를 가장 미워하는 적이 되어버렸다. 자, 여기서 누가 잘못한 것일까? 우상을 창조하고 의존적인 관계를 지어낸 것은 그들이다. "책에 나오는 이야기들이 모두 사실일 때에만 당신은 우리의 영웅이 될 수 있어."

둘째는 꾸며낸 환상을 갖다 맞출 실제 대상이 없는 경우이다. 이때 이상화하는 사람은 구름 위에 궁전을 짓고 아름다운 백일몽을 꾼다. 백일몽을 꾸는 사람은 재미없는 현실을 회피하려고 애쓰느라 머리가 늘 구름 위에 떠 있다. 그럼으로써 그는 잉여 포텐셜을 만들어낸다. 이 경우에 균형력은 꿈꾸는 사람을 끊임없이 가혹한 현실에 부딪히게 함으로써 구름 위의 궁전을 파괴하려고 할 것이다. 비록 그가 자신의 아이디어로 많은 사람들을 매혹시켜서 펜듈럼을 만들어낸다고 하더라도 그의 유토피아는 몰락하게 되어 있다. 왜냐하면 잉여 포텐셜은 텅 빈 허

127

공 위에 만들어졌고, 조만간 균형력이 펜듈럼을 멈추게 할 것이기 때문이다.

과대평가의 대상이 오직 이상의 세계에만 존재하는 경우의 예를 하나 더 들어보자. 한 처녀가 이상적인 남편상을 마음속에 그리고 있다. 그가 정확히 이러저러해야 할 것이라고 강하게 확신할수록 더 큰 잉여 포텐셜이 만들어진다. 그리고 오직 그 완벽한 남편에 정반대되는 성질을 갖춘 남자만이 이 잉여 포텐셜을 파괴할 수 있을 것이다. 그러면 처녀는 깜짝 놀라서 이렇게 말할 수밖에 없을 것이다. "내가 도대체 눈은 어디다 두고 있었던 거야?" 그 반대도 마찬가지다. 어떤 여자가 술 취하고 무례한 사람을 매우 싫어한다면 그녀는 덫에 걸려든 것이나 다름없다. 그녀는 술고래에다 무례한 사람을 만나게 될 것이다. 당신은 자신이 정말 싫어하고 참지 못하는 것을 가지게 된다. 당신은 싫어하는 대상의 주파수와 동일한 사념 에너지를 방사하고, 게다가 잉여 포텐셜까지 만들어내기 때문이다. 인생은 때때로 서로 정말 맞지 않을 것처럼 보이는, 완벽하게 다른 성향의 사람들을 한데다 데려다놓는다. 이것이 균형력이 잉여 포텐셜을 소멸시키는 방법이다. 즉, 잉여 포텐셜에 반대되는 것을 만들어내는 것이다.

균형력의 작용은 특히 어린아이들에게서 뚜렷이 드러난다. 아이들은 어른들보다 에너지 변화에 더 민감하며, 그래서 자연스럽게 행동하기 때문이다. 어떤 아이가 칭찬을 너무 많이 받으면 그는 즉시 심술궂은 행동을 보여주기 시작할 것이다. 당신이 아이에게 비위를 맞추기 시작하면 그는 당신을 경멸하든지, 최소한 존경은 결코 하지 않을 것이다. 아이를 말 잘 듣는 소년으로 키우려고 온 힘을 쏟는다면 십중팔구 그는 길거리의 불량배들과 어울리게 될 것이다. 아이를 천재로 키우려고 애쓴다면 그는 아마도 학교공부에 흥미를 아예 잃어버리게 될 것이다. 그리고 방과 후의 특별활동이나 온갖 종류의 과외수업에 아이를 끌고 다닐수록 그 아이가 멍청한 사람이 될 확률은 점점 더 높아진다.

잉여 포텐셜을 만들지 않으면서 아이를 키우고 아이와 관계 맺는 가장 좋은 방법은, (아이뿐 아니라 다른 모든 경우에도) 아이를 손님처럼 대하는 것이다. 달리 말해서, 아이를 주의 깊고 친절하게 대하고 존중해주고 선택의 자유를 주어야 한다는 것이다. 하지만 동시에 당신을 마음대로 뛰어넘거나 밟고 다니게 해서는 안 된다. 당신 자신이 이 세상에 온 손님인 만큼, 아이들도 손님으로 마땅한 대접을 해주어야 한다. 게임의 규칙을 지키고 극단적으로 굴지만 않는다면 당신은 이 세상이 제공하는 것을 무엇이든지 선택할 수 있다.

타인을 긍정적으로 대하는 태도도 부정적인 태도만큼이나 널리 퍼져 있다. 여기에 균형이 있다. 사랑이 있는가 하면 증오도 있는 것이다. 부드럽고 긍정적인 태도는 잉여 포텐셜을 전혀 만들어내지 않는다. 잉여 포텐셜은 어떤 것의 가치가 실제에 비해 큰 차이(변위)가 있을 때에만 생겨난다. 무조건적인 사랑이란 이 변위의 척도 위에서 보자면 영점이라고 할 수 있다. 알다시피, 무조건적 사랑은 의존적인 관계를 일으키지 않는다. 따라서 잉여 포텐셜을 만들어내지 않는다. 그러나 그처럼 순수한 형태의 사랑은 드물다. 대개는 순수한 사랑에 소유욕, 의존성, 과대평가 등이 섞여들어 더해진다. 소유욕을 거부하기는 쉽지 않다. 왜냐하면 다음의 양극단으로 치닫지 않는 한 사랑의 대상을 소유하고자 하는 것은 너무나 자연스럽고도 보편적인 일이기 때문이다.

그 첫번째 극단은, 당신의 것이 결코 아니고, 당신의 욕망을 알아차리지조차 못하는 사람을 소유하고자 하는 욕망이다. (물론 이것은 육

129

체적인 소유만을 말하는 것이 아니다.) 이것은 전형적 형태의 짝사랑이다. 응답받지 못하는 사랑은 언제나 큰 고통을 낳는다. 하지만 그 배후의 메커니즘은 겉보기처럼 단순하지는 않다. 꽃의 예로 다시 돌아가 보자. 당신은 꽃의 아름다움에 감탄하면서 그 사이로 거니는 것을 좋아한다. 하지만 꽃들도 당신을 사랑하고 있는지를 생각해본 적은 아마 없을 것이다. 꽃들이 당신을 어떻게 생각할지를 한 번 상상해보라. 두려움, 위험, 적개심, 무관심과 같은, 그다지 즐겁지 않은 생각이 마음속에 떠오를지도 모른다. 게다가 그들에게는 당신을 사랑해야 할 이유도 없다. 당신은 꽃을 손에 넣고 싶은 강렬한 욕망에 불타지만 그 꽃은 공공장소의 꽃밭에서 자라고 있거나 아니면 너무 비싸서, 말하자면 그것은 금지된 욕망이다. 할 수 없다. 사랑은 이미 멀어졌고 의존적인 관계만 남아 있다. 부정적인 감정들이 끼어들기 시작한다.

그리하여 당신은 여기에 있는데 사랑의 대상은 다른 곳에 있고, 당신은 그것을 소유하고 싶어한다. 달리 말하자면, 당신은 잉여 포텐셜을 만들어내고 있는 것이다. 당신은 이 포텐셜이 고기압에서 저기압 쪽으로 움직이는 기단처럼 원하는 대상을 당신에게로 끌어다줄 것이라 생각할 수 있다. 그러나 천만의 말씀이다! 균형력은 균형을 회복하는 데에만 관심이 있을 뿐, 어떤 방식으로 회복할 것인지에는 상관하지 않는다. 그러므로 균형력은 당신의 기대와는 다른 방식을 택할 수 있다. 예컨대, 사랑의 대상을 더욱 멀리 떼놓아서 당신을 중화시키는, 즉 당신을 실연당하게 하는 등으로 말이다. 그뿐 아니라 약간의 어려움을 겪고 있을 때도 당신은 상황을 극적으로 몰아가려는 충동에 점점 더 빠져든다. ("그녀는 날 사랑하지 않는 거야!") 그리하여 그런 생각들이, 주고받는 사랑이 거의 불가능한 인생트랙으로 당신을 끌고 갈 것이다.

사랑하는 사람을 소유하고자 하는 욕망, 또는 사랑의 감정을 응답받
고자 하는 욕구가 강하면 강할수록 균형력의 작용도 더 강력해진다. 물
론 균형력이 당신을 사랑의 대상과 가까워지게 만드는 방식을 택한다
면 그 스토리는 '해피엔드'로 끝날 것이다. 당신이 스스로 사랑에 빠졌
음을 막 알아차리기 시작했을 때는 균형력의 방향을 알아내기가 쉽다.
당신의 사랑이 응답받을지 못할지가 정말 의심스럽다면, 그리고 그 관
계가 처음부터 뭔가 마뜩치 않다면 전략을 재빨리 바꿀 필요가 있다.
더 정확히 말하자면, 응답을 기대하지 않는 사랑을 할 필요가 있는 것
이다. 그럴 때에만 불규칙하게 요동치는 균형력이 당신의 편으로 끌려
와서 당신에게 유리하게 작용하도록 할 수 있게 된다. 그러지 않으면
상황은 산사태처럼 걷잡을 수 없이 터져버릴 것이고, 그런 다음에는 뭔
가를 바꾼다는 것이 거의 불가능하게 될 것이다.

결론은 하나밖에 없다. 즉, **당신의 애정 어린 감정이 응답받기를 원
한다면 사랑받고자 애쓰지 말고 그저 사랑해야 한다.** 그래서 첫째로, 잉
여 포텐셜이 만들어지지 않아야 하는 것이다. 이것은 균형력이 당신의
편이 되지 않을 50퍼센트의 확률에 대해 걱정할 필요가 없다는 뜻이
다. 둘째로, 응답받으려고 애쓰지 않는다면 짝사랑의 연극 같은 못 말
리는 생각들도 일어나지 않을 것이고, 당신이 방사하는 에너지에 의해
그에 상응하는 인생트랙으로 끌려가지도 않을 것이다. 그 반대로, 소
유를 바라지 않고 그저 사랑하기만 한다면 당신의 에너지의 매개변수
는 주고받는 관계가 존재하는 인생트랙과 일치하게 된다. 주고받는 사
랑에는 의존적 관계가 없다. 당신이 어떤 것을 이미 소유하고 있다면
그것의 소유권을 가지고 안달할 이유가 없지 않겠는가. 단지 소유권을
주장하지 않는 것만으로도 주고받는 사랑이 이루어질 가능성이 얼마

나 커질지를 상상해보라! 게다가 무조건적인 사랑은 지극히 드물기 때문에, 그것만으로도 이미 충분히 흥미롭고 매력적이다. 누군가가 그렇게 아무런 대가도 요구하지 않고 당신을 사랑해준다면 정말 멋지지 않을까?

소유욕의 두번째 극단은 물론 질투다. 이 경우에도 균형력은 두 가지 방식으로 작용할 수 있다. 사랑의 대상이 이미 당신의 것이라면, 첫째 방식은 대상을 당신에게 더 가까이 데려다놓는다. 사실 어떤 사람들은 파트너가 질투하는 것을 더 좋아하기도 한다. 물론 어느 정도까지만 그렇다.

그러나 균형력은 다른 방식을 하나 더 가지고 있다. 애초에 질투가 일어나게끔 한 그것, 즉 사랑을 파괴해버리는 것이다. 게다가 질투가 강하면 강할수록 사랑의 무덤도 깊어지는 법이다. 그것은 싱그러운 꽃향기를 즐기다가 그 향기로 향수제품을 만들려 드는 것과 같다.

여기서 이야기한 모든 것은 여자와 남자 모두에게 해당된다. 하지만 이걸로 끝이 아니다. 트랜서핑의 다른 개념들을 살펴볼 때 과대평가와 이상화의 문제를 다시 거론할 것이다. 만사는 아주 단순하면서도 동시에 아주 복잡하다. 사랑에 빠진 이는 논리적으로 생각할 수가 없고, 그래서 이런 권고들이 아마도 무용지물이 될 것이므로 복잡하다는 것이다. 그러나 나는 그 때문에 안달하지 않을 것이다. 나는 당신의 감사를 소유하기를 거부하므로.

경멸과 허영

사람을 비판하는 것은 균형을 뒤흔들어놓는 가장 효과적인 방법 중 하나다. 특히 상대방을 경멸하는 비판일 경우에 더욱 그러하다. 에너지의 차원에서는 좋은 사람도 나쁜 사람도 없다. 오직 자연의 법칙에 복종하는 사람과 '현상태'를 뒤흔드는 사람이 있을 뿐이다. 현상태를 뒤흔드는 사람은 모두 결국에는 균형을 회복하려는 힘의 지배 아래에 떨어지게 된다.

물론 비판받아 마땅한 상황도 많이 있다. 그런데 하필 당신의 경우가 그렇다면? 이것은 괜히 해보는 허튼 질문이 아니다. 만일 누군가가 특별히 당신을 겨누어 해를 끼친다면, 무엇보다도 그는 그렇게 함으로써 균형을 깨뜨린 것이다. 그리고 당신은 그 불건전한 포텐셜의 근원이 아니라, 그 균형을 회복하려는 힘의 도구가 된다. 그래서 평화를 깨뜨린 사람은 당신이 그에 대해 어떤 생각을 내뱉든지, 심지어 그 상황에 대해 어떤 구체적 조치를 취하든지 간에 (물론 이성이 허락하는 범위 내에서) 자신에게 마땅한 것을 받는 것이다. 하지만 당신이 비판하는 대상이 당신에게 나쁜 짓을 전혀 하지 않았을 때는 당신이 그에게 비난을 할 권리가 없다.

이 문제를 엄밀히 사무적인 관점에서 살펴보자. TV에서 양을 물어 죽인 늑대를 보면서 그 늑대를 향해 증오를 느끼는 것은 전적으로 어불성설이라는 데에는 동의할 것이다. 정의감은 우리로 하여금 사람들을 비판하도록 끊임없이 부추긴다. 그러다가 그것은 어느새 습관이 되어버리고, 해가 가면 많은 사람들이 고발 전문가가 된다. 하지만 대다수의 경우, 당신은 그 사람이 왜 그렇게 행동했는지 알 수 있는 실마리를 133

갖고 있지 않다. 당신이 그의 처지에 있었더라면 더 나쁘게 행동했을 수도 있지 않을까?

그런 비난의 결과로 당신은 자신의 주변에 잉여 포텐셜을 만들어내게 된다. 비난받는 사람이 나쁘면 나쁠수록, 당신은 더 선한 사람이어야 한다. 그가 뿔 달린 악마라면 당신은 날개 달린 천사가 되어야 한다. 그러나 당신은 아직 날개를 하나도 달지 못했으므로 균형력이 개입하여 기울어진 균형을 회복하려 할 것이다. 이 힘이 작용하는 방식은 상황에 따라 달라진다. 그러나 기본적으로 결과는 항상 동일하다. 당신은 큰코를 다치게 되어 있다. 그 힘과 당신의 비난의 형태에 따라 이 충격은 아주 미미할 수도 있고, 때로는 아주 강력할 수도 있다. 그 강력한 충격의 결과로 당신은 최악의 인생트랙으로 옮겨갈 수도 있다.

가능한 모든 비난과 그 결과들을 나열해보면 아마도 긴 목록이 만들어지겠지만, 명확성을 기하기 위해서 실례를 몇 가지 들어보겠다.

무슨 일이 있더라도 사람을 경멸하지 말라. 경멸은 가장 위험한 형태의 비난이다. **균형력의 작용에 의해 당신도 비난받는 사람과 동일한 위치에 놓이게 될 수 있기 때문이다.** 균형력으로서는 그렇게 하는 것이 상실된 조화를 회복하는, 더 쉽고 직접적인 방법이다. 당신은 부랑자와 가난한 사람들을 멸시하는가? 그렇다면 당신도 집과 돈을 잃어버리게 될 수 있다. 균형은 그런 식으로 복구된다. 신체적 장애가 있는 사람을 경멸하는가? 그렇다면 당신을 위해 불의의 사고가 마련되어 있을지 모른다. 알코올 중독자와 약물 중독자를 경멸하는가? 그렇다면 당신도 쉽게 그렇게 될 수 있을 것이다. 그들도 처음부터 그렇게 태어난 것은 아니지 않은가? 인생의 여러 환경조건들이 그들을 그렇게 만들어온 것이다. 그런데 그런 환경이 당신만은 반드시 피해가라는 법이 있는가?

어떤 이유에서건 직장의 동료들을 비난하지 말라. 최선의 경우, 당신도 똑같은 실수를 하게 될 것이다. 최악의 경우에는 갈등이 일어날수 있고, 그것은 당신에게 좋을 것이 하나도 없다. 당신이 전적으로 옳았다고 하더라도 그 때문에 해고될 수도 있다.

어떤 사람의 옷차림이 마음에 안 든다고 해서 그를 비난한다면 당신은 스스로 '좋음과 나쁨'을 심판하는 척도 위에 자신을 세우게 될 것이며, 당신은 그보다 한 단계 아래에 놓일 것이다. 당신은 부정적인 에너지까지 내뿜고 있기 때문이다.

스스로 자부심을 느끼거나 자신을 사랑한다면 거기에는 아무런 잘못이 없다. 자신을 사랑하는 것은 자기 스스로 만족하는 것이기 때문에 타인을 괴롭히지 않는다. 자만심으로 우쭐거리는 사람이 다른 사람의 약점과 결점이나 소박한 성취에 대해 업신여기는 태도를 가질 때에만 균형이 흐트러진다. 그럴 때 자신에 대한 사랑과 자부심은 허영이 된다. 그리고 그 결과는 균형력의 작용에 의해 역시 큰코를 다치는 일로 나타날 것이다.

경멸과 허영은 인간의 악덕이다. 동물들은 경멸과 허영을 모른다. 동물들은 합목적적인 의도의 안내를 받아 완벽한 자연의 의지를 실현한다. 생각하는 인간보다 야생의 자연이 더 완벽하다. 모든 육식동물이 그렇듯이, 늑대는 먹잇감을 향해 증오나 경멸을 느끼지 않는다. (햄버거를 향해 증오나 경멸을 느끼려 해보라.) 그러나 사람들은 순전히 잉여 포텐셜 위에다 서로의 관계를 쌓아올린다. 식물과 동물의 위대함은 그들이 자신의 위대함을 알지 못한다는 사실에 있다. 의식은 인간에게 유용한 장점들을 많이 가져다주었지만 허영심, 경멸, 죄책감과 열등감 등과 같은 해로운 쓰레기들도 함께 주었다.

우월감과 열등감

우월감과 열등감은 둘 다 아주 전형적인 의존적 관계이다. 당신의 자질은 다른 사람의 자질과 비교된다. 그리하여 필연적으로 잉여 포텐셜이 만들어진다. 에너지의 차원에서는 당신이 자신의 우월성을 공공연히 드러내든, 남몰래 혼자서 즐기든, 그것은 중요하지 않다. 자신의 우월성을 공공연히 드러내는 것은 사람들의 미움만 살 뿐, 좋은 일이 전혀 없다는 것은 불 보듯 뻔한 사실이다. 다른 사람을 비교해가면서 자신의 잘난 점을 내세운다면 당신은 억지 자기만족을 위해 타인을 희생시키는 것이다. 그런 노력은 비록 그것이 온전히 표현되지 않은, 오만의 그림자에 지나지 않는다고 하더라도 반드시 잉여 포텐셜을 만들어낸다. 이 경우에 균형력은 항상 큰 코를 다치게 하는 쪽으로 작용한다.

자신을 주변과 비교할 때, 두말할 것도 없이 우리는 자신의 잘난 점을 입증하려고 애쓰고 있다. 그러나 다른 사람과 비교해서 얻는 제 잘난 기분은 환상이다. 그것은 밖으로 날아가려고 유리창에 계속 몸을 부딪는 파리와도 비슷한 꼴이다. 바로 그 옆에 창문이 열려 있는데 말이다. 우리가 제 잘난 모습을 세상에 알리려고 애쓸 때, 에너지는 인위에 의해 생겨난 잉여 포텐셜을 지탱하는 데 사용된다. 그와는 반대로, 자기완성은 진정한 미덕을 길러주고 에너지를 헛되이 낭비시키지 않는다. 해로운 잉여 포텐셜도 생기지 않는다.

자신을 다른 사람과 비교하는 데 소모되는 에너지는 무시해도 될 정도라고 여겨질 수도 있다. 그러나 실제로 그것은 상당히 강한 포텐셜을 지탱할 만큼 많은 에너지다. 여기서 에너지를 어떤 쪽으로 사용할 것인지를 결정하는 의도가 큰 역할을 한다. 목표가 미덕을 얻는 것이라면 그 의도는 그 사람이 목표를 향해 나아가도록 도와줄 것이다. 그러나 목표가 세상에 자신의 '훈장'을 자랑하는 것이라면 그 사람은 진창에 빠진 자동차처럼 될 것이다. 아무리 밀고 당겨봐도 꼼짝 않는다. 그래서 에너지장에 불규칙성을 일으킨다. 세상은 휘황찬란한 훈장에 놀라 흔들리고, 그 결과로 균형력이 작동하기 시작한다. 균형력은 선택의 여지가 많지 않다. 균형력은 상대적으로 위축된 주변 세상의 기를 살려주거나, 아니면 이 턱없는 스타의 광채를 꺼버리는 방법을 택할 수 있을 것이다. 물론 첫째 방법은 너무 힘이 많이 드는 일이다. 그래서 둘째 방법만 남게 된다. 균형력은 무수한 방법으로 광채를 꺼줄 수 있다. 그 기고만장한 사람에게서 훈장을 빼앗을 것까지도 없다. 그를 혼내려면 불쾌한 일을 하나 만들어 선물하는 것으로 충분하다.

우리는 흔히 불쾌한 일, 문젯거리, 장애물 등이 모두 불가피한 세상의 일부라고 여긴다. 아주 작은 것에서부터 매우 심각한 것에 이르기까지 이 모든 문제가 인간에게 필수적인 평생의 동반자라는 사실을 놀라워하는 사람은 아무도 없다. 우리는 모두 세상은 당연히 그런 것이라는 생각에 너무나 익숙해져 있다. 그러나 사실, **문제를 겪는다는 것은 이례적이고 비정상적인 현상이다.** 문제가 어디서 오는지, 그리고 왜 내게 일어나는지를 순전히 논리적인 사고로써는 알아낼 수 없을 때가 많다. 대다수의 문제들은 균형력의 이런 저런 작용에 의해 일어난다. 균형력은 당신이나 당신 주변 사람들이 만들어낸 잉여 포텐셜을 제거하기 위해서 일하는 것이다. 당신은 바로 자신이 이 잉여 포텐셜을 만들어냈다는 사실을 깨닫지도 못한 채 문젯거리를 필요악으로 받아들이고, 그것이 단지 균형력의 작용일 뿐임을 이해하지 못한다.

잉여 포텐셜을 유지하려는 막대한 노력으로부터 해방되면 당신은 대

부분의 문제에서 벗어날 수 있다. 엄청난 양의 에너지가 단지 헛되이 사용될 뿐만 아니라, 당신의 의도와는 상반되는 결과가 나오도록 균형력의 방향을 돌리는 데도 쓰이고 있다. 그러니 파리처럼 유리창에 머리를 부딪는 일을 당장 그만둬야 한다. 그 대신 좋고 나쁨의 척도에서 우월한 자리를 지키기 위해 노심초사하기를 그치고 미덕을 기르는 쪽으로 의도를 보내야 한다. 자신을 스스로 중요하게 여기는 무거운 짐에서 벗어나면 당신은 균형력의 영향에서도 해방된다. 문젯거리는 갈수록 줄어들고 자신의 힘을 더욱 신뢰하게 될 것이다.

세상을 통제하고 조종할 수 있다는 따위의 생각은 모두 멀리해야 한다. 사회적인 위치와 상관없이, '전권'을 휘두르는 자리를 차지하면 당신은 반드시 실패하게 된다. 주변 세상을 변화시키려고 애쓰면 균형이 흐트러지기 때문이다. 세상사에 너무 간섭하면 반드시 많은 사람들의 이해관계를 건드리게 된다. 트랜서핑은 다른 사람의 이익을 해치지 않고 운명을 선택하게 해준다. 트랜서핑은 온갖 장애물을 극복하면서 길을 헤쳐 나가는 것보다 훨씬 더 효율적이다. **운명은 실로 당신의 손에 달려 있다. 운명을 바꾸는 능력이 아니라 선택하는 능력이 당신에게 주어져 있다는 의미에서만 그러하다.** 자신이 말 그대로 운명의 창조자인 양 행동하다가 낭패를 겪은 사람들이 많다. 트랜서핑에는 싸움이 발붙일 데가 없다. 그러니 당신은 '무기를 땅에 묻고' 안도해도 된다.

다른 한편으로, 우월감 가지기를 거부하는 것은 자기파괴와는 아무런 상관이 없다. 자신의 미덕을 스스로 과소평가하는 것은 우월감 콤플렉스의 다른 얼굴일 뿐이다. 플러스 잉여 포텐셜을 창조하든 마이너스 잉여 포텐셜을 창조하든 에너지 차원에서는 결국 마찬가지다. 창조된 포텐셜의 크기는 세상에 대한 그 사람의 평가와 현실 간의 차이에 정비

례한다. 균형력은 잘난 체하는 사람을 만나면 그를 영화로운 자리에서 끌어내리는 식으로 작용한다. 자기비하의 경우에, 균형력은 그 사람이 인위적으로 낮게 평가한 미덕을 온갖 수단을 써서 끌어올리도록 압박할 것이다. 균형력은 대개 단도직입적으로 작용하기 때문에, 인간관계의 미묘한 사정은 전혀 봐주지 않는다. 그래서 그 사람은 부자연스럽게 행동하기 시작한다. 하지만 그런 행동은 그가 숨기려고 하는 것을 더욱 눈에 띄게 만들 뿐이다.

예를 들어, 십대들은 반항적이고 무례한 행동을 잘 하는데, 그것은 단지 자신의 불안감을 만회하려는 짓이다. 수줍어하는 사람들이 때로는 지나치게 활달하거나 뻔뻔스러운 행동을 할 수도 있는데, 그것 역시 자신의 수줍음을 숨기려는 짓이다. 자기를 비하하는 사람들은 자신의 좋은 면을 보여주고 싶어서 일부러 억눌리고 슬픈 사람과 같은 행태를 보이기도 한다. 이런 예는 얼마든지 많다. 어떤 경우에도, 자신의 콤플렉스에 대항하여 싸우는 것은 그 콤플렉스 자체보다도 훨씬 더 나쁜 결과를 가져올 것이다.

이제는 당신도 알고 있듯이, 자신의 결점과 싸우려는 이 모든 시도는 헛된 것이다. 자기비하와 싸우는 것은 가망 없는 일이다. 그 결과를 피하는 유일한 길은 콤플렉스 자체를 제거하는 것이다. 그렇지만 그것을 제거하는 것도 실제로는 상당히 어렵다. 자신이 모든 면에서 훌륭하다고 스스로 설득하는 것도 쓸데없는 짓이다. 자신을 속이지 못할 것이기 때문이다. 이 일에는 '슬라이드 테크닉'을 사용하는 것이 도움이 된다. 나중에 이 방법을 배우게 될 것이다. (트랜서핑 시리즈 2권에서 자세히 설명된다.)

지금으로서는, 다른 사람의 장점과 비교하여 자신의 결점에 매달리는 것은 자신의 우월함을 자랑하고 싶어하는 욕망과 동일한 효과를 가져온다는 사실을 이해하는 것으로 충분하다. 그 결과는 당신의 의도와는 반대로 나타날 것이다. 당신의 결점에 대해 다른 사람들도 모두 당신과 똑같이 그것을 심각하게 생각하리라는 상상에 빠져 있지 말라. 사실, 사람들은 저마다 자신의 문제에만 골몰해있다. 그러니 그 무거운 짐을 던져버리라. 그러면 잉여 포텐셜은 사라지고, 균형력이 더이상 상황을 악화시키지 않을 것이다. 그리고 에너지는 풀려날 것이다.

결점과 싸우거나 숨기는 것이 중요한 게 아니라, 그것을 다른 자질들로써 보완하는 것이 중요하다. 아름다움의 결핍은 매력으로 보상될 수 있다. 육체적으로 아름답지는 않으나 말을 시작하면 듣는 사람을 완전히 매혹시키는 그런 사람들이 있다. 육체적 결점은 자기확신으로 보완할 수 있다. 역사상 육체적으로는 볼품없었던 위인들이 얼마나 많은지를 생각해보라! 사람들과 말하는 데 어려움이 있는 사람은 경청하는 능력으로 보상받을 수 있다. 이런 속담이 있다. "모두가 거짓말을 하고 있지만, 아무 문제 없다. 아무도 상대방의 말을 듣고 있지 않으니까." 유창한 언변은 사람들의 흥미를 끌 수 있겠지만, 그것은 단지 최후의 수단일 뿐이다. 당신과 마찬가지로 모든 사람은 자신의 문제에만 골몰하고 있다. 그러므로 당신의 마음을 솔직히 털어놓을 수 있는, 잘 들어주는 사람은 진정한 친구다. 수줍음을 타는 사람들에게 좋은 조언이 하나 있다. ― 수줍음을 보물처럼 소중히 간직하라! 정말이지 수줍음은 숨은 매력을 가지고 있다. 수줍음과 싸우기를 멈추기로 마음먹기만 하면 그것은 더이상 꼴사나운 모습이 아니며, 사람들이 당신을 좋아하기 시작하는 것을 보게 될 것이다.

140　　여기 보상의 예가 하나 더 있다. '모범적인' 사람이 되고자 하는 욕

구 때문에 '모범적인 사람들'을 억지로 모방하는 경우가 많다. 다른 사람의 시나리오를 무작정 따라해서는 패러디밖에는 만들어내지 못한다. 사람은 누구나 자기만의 시나리오를 가지고 있다. 당신은 자신만의 신조를 선택해서 그것을 따라 살아야 한다. '모범적'이라는 평가를 얻기 위해 다른 사람을 모방하는 것은 유리창에 부딪는 파리의 꼴과 같다. 예를 들어, 십대 또래의 리더는 자기 신조대로 사는 아이다. 그는 자신이 어떻게 행동해야 하는지에 대해 다른 사람에게 물어봐야 한다는 강박감에서 벗어났기 때문에 리더가 될 수 있었던 것이다. 그는 아무도 모방할 필요가 없다. 그는 단지 가치 있는 자신의 견해를 가지고 있을 뿐이다. 그는 자신이 하고 있는 일을 잘 알고 있으며, 아무에게도 아첨할 필요가 없다. 그리고 어떤 것도 다른 사람에게 입증해보일 필요가 없다. 그래서 그는 잉여 포텐셜로부터 자유로우며, 그 결과로 마땅한 이익을 얻는다. 어느 단체에서든지 리더가 되는 사람들은 자신의 신조에 따라 사는 사람이다. 잉여 포텐셜로부터 자유로워지면 그는 더이상 방어할 것이 없어져서 내적으로 자유로우며, 스스로 만족한다. 그리고 주위의 다른 사람들보다 더 많은 에너지를 가지고 있다. 그는 다른 사람들에 비해서 이런 점들이 뛰어나기 때문에 리더가 되는 것이다.

이제 창문의 어디가 열려 있는지 알겠는가? 당신은 이렇게 생각할지도 모른다. "이런 말들은 나에겐 전혀 해당되지 않아. 나는 콤플렉스가 하나도 없거든." 자신을 속이려 하지 말라. 사람은 누구나 자신의 페르소나(남들에게 내보이는 인격 - 역주) 주변에 크건 작건 잉여 포텐셜을 만들어내고 있다. 그러나 트랜서핑의 원리를 잘 따르면 우월감과 열등감 콤플렉스는 당신의 삶에서 그냥 사라져버릴 것이다.

가지려는 욕망과 가지 않으려는 욕망

"많이 얻으려고 하더니 봐, 조금밖에 못 얻었지." 아이들이 하는 이 말속에 진리가 담겨 있다. 말하자면, 많이 원할수록 적게 얻는다. 어떤 것을 너무나 원하는 나머지 그것을 얻기 위해서는 가진 것을 모두 희생할 각오가 되어 있다면 당신은 거대한 잉여 포텐셜을 창조하고 있는 것이고, 균형은 깨어진다. 균형력은 욕망하는 대상이 아예 존재하지 않는 인생트랙으로 당신을 던져버릴 것이다.

욕망에 사로잡힌 사람의 행동이 에너지 차원에서는 어떻게 보일지를 묘사하자면 이런 모양새일 것이다. 멧돼지가 파랑새를 잡으려고 애를 쓰고 있다. 멧돼지는 파랑새를 너무나 잡고 싶은 나머지 파랑새를 생각하면서 침마저 질질 흘리고 콧김을 내뿜으면서 안절부절 코로 땅을 여기저기 파헤치고 다닌다. 당연히 파랑새는 멀리 날아가 버린다. 만일 멧돼지가 파랑새에게 주의를 주지 않고 그저 주변을 어슬렁어슬렁 거닐기만 했다면 꼬리를 붙잡을 기회가 얼마든지 있었을 텐데 말이다.

욕망은 세 가지 형태로 구별할 수 있다. 첫째 형태는 강한 욕망이 목적물을 가지고자 하는 단호한 결심과 행동으로 바뀌는 경우이다. 그러면 욕망은 성취된다. 그리고 욕망의 포텐셜은 공간 속으로 흩어진다. 그 에너지가 행동을 취하는 데 사용되었기 때문이다. 둘째 형태는 소극적이고 고통스러운 욕망으로서, 이것이 가장 전형적인 잉여 포텐셜이다. 이것은 에너지장 속에 진을 치고 머물면서, 운 좋으면 고통받는 자의 에너지를 소모시키는 정도에서 그치지만 최악의 경우에는 온갖 종류의 문제를 끌고 온다.

셋째 형태의 욕망은, 강한 욕망이 목적물에 대한 의존적 관계로 변하는 경우로서, 가장 교활하고 음흉한 형태다. 원하는 대상에 막대한 중요성을 부여하면 저절로 의존적인 관계가 형성된다. 이는 아주 강한 잉여 포텐셜을 불러일으킨다. 그러면 이 포텐셜은 자동으로 그것을 소멸시킬 수 있을 만큼 강력한 균형력을 불러낸다. 사람들은 대개 다음과 같은 조건을 만들어낸다. "이것만 되면 상황은 극적으로 호전될 거야." "이것을 이루지 못하면 내 인생은 아무런 의미도 없어질 거야." "이것만 해내면 나 자신과 모든 사람들에게 나의 가치를 보여줄 수 있겠지." "이걸 못 해내면 난 가치도 없는 인간이야." "이걸 얻을 수만 있다면 정말 멋질 텐데." "이걸 얻지 못하면 그땐 절망이야." 등등.

원하는 대상과 의존적인 관계에 빠지면 당신은 거센 소용돌이에 휘말려 들어서 그 속에서 대상을 소유하려고 발버둥 치다가 탈진하고 말 것이다. 결국 당신은 아무것도 성취하지 못한 채 욕망을 포기하고 말 것이다. 그렇게 해서 균형이 회복된다. 이때도 균형력은 당신의 고통에는 전혀 아랑곳하지 않는다. 그리고 이 모든 일은 욕망을 성취하려는 당신의 강한 욕구 때문에 일어났다. 욕망은 양팔저울의 한쪽에 놓여 있었고, 반대쪽에는 그 나머지의 모든 것이 놓여 있었던 것이다.

당신의 소망은 오직 첫째 형태의 욕망에 의해서만 이루어진다. 그때 욕망은 잉여 포텐셜 없이 순수한 의도로 변형된다. 우리는 매사에 돈을 지불하는 습관에 익숙해져 있다. 공짜는 없다. 그러나 사실 우리는, 자신이 만들어낸 잉여 포텐셜에서 발생하는 빚을 갚고 있는 것뿐이다. 가능태 공간에서는 모든 것이 공짜다. 우리가 소망 성취의 대가로서 지불해야 하는 것이 있다면 그것은 과대평가와 의존적 관계가 없는 상태이다. **바라는 대상이 현실로 실현되는 인생트랙으로 옮겨가기 위해서 필요** 143

한 것은 오직 순수한 의도의 에너지뿐이다. 의도에 관해서는 나중에 이야기하기로 하자. 지금 기억해둘 것은, 순수한 의도란 과대평가 없는 상태에서 욕망과 행동이 하나로 결합된 것이라는 사실이다. 예컨대, 잡지를 사러 신문가판대로 가려는 거리낌 없는 의도는 순수한 의도다.

어떤 일에 가치를 크게 부여할수록 그것은 실패하거나 잘못될 가능성이 커진다. 자신이 가진 것에 엄청난 중요성을 부여해놓고 애지중지한다면 십중팔구 균형력이 그것을 앗아가 버릴 것이다. 당신이 갖고 싶은 것이 당신에게 너무나 중요한 것이라면 그것을 갖게 되리라는 희망을 품지 말라. 중요성의 척도에서 그것의 눈금을 낮춰야만 한다.

예를 들어보자. 당신은 새 차를 샀고, 거기에 완전히 빠져 있다. 먼지 하나라도 앉으면 곧 닦아내고 제 몸처럼 소중하게 보살핀다. 작은 흠집이라도 날까봐 노심초사한다. 당신은 차를 숭배하고 있는 것이다. 그 결과로 잉여 포텐셜이 만들어진다. 당신은 차를 향해 막대한 중요성을 부여하고 있지 않은가. 그러나 사실 에너지 차원에서는 그 차의 중요성은 제로이다. 그래서 유감스럽지만 균형력이 곧 당신의 차를 부숴놓을 얼간이들을 찾아낼 것이다. 그게 아니면 당신이 너무 지나치게 조심을 떨다가 뭔가를 들이받을 수도 있다. 하지만 차를 우상처럼 모시기를 멈추고 다른 물건들과 마찬가지로 예사롭게 대하기만 하면 문제가 벌어질 위험은 눈에 띄게 줄어들 것이다. 무엇을 예사롭게 대한다는 것이 그것을 무시하거나 부주의하게 다루는 것을 뜻하는 것은 결코 아니다. 자동차는 우상처럼 모시지 않고도 완벽하게 관리할 수 있다.

무엇을 가지고자 하는 욕망에는 또다른 측면이 있다. 무엇이든 간절히 원하기만 하면 얻을 수 있다는 말이 있다. 아주 강렬한 소망이 당신을 그것이 성취되는 인생트랙으로 데려다 줄 것처럼 보일 수도 있는 것이다. 그러나 그렇지 않다. 당신의 욕망이 의존으로 변질되어 일종의 정신이상 상태로 진행되거나, 어떤 희생을 감수하고라도 그것을 얻고 말겠다는 식의 히스테리로 변한다면 당신은 내면 깊은 곳에서 욕망이 성취되는 것을 믿지 않게 된다. 결과적으로 당신은 '강력한 방해전파'를 동반한 사념 에너지를 송신하게 된다. 욕망이 성취되리라고 믿어지지 않으면 당신은 자신을 확신시키기 위해 온갖 노력을 다 할 것이다. 그래서 잉여 포텐셜은 더욱 커진다. 당신은 그 '필생의 과업'을 이루기 위해 당신의 전 존재를 소진시킬지도 모른다. 이럴 때 필요한 것은 오직 목표의 중요성을 낮추는 일이다. 잡지를 사러 신문가판대로 갈 때처럼, 그런 마음으로 한 번 해보라.

뭔가를 회피하려고 하는 강한 욕망은 세상이나 자기 자신에 대한 불만족의 논리적 연장이다. 그 욕망이 강하면 강할수록 잉여 포텐셜도 강해진다. 뭔가를 원하지 않을수록 그것을 마주칠 가능성은 더 커진다. 누누이 말했듯이, 균형력은 균형을 회복하는 데만 관심이 있지, 어떻게 회복하는 것이 좋을지는 아랑곳하지 않는다. 균형이 회복되는 방식은 두 가지가 있을 수 있다. 하나는 피하려고 하는 그것에서 당신을 멀리 떼놓는 것이고, 다른 하나는 강제로 만나도록 만드는 것이다. 그러니 잉여 포텐셜을 만들어내지 않도록, 피하려는 마음을 의식적으로 멈추는 것이 좋다. 그러나 그걸로 끝이 아니다. 원하지 않는 것에 대해 생각하면 그것은 그 일이 반드시 일어날 인생트랙의 주파수로 에너지를 방사하고 있는 것이다. 그래서 당신은 언제나 한사코 싫어하던 그것을 얻게 된다.

당신이 어떤 것을 원하지 않을 때 실제로 어떤 일이 일어나는지를 잘 보여주는 예가 여기 있다. 어떤 사람이 대사관의 성대한 환영행사에 참석했다. 모든 것이 으리으리하고 우아하고 세련된 모습이다. 그런데 그가 갑자기 손을 마구 흔들고 발을 동동 구르면서, 지금 이 순간 그곳에서 끌려나가기 싫다면서 필사적으로 소리 지르기 시작한다. 당연히 안전요원들이 나타나서 그 이상한 사람을 붙잡는다. 그는 저항하면서 울부짖지만 즉시 밖으로 호송된다. 이것은 물론 현실적으로는 과장된 그림이다. 하지만 에너지 차원에서는 정확히 그만큼 강렬한 힘으로 이런 일들이 벌어지고 있다.

예를 하나 더 살펴보자. 한밤중에 이웃의 시끄러운 소리에 잠이 깬다. 내일 일하러 나가야 하므로 당신은 정말 잠을 자고 싶다. 그런데 이웃집의 파티는 이제 막 시작된 것 같다. 그들이 그만 자리를 접기를 바라면 바랄수록 파티는 더욱 더 오래 이어질지 모른다. 당신이 화를 내면 낼수록 파티는 더욱 더 시끄러워진다. 그 이웃에 대한 증오가 어느 한도를 넘기면 그런 날이 갈수록 잦아질 것이 확실해진다. 이 문제를 해결하려면, 펜듈럼을 그냥 지나가게 만들거나 꺼버리는 방법을 적용하면 된다. 그 상황을 하나의 아이러니로 바라보면 펜듈럼을 끌 수 있게 될 것이다. 또는 그 상황을 단순히 무시해버릴 수도 있다. 거기에 어떤 감정이나 관심도 일으키지 않는 것이다. 그러면 그 펜듈럼은 그냥 지나가고 포텐셜은 만들어지지 않는다. 당신은 선택할 수 있으며, 그 선택권을 어떻게 사용할지를 알고 있다는 사실을 자각하고 안심하라. 이웃은 곧 잠잠해질 것이다. 이것이 만사가 작용하는 이치다. 가서 한번 시험해보라.

이제 당신은 과거의 상황을 분석하여 자신이 어떤 것의 의미를 과대평가하지는 않았는지, 또 그 결과로 어떤 문제를 갖게 되었는지를 스스로 알아낼 수 있을 것이다. 만일 절대적으로 어려운 상황이라면 당분간

과대평가에 대해서는 신경 쓰지 말고, 의존적인 태도를 떨어버리고 끈기 있게 긍정적 에너지만 전송하라. 상황이 어려울수록 당신에게는 더 유리하다. 이것이 당신이 엄청난 낭패를 겪고 있다고 느낄 때 상황을 올바로 평가할 수 있는 방법이다. 행복하라! 여기서는 균형력이 당신의 편이다. 균형력이 하는 일이란 나쁜 것을 좋은 것으로 보상해주는 것이니까. 늘 좋을 수는 없듯이 늘 나쁠 수만도 없는 법이다. 한평생 행복의 물결만 타고 노닐 수 있는 사람은 없다. 당신이 의식적인 변화를 기하기 시작했다면, 아무리 끔찍한 상황도 에너지의 차원에서는 이렇게 보일 것이다. — 당신은 공격받고 모욕당하고 모든 것을 빼앗기고 패배한다. 그런데 다음 순간 갑자기 돈이 가득 든 자루가 주어진다. 잃어버린 것이 많으면 많을수록 자루 안에는 더 많은 돈이 들어 있을 것이다.

죄책감

죄책감은 가장 전형적인 형태의 잉여 포텐셜이다. 자연에는 선악의 개념이 존재하지 않는다. 균형력에게는 좋은 행위와 나쁜 행위가 모두 동등한 가치를 지닌다. 잉여 포텐셜이 만들어지면 모든 경우에 그 균형은 복구된다. 나쁜 짓을 했을 때, 당신은 자신의 행위가 어떤 짓인지를 알므로 죄책감을 느낀다. ("난 벌을 받아야 해.") 그래서 잉여 포텐셜이 만들어진다. 좋은 일을 하면 그 행위의 의미를 알므로 자부심을 느낀다. ("난 상을 받아야 해.") 역시 잉여 포텐셜이 만들어진다. 균형력에게는 누가 왜 벌을 받아야 하는지, 혹은 보상을 받아야 하는지 등의 개넘이 없다. 균형력은 단지 에너지장에 일어난 부조화만을 제거한다.

죄책감의 대가는 언제나 이런 저런 식의 처벌이다. 죄책감을 느끼지 않는다면 처벌은 오지 않을 수 있다. 유감이지만, 좋은 일을 하고 자랑스럽게 느끼는 것 또한 보상 아닌 처벌로 이어진다. 균형력이 자부심의 잉여 포텐셜을 제거해야 하는데, 보상은 잉여 포텐셜을 더욱 강화시키기만 할 것이기 때문이다.

다른 '올바른' 사람들이 당신에게 죄책감을 느끼게 만들 때는 곱절의 잉여 포텐셜이 창조된다. 양심의 가책만으로도 충분한데 이제는 '정의로운 자'들의 노여움까지 받아내야 하게 된 것이다. 그리고 마지막으로, '언제나 모든 것에 책임을 느끼는' 타고난 성향에서 오는 근거 없는 죄책감은 가장 큰 잉여 포텐셜을 만들어낸다. 이 경우에는 양심의 가책을 느끼는 것이 백해무익하다. 사실 그 죄책감의 원인은 스스로 지어낸 것이다. 죄책감에 짓눌린 양심은 당신의 삶을 완전히 망가뜨릴 수 있다. 그것은 당신을 끊임없는 균형력의 지배하에 놓이게 할 것이기 때문이다. 달리 말해서, 당신은 스스로 상상으로 지어낸 나쁜 행위로 해서 언제나 이런 저런 형벌에 시달리며 살 것이다.

그래서 이런 러시아 속담이 있다. "뻔뻔스러움은 둘째가는 행복이다." 일반적으로 말하자면, 균형력도 양심의 가책을 느끼지 않는 사람은 건드리지 않고 내버려둔다. 그래도 우리는 신께서 그런 무뢰한들을 벌해주시기를 바란다. 정의가 승리하고 악은 벌을 받아야 한다고 느끼기 때문이다. 그럼에도 불구하고 너무나 슬프게도, 자연은 정의감에 대해서는 아는 바가 없다. 오히려 반대로 끝없는 불행에 시달리는 것은 죄책감을 타고난 착한 사람들이다. 반면에 후안무치한 냉혈인간들은 벌을 받기는커녕 오히려 종종 '노력'의 대가로 성공을 누린다.

죄책감은 항상 처벌의 시나리오를 만들어내는데, 그것은 자기가 모르는 사이에도 일어난다. 잠재의식은 그 시나리오를 따름으로써 당신이 죄의 대가를 치르게 만든다. 가장 가벼운 경우라면 찰과상이나 타박상을 입는 정도겠지만, 최악의 경우에는 심각한 결과를 가져오는 사고를 당할 수도 있다. 이것이 죄책감이 하는 일이다. 죄책감은 오직 파괴만을 부른다. 거기에는 유용하거나 창조적인 것은 아무것도 없다. 양심의 가책으로 자신을 괴롭힐 필요가 없다. 그것은 당신에게 아무런 도움도 되지 않을 것이다. 그보다는 사후에 죄책감을 느끼지 않도록 행동을 조심하는 편이 더 낫다. 그리고 행여 죄책감을 주는 일이 생기더라도 부질없이 자신을 계속 괴롭히는 것은 무의미한 짓이다. 아무리 그렇게 해봤자 아무도 기분이 나아지지 않으니까 말이다.

성경의 십계명은 반드시 그렇게 해야만 한다는 도덕률이라기보다는, 균형을 깨뜨리지 않으려면 어떻게 해야 하는지에 관한 권고라고 할 수 있다. 우리는 마치, "말썽 피우지 마. 안 그러면 구석에 가서 서 있게 할 거야" 하고 말하는 어머니의 말을 듣는 어린아이와도 같은 마음으로 그 계명을 받아들인다. 하지만 실제로는 사소한 말썽을 피웠다고 해서 그를 처벌할 사람은 아무도 없다. 균형을 깨뜨림으로써 사람은 스스로 자신의 문제를 만들어내는 것이다. 십계명은 다만 그 점을 경고하고 있다.

앞서 말했듯이, 죄책감은 펜듈럼이 사람을 끌어당길 때 쓰는 줄로 이용된다. 특히 조종자들이 이 줄을 사용한다. 조종자란 이런 공식을 따라 행동하는 사람들이다. "너는 죄를 지었으니까 내가 시키는 대로 해야 해." 혹은 "너는 잘못을 저질렀으니 내가 너보다 더 낫다." 그들은 자신의 '피보호자'에게 죄책감을 심어주려고 애쓴다. 그렇게 해서 '피

149

보호자'를 지배할 힘을 얻으려고 하거나 자기를 주장하려 하는 것이다. 겉으로는 이 조종자들이 '올바른' 사람처럼 보인다. 무엇이 옳고 무엇이 그른가에 대한 그들의 개념은 오래전부터 형성된 것이다. 그들은 항상 올바른 말만 하므로 언제나 옳다. 그들의 모든 행동도 흠잡을 데가 없어서 전적으로 올바르다.

올바른 사람들이라고 해서 모두가 조종자의 성향을 지니는 것은 물론 아니다. 그러면 조종자들이 피보호자들을 가르치고 안내하려는 욕구는 어디서 나오는 것일까? 그것은 그들의 마음을 끊임없이 괴롭히는 의심과 불안에 의해 프로그램된다. 그들은 이 내면의 갈등을 자기 자신과 주변 세상의 눈으로부터 교묘하게 감추고 있다. 진실로 올바른 사람들이 지니고 있는 힘의 내적 중심이 이들에게는 없기 때문에, 조종자들은 다른 사람을 희생시켜 자기의 올바름을 주장하려고 한다. 다른 사람을 가르치고 안내하려는 욕망은 자신의 지위를 강화하고자 하는 욕망에서 비롯된다. 피보호자들을 낮추어 봄으로써 그렇게 할 수 있다. 그리하여 의존적인 관계가 형성된다. 균형력이 조종자들에게 응분의 대가를 치르게 한다면 얼마나 좋을까. 그러나 잉여 포텐셜은 오직 에너지의 움직임이 없이 긴장만 존재하는 곳에서 일어난다. 이 경우에는 피보호자가 조종자에게 자신의 에너지를 준다. 그래서 포텐셜은 만들어지지 않고, 조종자는 처벌받지 않고 마음대로 행동할 수 있다.

누군가가 죄책감을 받아들일 기미가 있어 보이면 조종자는 즉시 그 사람에게 달라붙어 그의 에너지를 빨아먹기 시작한다. 조종자의 영향력에서 벗어나려면 죄책감 느끼기를 거부하기만 하면 된다. 당신은 그 누구에게도 자신을 정당화할 필요가 없으며, 누구에게 어떤 빚도 지지 않았다. 만일 정말로 잘못한 게 있다면 죄책감에서 벗어나도록 벌을 받으면 될 것이다. 당신은 사랑하는 사람에게 뭔가 빚을 지고 있는 것은 아닐까? 대답은 역시 '아니요'다. 당신이 사랑하는 사람에게 마음을 쓰는 것은 그것이 올바른 일이라고 확신하기 때문이지, 의무감에서 그러는 것은 아니지 않은가? 그것은 전적으로 다른 문제다. 자신을 정당화하려는 경향이 있다면 그것은 그만둬야 한다. 그러면 조종자들도 당신에게는 달라붙을 방법이 없음을 알고 당신을 내버려둘 것이다.

죄책감은 열등감 콤플렉스의 첫째 원인이 된다. 어떤 일에서 열등감을 느낀다면 이는 자신을 다른 사람과 비교하는 데서 생기는 것이다. 당신이 자신을 심판하는 재판관이 되는 심리과정이 시작된다. 그러나 언뜻 보기에는 당신이 재판관인 것처럼 보일 테지만 실제로는 전혀 다른 일이 일어나고 있다. 처음부터 당신은 유죄를 선고받도록 되어 있다. 죄목이 무엇인지는 중요하지도 않다. 기본적으로 당신은 자신이 죄인임을 자인하고 있다. 또한 그 죄에 대해 처벌을 받는 것에도 동의한다. 자신을 다른 사람들과 비교할 때, 당신은 그들에게 당신보다 우월할 수 있는 권리를 내주고 있는 것이다. 당신이 스스로 그 권리를 양도한다는 점을 명심하라. 그들이 자신을 당신보다 우월하다고 생각하게 만든 사람은 바로 당신이다! 그들은 아마 처음부터 그렇게 생각하지도 않았을 것이다. 그렇게 생각한 것은 당신이다. 당신은 다른 사람들의 이름을 빌려 자신을 심판하는 재판관이 되기로 한 것이다. 그러면 물론 그대로 된다. 즉, 사람들이 당신을 심판하기 시작할 것이다. 당신이 자신을 심판대에 올려놓았기 때문에 말이다.

자신의 본모습 그대로 존재할 수 있는 권리를 되찾으라. 그리고 피고석에서 의연히 일어나라. 당신이 스스로 죄책감을 느끼지 않는다면 아무도 감히 당신을 심판하려 들지 않을 것이다. 오직 당신이 스스로의 선한 뜻으로 자신의 재판관과 배심원이 될 권위를 다른 사람들에게 넘겨주고 있는 것이다. 누군가에게 정말 결점이 있다면 그것을 지적해주는 사람들은 항상 존재하지 않을까? 그렇다. 분명 있을 것이다. 그러나 그들은 그가 그 결점에 대해 비난 받을 준비가 되어 있다고 느낄 때에만 그렇게 한다. 당신이 상대방보다 못났다는 자책감을 단 1초라도 느낀다면 그들도 분명히 그것을 알아차릴 것이다. 그리고 그 반대로, 당신이 죄책감으로부터 자유롭다면 아무도 당신을 이용해서 자신을 내보이려 들지 않을 것이다. 보다시피 이런 상황에서는 잉여 포텐셜이 주변 환경에 아주 미묘한 영향을 끼칠 수 있다. 이것은 상식만으로는 믿기가 어렵다. 하지만 말로만은 아무것도 증명할 수가 없다. 그러니까 이것이 믿기지 않는다면 시험을 해보기 바란다.

죄책감에는 흥미로운 측면이 두 가지 더 있다. 권력과 용기라는 측면이다. 죄책감을 느끼는 사람들은 언제나 자신의 의지를 죄책감을 느끼지 않는 사람들의 의지에 맡겨버린다. 만일 어떤 일에 대해 죄가 있음을 인정할 각오가 되어 있다면, 나는 잠재의식적으로 처벌을 감내할 준비가 되어 있는 것이다. 복종할 준비가 되어 있는 것이다. 그리고 만일 죄책감 따위는 전혀 느끼지 않고 다른 사람을 희생시켜 자기를 내세우고자 하는 욕구가 있다면, 나는 조종자가 될 준비가 된 것이다. 물론 이 세상이 오로지 조종자와 꼭두각시 인형으로 나뉘어 있다고 말하는 것은 아니다. 나는 다만 그 패턴을 보여주려는 것이다. 통치자와 지도자들에게는 죄책감이 거의 발달되어 있지 않거나, 전혀 존재하지 않는다. 냉소적이고 양심 없는 사람들에게 죄책감은 전혀 낯선 개념이다. 그들은 사람들의 시체를 아무렇지도 않게 짓밟고 다닌다. 주로 파렴치한 사람들이 권력을 차지하게 되는 것은 놀라운 일이 아니다. 그렇지만 마찬가지로, 권력이 나쁘다거나 권력자는 모두 다 나쁘다는 뜻은 아니다. 당신도 펜듈럼의 총애를 받는 사람이 되는 데서 행복을 얻을 수 있을지도 모른다. 자신의 양심으로써 자신의 행위를 스스로 결정하는 것이지, 당신에게 어떻게 행동해야 한다고 말할 권리는 누구에게도 없다. 하지만 어떤 경우에도 죄책감만큼은 거부해야 한다.

죄책감의 반대쪽 측면은 대담함인데, 이것은 죄책감이 없다는 표시이다. 두려움의 핵심은 잠재의식 속에 숨어 있다. 두려움은 미지의 무서운 것에 의해 일어나기도 하지만, 처벌에 대한 공포에서 오기도 한다. 만일 내가 "죄가 있다"고 느낀다면, 나는 이론적으로 처벌받는 데에 동의하고 있는 것이다. 그래서 두려워하는 것이다. 실제로 용감한 사람들은 양심의 가책으로 괴로워하지 않으며, 털끝만큼의 죄책감에도 시달리지 않는다. 그들은 두려워할 게 없다. 그들 내면의 재판관이 그들이 옳다고 선언했기 때문이다. 겁 많은 희생자들에게는 이것이 정반대가 된다. "내가 올바르게 행동했는지 모르겠어. 사람들은 내가 죄를 지었다고 생각할 수 있을 거야. 그러니까 모두 나를 처벌할 권리가 있어." 아무리 작고 미세하고 가장 깊이 숨겨진 죄책감이라도 처벌을 받아들이는 잠재의식의 문을 열어놓을 수 있다. 죄책감을 느낀다는 것은, 이론상 온갖 도둑과 강도들이 나를 공격할 권리가 있다는 데 동의하는 것이다. 그래서 나는 두려움에 떤다.

사람들은 죄책감의 잉여 포텐셜을 해소할 수 있는 흥미로운 방법 하나를 고안해냈다. 그것은 용서를 비는 것이다. 용서를 구하는 것은 실제로 효과가 있다. 마음에 죄책감을 품는 것은 곧 부정적인 에너지를 유지하려고 애쓰는 짓이고, 그리하여 잉여 포텐셜의 압력이 높아진다. 죄책감을 가진 사람이 용서를 구하면 잉여 포텐셜이 풀려나고, 그러면 그 에너지는 흩어져 사라져버린다. 용서 구하기, 실수 인정하기, 죄 사함을 비는 기도, 신앙고백, 고해성사 — 이 모두가 죄책감의 잉여 포텐셜을 제거하기 위한 방법이다. 자신에게 면죄부를 줌으로써 우리는 스스로가 내린 유죄판결에서 해방된다. 그러고 나면 마음이 한결 가벼워진다. 오로지 중요한 것은, 양심의 가책이 조종자들에게 의존하는 관계로 변질되지 않도록 하는 것이다. 조종자들은 그런 일이 생기기만을 기다리고 있다. 용서를 구함으로써 당신은 자신의 실수를 인정하고 잉여 포텐셜을 던져버릴 수 있게 된다. 조종자들은 당신이 죄책감을 안고 살게끔 만들기 위해서 앞으로도 계속 당신의 실수를 상기시키려고 애쓸 것이다. 그들의 도발에 굴복하지 말라. 당신은 용서를 구할 권리가 있다. 그러나 용서를 구하는 것은 오직 한 번만이다. 더 이상은 아니다.

죄책감 느끼기를 거부하는 것은 감옥, 폭력집단, 군대, 뒷골목 등 공격적인 환경에서 살아남기 위한 가장 효과적인 수단이다. 범죄세계에 다음과 같은 불문율이 있는 것도 괜한 일이 아니다. "아무도 믿지 말고, 어떤 것도 두려워하지 말고, 아무것도 구하지 말라." 이 행동규칙은 잉여 포텐셜이 생기지 않게 해준다. 공격적인 환경에서 전혀 도움이 되지 않는 모든 포텐셜의 한가운데에 있는 것이 바로 죄책감이다. 이런 환경에서는 힘을 보여줘야 자신을 보호할 수 있다. 적자생존의 세계에서는 그것이 통한다. 그러나 이것은 다소 평범한 방법이다. 이보다 훨씬 더 효과적인 방법이 있다. 즉, 자신의 잠재의식에 숨어 있는 처벌에 대한 생각을 모두 제거하는 것이다. 다음의 예를 보면 이 말이 무슨 뜻인지 알 수 있을 것이다. 이전 소비에트 연방의 정권은 정치범들의 의기를 꺾어놓기 위해서 의도적으로 그들을 일반 범죄자들과 함께 수감시켰다. 그러나 그 정치범들의 대다수는 뛰어난 인물들이었기 때문에 감방에서 일어나는 괴롭힘과 박해의 희생자가 되지 않았다. 오히려 그들은 다른 범죄자들 사이에서 존경과 권위마저 얻게 되었다. 개인의 자주성과 존엄함이 힘보다 더 큰 가치로 인정받았던 것이다. 육체적인 힘을 지닌 사람은 많으나 인품의 힘을 지닌 사람은 드물다. 한 개인이 가질 수 있는 위엄의 열쇠는 죄책감이 없는 데에 있다. **개인의 진정한 힘은 다른 사람의 목을 조르는 능력에 있는 게 아니라, 죄책감으로부터 얼마나 자유로울 수 있는지에 달려 있는 것이다.**

저명한 러시아 작가 안톤 파블로비치 체호프는 이렇게 말했다. "나는 나 자신으로부터 한 방울 한 방울씩 노예근성을 짜내고 있다." 이 말은 죄책감을 모두 없애겠다는 포부를 밝히고 있는 것이다. 없앤다는 것은 그것과 싸운다는 뜻이다. 그러나 트랜서핑에는 투쟁이나, 뭔가를 하도록 자신을 강요하는 것은 없다. 투쟁하는 것보다 거부하는 편이 더 낫다. 다시 말하면, 선택하는 것이다. 죄책감을 밖으로 짜낼 필요가 없다. 그저 자신의 신조에 따라 사는 것만으로도 충분하다. **아무도 당신을 심판할 권리가 없다. 당신은 있는 그대로의 자신으로 존재할 권리가 있다.** 있는 그대로 존재하기를 스스로에게 허용하면 자신에 대한 심판은 더이상 의미가 없어지며, 처벌에 대한 두려움도 사라진다. 그럴 때 참으로 놀랄 만한 일이 일어난다. ― 이제는 아무도 감히 당신을 건드리려 들지 않는다는 것이다. 게다가 당신이 감옥, 군대, 직장, 뒷골목, 술집 그 어디에 있더라도 역시 마찬가지다. 당신은 누구에게서든 폭력으로 위협받는 상황에 두 번 다시 빠지지 않을 것이다. 다른 사람들은 때로 이런 저런 폭력을 당하더라도 당신은 그렇게 되지 않을 것이다. 당신은 잠재의식에서 죄책감을 떨쳐버렸고, 그래서 현재의 인생트랙에는 폭력의 시나리오가 존재하지 않기 때문이다. 그것이 이치다.

돈

돈을 가지려고 애쓰지 않으면서 돈을 사랑하기란 어렵다. 그러므로 이 경우에 의존적 관계를 피하기는 실질적으로 불가능하다. 단지 그런 관계를 최소화하려고 노력할 수 있을 뿐이다. 돈이 들어온다면 행복해하라. 그러나 단지 돈이 부족하다고 해서, 혹은 돈을 잃었다고 해서 괴로워하지는 말라. 괴로워할수록 들어오는 돈이 점점 줄어들 것이다. 돈을 많이 벌지 못할 때 사람들이 저지르는 실수는, 돈이 늘 부족하다고 한탄하는 것이다. 그 같은 에너지의 매개변수는 궁핍한 인생트랙과 일치한다.

돈이 갈수록 점점 줄어들고 있다는 불안감에 굴복하는 것은 특히 위험하다. 두려움은 에너지가 가장 많이 충전된 감정들 중 하나다. 그래서 돈을 잃을까봐 두려워하고 충분히 벌지 못할까봐 두려워함으로써 당신은 가장 효과적으로, 실제로 돈이 점점 줄어드는 인생트랙으로 옮겨가게 된다. 이 함정에 빠진다면 거기서 빠져나오는 것은 쉽지는 않지만 분명히 가능한 일이다. '돈의 함정'에서 탈출하기 위해서는 당신이 스스로 만들어낸 잉여 포텐셜의 원인을 제거할 필요가 있다. 이 잉여 포텐셜을 일으키는 것은 대개 돈을 가지고 싶어하거나 돈에 의지하려는 극단적인 욕망이다.

우선은, 자신이 가진 것을 받아들이고 거기에 만족하라. 이보다 사정이 훨씬 더 나빴을 수도 얼마든지 있었다는 사실을 상기하라. 돈을 가지고자 하는 욕망을 거부할 필요는 없다. 지금으로서는 돈이 강물처럼 흘러들지 않는다는 사실을 받아들이기만 하면 된다. 이것을 게임을 하는 사람의 태도로 대하라. 게임을 하는 사람은 언제든지 엄청난 부자가 될 수도 있고, 또 가진 돈을 몽땅 잃을 수도 있다.

많은 펜듈럼이 그 지지자들과 거래하는 흔한 수단으로 돈을 사용한다. 돈을 숭배하는 행위를 세상에 퍼뜨린 것도 바로 펜듈럼이다. 돈은 우리가 물질 세상에서 편리한 삶을 살 수 있도록 도와준다. 거의 모든 것을 돈으로 사고 팔 수 있다. 모든 펜듈럼은 돈으로 계산을 끝낸다. 당신이 어떤 펜듈럼을 택하든지 마찬가지다. 그러나 여기에 위험이 도사리고 있다. 반짝이는 가짜 미끼를 물었다가는 행복으로부터 멀리 떨어진 인생트랙으로 쉽사리 빠져버릴 수 있는 것이다.

자신의 이익을 좇는 펜듈럼들은, 무엇이든 얻으려면 그것을 얻기 위한 수단을 가져야만 한다는 신화를 만들어냈다. 이렇게 해서 각 개인의 목표는 인공의 대체물인 돈으로 바뀌어버렸다. 사람들은 많은 펜듈럼들로부터 돈을 얻어낼 수 있으므로 이제는 자신의 목표를 생각하는 게 아니라 돈만을 생각하게 되고, 그 결과 엉뚱하게도 펜듈럼의 영향 아래에 놓이게 된다. 이제 사람들은 자신이 삶에서 무엇을 원하는지는 알지도 못한 채 부질없는 돈벌이 경쟁에 뛰어든다.

이렇게 되면 물론 펜듈럼에게는 아주 유리해지지만, 사람은 돈과 펜듈럼에 종속된 채 방향을 잃고 헤맨다. 엉뚱한 펜듈럼을 위해 일하지만 결코 많은 돈은 벌지 못할 것이다. 다른 누군가의 목표를 위해 일하기 때문이다. 많은 사람들이 이런 상황에 빠져 있다. 그래서 부富란 단지 극소수의 특권이라는 신화가 생긴 것이다. 그러나 사실은, 누구든 자신의 목표를 추구하기만 하면 부자가 될 수 있다.

돈은 목표가 아니며, 목표에 이르기 위한 수단도 아니다. 돈이란 하나의 부수물일 뿐이다. 목표란 우리가 삶에서 원하는 것이다. 여기에 몇 가지 보기가 있다. 자기 집에서 살면서 장미를 가꾸는 것, 세계를 두

루 여행하는 것, 먼 곳에 구경 가기, 알래스카에서 연어 잡기, 알프스에 스키 타러 가기, 자기 농장에서 말 기르기, 바다 한복판의 섬에서 삶을 즐기기, 영화배우나 아티스트가 되는 것.

어떤 목표들은 분명히 돈만 많이 있으면 이룰 수 있다. 그래서 대다 수의 사람들이 그렇게 한다. 돈 자루를 얻기 위해 애쓰는 것이다. 그들은 목표 자체는 뒤로 하고 돈만 생각한다. 트랜서핑의 원리로 보자면, 그들은 돈 자루가 기다리고 있는 인생트랙에 도달하려고 애쓰고 있다. 하지만 다른 누군가의 펜듈럼을 위해 일하면서 돈 자루를 얻기란 매우 어렵다. 아니, 차라리 불가능하다고 말하는 편이 낫겠다. 그래서 결국은 돈도 얻지 못하고 목표에도 도달하지 못하는 것이다. 그렇게 될 수밖에 없다. 당신의 사념 에너지가 진정한 목표가 아닌, 인공의 대체물로 향해 있기 때문이다.

당신이 부자여야만 목표가 성취될 수 있다고 믿는다면 그런 조건은 지옥에나 보내버리라. 당신이 세계여행을 하고 싶어한다고 가정하자. 그러기 위해서는 많은 돈이 필요한 것이 분명하다. **원하는 것을 얻기 위해서는 돈이 아니라 그 목표 자체를 생각해야 한다. 돈은 저절로 따라 올 것이다.** 돈은 거기에 따라오는 부수물이기 때문이다. 이렇게 간단한 일이다. 불가능한 이야기처럼 들리는가? 하지만 이것이 사실이고, 당신은 곧 스스로 이 사실을 확인하게 될 것이다. 자신의 이익만을 좇는 펜듈럼들은 모든 것을 거꾸로 왜곡시켜놓았다. 목표가 이루어지게 하는 것은 돈이 아니다. 당신이 목표를 향해갈 때 돈이 따라 들어오는 것이다.

이제 당신은 펜듈럼의 영향이 얼마나 막강한 것이 될 수 있는지를 알고 있다. 펜듈럼의 힘이 모든 거짓 신화를 만들어냈다. 이 글을 읽고 있는 지금 이 순간 당신은 이 말에 동의하지 않을지도 모른다. 그러나 분명한 것은, 백만장자가 되려면 그 전에 먼저 큰 사업가나 은행가, 스타 영화배우 등이 되어야 한다는 사실이다. 바로 그렇다! 마음속에 부자가 되려는 생각이 아니라 인생의 목표를 품은 사람만이 백만장자가 된다. 대부분의 사람들은 완전히 반대로 하고 있다. 그들은 다른 사람의 목표에 봉사하고 있거나, 자신의 목표를 인조 대체물로 바꿔놓고 있다. 또는 돈이 없다는 이유만으로 목표를 완전히 포기함으로써 부자가 될 조건을 만족시키지 못하고 있다.

사실 부에는 한계가 없다. 당신은 그 무엇이든 원할 수 있다. 그것이 참으로 당신의 것이라면 갖게 될 것이다. 반대로, 가지고자 하는 그것이 펜듈럼이 당신에게 부여한 목표라면 당신은 아무것도 얻지 못할 것이다. 목표에 대해서는 나중에 좀더 자세히 살펴볼 것이다. (트랜서핑 시리즈 2권에서 목표를 자세히 다룬다.) 나는 지금 조금 앞질러 가고 있는데, 사실 돈에 대해서는 더 말할 것이 별로 없어서, 목표에 관한 이야기를 앞당겨 하고 있는 것이다. 다시 한 번 말하자면, 돈은 목표를 향해 가는 길에 따라오는 하나의 부수물일 뿐이다. 돈에 대해서는 걱정하지 말라. 돈은 스스로 찾아온다. 지금 중요한 것은, 잉여 포텐셜이 창조되지 않도록 당신이 돈에 부여해놓은 중요성을 최소한으로 낮추는 일이다. 돈은 생각하지 말라. 당신이 원하는 것만을 생각하라.

그렇다고 해서 돈을 무시해서는 안 된다. 그 대신 돈을 주의 깊게 다루라. 길을 걷다가 백 원짜리 동전을 발견하고도 게을러서 줍지 않는다면 당신은 돈을 가치 있게 대하지 않는 것이다. 돈을 소홀하게 다루면 돈의 펜듈럼은 아마도 당신을 호의적으로 대해주지 않을 것이다.

돈을 쓸 때는 아무 걱정도 할 필요가 없다. 당신이 어떤 것을 살 때,

돈은 자신의 사명을 완수하고 있는 것이다. 돈을 쓰기로 결정했다면 나중에 그것을 후회하지 말라. 돈을 가능한 한 적게 써서 조금이라도 아껴보려고 애쓰면 강력한 포텐셜만 만들어질 뿐, 아무런 이득이 없다. 그러면 돈은 한곳에 정체되어 아무 데로도 가지 못한다. 그럴 경우, 당신은 모든 것을 잃게 될 가능성이 많다. 돈은 에너지장에 움직임이 일어날 수 있도록 현명하게 사용되어야 한다. 움직임이 없는 곳에는 포텐셜이 나타날 것이다. 부유한 사람들이 자선단체에 관여하는 것도 괜한 일이 아니다. 그로써 그들은 축적된 부에서 생겨나는 잉여 포텐셜을 줄이는 것이다.

완벽함

자, 이제 마지막으로 균형이 깨어지는 가장 모호하고도 모순적인 경우를 살펴보자. 모든 것은 작은 데서부터 시작하지만 엄청나게 심각한 결과로 끝날 수도 있다. 우리는 어린 시절부터 흔히, 매사를 주의 깊게 최선을 다해서 철저히 해야 한다고 배워왔다. 어린아이 적부터 우리는 책임을 다할 것을 배웠고, 또 무엇이 좋고 옳으며 무엇이 나쁘고 그른가를 배웠다. 이것은 의심할 여지없이 당연한 것처럼 보인다. 그러지 않았다면 세상은 게으름뱅이와 책임을 피해 다니는 자들로 우글거렸을 것이다. 그러나 펜듈럼의 가장 열광적인 지지자들의 마음속에는 어린 시절부터 조장되어온 이 모든 관념이 너무나 깊이 뿌리박고 있어서, 그들은 이런 생각을 자기 인격의 일부로 만들어버린다.

매사에 완벽을 추구하는 것이 사람에 따라서는 강박증이 될 수도 있

다. 그런 사람들의 삶은 끊임없는 투쟁이다. 그들이 무엇과 싸우고 있을지 추측해보라. 물론 그것은 균형력이다. 모든 곳에서, 모든 일에 완벽해지려는 목표를 세워놓으면 그것은 에너지 차원에서 복잡한 혼란을 일으킨다. 그들이 내리는 가치평가는 뒤바뀌고, 그 결과로 잉여 포텐셜이 만들어지기 때문이다.

모든 일에 항상 최선을 다하려는 것은 나쁘지 않다. 그러나 그것을 지나치게 중요하게 여기면 바로 그 자리에 균형력이 출현할 것이다. 균형력은 모든 것을 망가뜨려놓을 것이다. 게다가 이것은 피드백 순환을 일으키기 때문에 완벽해야 한다는 당신의 강박관념은 점점 더 심해져갈 것이다. 당신은 완벽해지기를 원하지만 오히려 그 반대의 결과를 얻는다. 그러면 당신은 더욱 필사적으로 모든 것을 고쳐보려고 애쓴다. 그러나 모든 것은 더욱 악화되기만 한다. 결국 완벽을 추구하는 것이 하나의 습관이 되고, 나아가서 편집증으로 발전할 수도 있다. 완벽주의자의 삶은 끊임없는 투쟁으로 변하고, 그것은 당연히 주위 사람들의 삶을 해친다. 완벽주의자는 자기 자신에게만 그런 게 아니라 다른 사람들에게도 온갖 것을 까다롭게 요구하기 때문이다. 이는 완벽주의자들이 다른 사람들의 습관과 기호를 존중해주지 못하는 것을 보면 분명히 드러난다. 이런 태도는 종종 작은 갈등을 일으키지만 때로는 심각한 갈등으로 바뀌기도 한다.

당신이 그런 상황에 직접 얽혀 있지 않을 때는 주변의 모든 사람을 괴롭히면서 매사를 완벽히 하려고 애쓰는 사람의 어리석은 행위를 높이 평가할지도 모른다. 그렇지만 완벽주의자는 자신의 역할에 너무 깊이 빠져든 나머지, 자기는 흠 없는 사람이며 자기가 하는 모든 일은 옳다고 생각하기 시작한다. 어떤 면에서, 그는 세상 사람들에게 이렇게 말하고 있는 것이다. "이상적인 역할 모델이 되고자 애쓴 결과, 이제 나는 그런 사람이 되었다." 어쩌면 완벽주의자는 자신의 탁월함은 보통 사람들이 생각하는 완벽의 개념과는 다르다고 생각하기 때문에 이런 인정조차 하지 않을지도 모른다. 아무튼 '매사에서 옳다는 느낌'이 그런 완벽주의자의 잠재의식에 깊이 뿌리박고 있다.

이런 점에서, 완벽주의자는 최후의 심판관으로서 인류 앞에 나서고자 하는 유혹에 빠져들 위험이 있다. 길 잃은 모든 영혼에게 무엇을 어떻게 해야 할지를 판결해주려는 것이다. 물론 완벽주의자는 쉽사리 이 유혹에 굴복하고 만다. 자신이 항상 옳다는 느낌이 그의 행동을 정당화할 것이고, 세상을 올바른 길로 안내하고자 하는 의로운 욕망이 충분한 동기를 부여해줄 것이다.

그 순간부터 이 '운명의 결정자'는 다른 사람들을 심판하고 처벌할 권리를 자신에게 부여한다. 물론, 현실에서 그런 재판은 일상적인 설교와 비난의 수준을 넘지 못한다. 하지만 에너지 차원에서는 가장 강력한 잉여 포텐셜이 형성된다. '심판관'은, 어리석고 쓸모없는 이 사람들이 어떻게 행동해야 할지, 무엇을 생각해야 할지, 무엇을 가치 있게 여겨야 할지, 무엇을 믿고 무엇을 추구해야 할지를 결정해주는 사명을 떠맡는다. 만일 어떤 하찮은 인간이 갑자기 자기만의 견해를 가지겠다고 나선다면 그를 제자리로 데려다줘야 한다. 그가 조금이라도 저항하는 기색을 보이면 심판하고 죄목을 밝혀서 모든 사람이 자신의 분수를 깨닫게끔 해줘야 한다.

물론 독자 여러분은 여기에 그려진 완벽주의자의 모습과는 사뭇 다르리라고 믿는다. 이 책은 자신이 항상 옳다고 믿는 바보의 손에는 들어가지 않을 것이다. 그런 바보는 모든 사람이 어떻게 살아야 하는지를 이미 다 알고 있다. 그는 그것을 결코 의심하지 않는다. 만일 그런 사람을 만난다면 좋은 표본이니 잘 조사해보라. 균형의 법칙을 깨뜨리는 가장 거친 본보기가 당신의 눈앞에 있으니 흥미로울 것이다. 우리는 모두 이 세상에 손님으로 왔다. 각자는 자기 자신만의 길을 선택할 자유가 있다. 타인을 심판하여 처벌하거나 꼬리표를 붙일 권리를 가진 사람은 아무도 없다. (형법상의 판결은 논외로 하자.)

그렇다. 처음에는 모든 것이 순수해 보이고 그저 완전을 추구하는 것 같지만 알고 보면 누군가가 대장 행세를 하려고 덤비는 것이 드러난다. 그래서 이전에는 작은 문제의 형태로 나타났던 균형력의 저항까지도 점점 더 강력해지게 된다. 균형을 깨뜨린 사람이 펜듈럼의 보호를 받고 있다면 당분간은 그럭저럭 버틸 수 있겠지만 결국은 청구서를 지불해야 할 날이 찾아올 것이다. 손님이 자기가 그저 손님일 뿐이라는 사실을 잊고 주인 행세를 하려들다가는 쫓겨날 수 있다.

중요성

마지막으로, 가장 흔한 형태의 잉여 포텐셜인 '중요성'을 살펴보자. 이는 어떤 것에 지나친 중요성이 부여될 때 일어난다. 중요성은 가장 순수한 형태의 잉여 포텐셜이다. 이 포텐셜을 해소하기 위해 균형력은 그것을 만들어낸 사람에게 문제를 일으켜준다.

중요성에는 두 가지 형태, 곧 내적 중요성과 외적 중요성이 있다. 내적 중요성, 즉 개인적 중요성이란 자신의 장점이나 단점을 과대평가하는 것이다. 내적 중요성의 공식은 "나는 중요한 사람이다" 또는 "나는

163

중요한 일을 한다"는 것이다. 자부심이 정도를 지나치면 균형력이 나서서 작용을 시작하고, '거만한 공작새'는 코를 다치고 만다. '중요한 일을 하는' 사람도 자신의 일이 쓸모가 없어지거나 아주 엉망이 되어버리면 좌절을 맛볼 것이다. 그런데 콧대를 세우고 거만을 떠는 것은 동전의 한쪽 면일 뿐이다. 동전의 다른 면이 있다. 자신의 장점을 과소평가하고 자기를 비하하는 것이 그 다른 면이다. 이렇게 하면 어떤 결과가 오는지는 당신도 이미 잘 알고 있다. 알다시피 두 경우 다 잉여 포텐셜의 양은 똑같다. 유일한 차이점은 그 방향이다. 하나는 긍정적이고 다른 하나는 부정적이다.

세상의 사건과 대상들에 중요성을 크게 부여하는 사람은 외적 중요성을 인위적으로 만들어내고 있는 것이다. 외적 중요성의 공식은 대개 이런 식이다. "나에게는 이런 저런 것이 정말 중요해." 혹은 "나에게는 이런 저런 일을 하는 것이 아주 중요해." 그래서 잉여 포텐셜이 창조되고, 모든 것이 망가지고 만다. 내적 중요성의 느낌은 어떻게든 억제할 수 있다고 하더라도, 외적 중요성의 경우는 사정이 더 나쁘다. 땅에 놓여 있는 널빤지 위를 걷는다고 상상해보라. 그보다 더 쉬운 일은 없으리라. 그러나 이번에는 두 고층건물 사이에 놓여있는 동일한 널빤지 위를 걸어야 한다고 생각해보자. 이젠 그 널빤지가 놓여 있는 장소가 매우 중요해졌다. 그 중요성을 부인하려고 자신을 아무리 설득해봐도 그것은 불가능하다. 이 경우에 그 외적 중요성을 제거하는 유일한 방법은 낙하산과 같은 모종의 안전장치다. 구체적인 정황에 따라서 안전장치는 달라질 것이다. 중요한 것은 저울의 한쪽 편에 모든 것을 다 올려놓지 않는 것이다. 반대편의 평형추가 반드시 필요하다. 안전장치나 비상탈출구, 예비전략 등이 평형추 역할을 한다.

이 부분에 대해 더이상 할 이야기는 없다. 중요성에 대해 기본적으로 해야 할 말은 이미 다 했다. 눈치를 챘는지 모르겠지만, 이 장에서 이야기한 모든 내용은 내적, 외적 중요성이라는 주제를 여러 형태로 바꿔 말한 것이다. 모든 불균형한 감정이나 반응들 — 분노, 불만족, 짜증, 근심, 걱정, 우울, 공포, 절망, 두려움, 연민, 집착, 감탄, 과장된 애정, 이상화, 숭배, 환희, 실망, 자부심, 오만함, 경멸, 혐오, 원한 등등, 이 모두가 중요성이 이런 또는 저런 형태로 드러난 것일 뿐이다. 우리의 마음속이나 외부세계에 있는 어떤 성질, 대상, 혹은 사건에 과도한 중요성을 부여할 때만 잉여 포텐셜이 만들어진다.

중요성은 잉여 포텐셜을 만들어내고, 그것은 균형력의 바람을 일으킨다. 자기 차례가 오면 균형력은 온갖 문제를 만들어낸다. 그러면 인생은 오로지 생존을 위한 투쟁으로 변한다. 이제 당신은 내적, 외적 중요성이 삶을 얼마나 혼란스럽게 만들고 있는지를 스스로 판단할 수 있을 것이다.

그러나 이것이 전부가 아니다. 꼭두각시 인형의 줄이 기억나는가? 펜듈럼은 당신의 감정과 반응에 줄을 매달고 있다. — 두려움, 근심, 증오, 사랑, 숭배, 의무감, 죄책감 등등. 알다시피 이 모두가 지나친 중요성의 소산이다. 말 그대로 다음과 같은 일이 일어나고 있다. 당신 앞에 어떤 대상이 있다고 생각해보자. 에너지 차원에서 그 대상은 중립적이다. 좋지도 않고 나쁘지도 않다. 당신은 그 대상에 접근해서 그것을 당신의 중요성의 상자 안에 집어넣는다. 그런 다음 옆으로 물러나 그것을 바라보며 숨 막힐 듯 경탄을 내뱉는다. 이제 당신은 펜듈럼에게 에너지를 바칠 준비가 된 것이다. 당신에게 갈고리가 걸릴 곳이 생겼기 때문이다. 어린 당나귀는 당근을 뒤쫓으면서 주인에게 복종하여 이리저리 끌려 다닌다. 중요성은 바로 그 당근과 같은 것이다. 펜듈럼은 이 당근으로 당신의 주파수를 포획해서 당신의 에너지를 빨아먹으며 당신을 마음대로 끌고 다닐 것이다.

그러니까 **세상과 조화롭게 지내고 펜듈럼에게서 벗어나려면 과도한 중요성을 감소시킬 필요가 있다. 당신이 자신과 주변 세상에 대해 얼마만큼의 중요성을 부여하고 있는지를 늘 지켜보고 있어야 한다.** 당신 내면의 지켜보는 자는 잠들어서는 안 된다. 중요성이 줄어들면 당신은 이내 균형 상태에 들어가고, 펜듈럼이 당신을 지배할 수 없게 된다. 텅 비어 있는 것을 갈고리로 걸 수는 없지 않은가. 당신은 이렇게 반박할 지도 모르겠다. ─ 그게 무슨 말인가, 우리가 모두 죽은 사람처럼 살아야 한단 말인가? 나는 결코 모든 감정을 거부하라고 말하는 것도 아니고 감정의 강도를 낮추라고 말하는 것조차도 아니다. 어쩌됐든 감정을 대적하는 것은 백해무익한 일이다. 속마음은 부글부글 끓는데 마음을 억누르고 태연한 척하면 잉여 포텐셜은 더욱 커진다. 감정은 태도에서 나온다. 그러므로 당신은 먼저 태도를 바꿔야 한다. 느낌과 감정은 결과물일 뿐이다. 감정은 단 하나의 원인 ─ 중요성에서 나오는 것이다.

내 가족 중 한 사람이 태어났거나 죽었거나 최근에 결혼을 했거나, 혹은 다른 중요한 일이 있었다고 가정해보자. 이런 일이 나에게 중요한가? 아니다. 거기에 대해 무관심해야 하는가? 역시 아니다. 그래서는 안 된다. 차이점을 알겠는가? 나는 단지 그런 일로 문제를 만들어서 나 자신과 주변 사람들을 괴롭히지 않는 것이다. 자, 그러면 동정심은 어떨까? 나는 도움이 꼭 필요한 사람을 돕는 것과 동정심은 아무도 해치지 않는다고 생각한다. 그러나 사람을 돕는 경우에도, 내가 자신에게 스스로 중요성을 부여하고 있는 것은 아닌지를 잘 감시해야 한다. 그래서 도움이 꼭 필요한 사람만 도와줘도 된다고 한 것이다. 어떤 사람이 정말 고통받기를 원한다면 어쩔 텐가? 그런 사람은 고통받는 것을 좋아하고, 당신의 동정은 그 이유를 강화해준다. 예컨대, 당신이 가난한 앉은뱅이 거지를 보고 돈을 준다. 그러나 당신이 멀어지면 그는 당신을 향해 음흉한 미소를 보낸다. 그는 앉은뱅이가 아니라 직업 거지였던 것이다.

동식물의 세계, 아니 무릇 자연계에는 중요성 따위의 개념이 존재하지 않는다. 단지 균형력의 관점에서 보이는 합목적성만이 존재한다. 아마도 애완동물만이 자신의 중요성을 경험해볼 수 있는 유일한 자연의 존재일 것이다. 그렇다. 그들도 사회의 영향을 받는 것 같다. 다른 동물들은 무엇을 하든 오직 본능의 안내를 받는다. 중요성은 펜듈럼이 아주 기뻐하는 인간의 발명품이다. 외적 중요성으로 너무 치우치면 광신자가 된다. 내적 중요성으로 지나치게 치우치면 어떤 사람이 될까? 그는 속 좁은 폭군이 된다.

사정이 이렇다면 두려워서 아무 짓도 못하겠다고 느낄 수도 있을 것이다. 그러나 다행히도 사정이 그렇게 나쁜 것만은 아니다. 균형력은 당신이 반드시 이러저러해야 한다는 생각에 집착하거나 강박관념이 지나칠 때에만 당신의 삶에 중대한 변화를 가져다준다. 펜듈럼과의 문제에 있어서도 모든 것이 명백하다. 우리는 모두가 펜듈럼의 영향 아래에 있다. 중요한 것은, 그것이 당신을 어떤 방식으로 붙잡고 있는지를 알아차리는 것, 그리고 그것이 당신을 어디까지 끌고 가도록 허용할 것인지를 확실히 아는 것이다.

중요성을 줄인다고 삶 속의 문제가 당장 확 줄어드는 것은 아니다. 다만 외적, 내적 중요성을 거부함으로써 당신은 선택의 자유라는 보물을 얻게 된다. 당신은 이렇게 물을 것이다. "무슨 소린가? 트랜서핑의 원리에 따르자면 우리는 이미 선택의 권리가 있다는데." 물론 당신은 권리를 가지고 있다. 하지만 그것을 사용할 줄을 모른다. 균형력과 펜듈럼이 길을 가로막고 있다. 지나친 중요성 때문에 우리의 삶은 균형력과 싸우는 데에 온통 소모되고 만다. 정작 선택을 내리기 위해 필요한 에너지가 남아 있질 않은 것이다. 삶에서 당신이 정말 무엇을 원하는지를 생각해볼 에너지는 말할 것도 없다. 반면에 펜듈럼은 우리를 사로잡아 다른 누군가의 목표에 봉사하게 하려고 호시탐탐 노린다. 여기에 무슨 자유가 있겠는가?

외적이든 내적이든 모든 형태의 중요성은 다 우리가 만들어낸 것이다. 이 세상에서 그 누구도 특별히 중요하지 않다. 그러나 동시에 우리는 누구나 세상의 모든 풍요를 누릴 수 있다. 바닷가에서 물장구치며 재미있게 노는 아이들을 상상해보라. 그 아이들 중 아무도 자기가 착하거나 나쁘다는 생각을 하지 않는다고 가정해보자. 그들은 바닷물이 좋다 나쁘다 생각하지 않으며, 또한 다른 아이들이 착하다 나쁘다 생각하지도 않는다. 그런 상태가 지속되는 한 아이들은 행복하다. 그들은 자연과 조화롭게 하나로 어울린다. 마찬가지로, 우리는 모두 이 세상에 올 때 자연의 아이로 왔다. 자연의 균형을 깨뜨리지 않는다면 우리는 세상에서 최선의 것을 얻을 수 있다. 하지만 중요성을 만들어내면 그 즉시 문제가 일어날 것이다. 우리는 중요성과 문제 사이의 상관관계를 제대로 보지 못한다. 그래서 세상이 원하는 것을 얻기가 힘든, 적대적인 환경으로 보이는 것이다. **사실은, 소망을 성취하는 길에서 유일한 장애물은 인위적으로 만들어낸 중요성이다.** 당신이 이것을 믿게 하는 데는 아직 성공하지 못했을지 모르지만, 아직도 할 이야기는 얼마든지 많다.

투쟁에서 균형으로

균형력에 저항하는 방법이 있을까? 그것이 바로 우리가 매일같이 하고 있는 짓이다. 우리의 삶 자체가 온통 균형력과의 투쟁이다. 모든 어려움, 성가신 일, 문젯거리들은 균형력의 작용과 관련되어 있다. 그 어떤 경우에도 균형력에 저항하는 것은 소용없는 짓이다. 균형력은 그 어떤 일이 있어도 자신의 일을 계속 밀고 나갈 것이기 때문이다. 일어난 결과를 제거하려는 노력도 도움이 되지 않는다. 그와 반대로 상황은 더욱 나빠지기만 한다. 균형력에 대한 유일한 처방은 그것이 작용하게 하는 원인을 제거하는 것이다. 즉, 중요성의 잉여 포텐셜을 감소시키는 것이다. 인생의 상황들은 너무나 제각각이기 때문에 모든 문제에 듣는 만능 해법을 제시하기는 불가능하다. 이 시점에서는 우선 약간의 일반적인 해법들을 권해줄 수 있을 뿐이다.

사람들이 한결같이 열심히 하고 있는 딱 한 가지 일이 있다. 자기가 부여한 중요성의 기초 위에 벽을 쌓아놓고는 그것을 넘어가려고 끙끙대며 기어오르고, 지나가려고 머리를 부딪고 있는 것이다. 벽을 넘어가려고 애쓰기보다는 기초에서 벽돌 몇 장만 빼내어 벽을 무너뜨리는 편이 더 낫지 않을까? 길에 놓인 장애물은 누구나 분명히 알아볼 수 있지만 그것이 어떤 기초 위에 서 있는지를 알아보는 것은 쉽지 않을 때가 많다. 문젯거리에 부딪힐 때는 자신이 지나치지 않았는지, 어디에 집착하고 있는지, 무엇에다 과도한 중요성을 부여하고 있는지를 살펴보라. 169

과도한 중요성을 찾아내고 그것을 무시해버리라. 그러면 벽이라면 무너져 내리고 장애물이라면 제거되고 문제라면 손대지 않아도 저절로 해결될 것이다. **장애물을 넘어가지 말라. ― 그 대신 중요성을 감소시켜라.**

중요성을 감소시킨다는 것은 감정과 싸워 억누르는 것을 뜻하지 않는다. 지나친 감정은 중요성이 만들어낸 것이다. 원인을 제거해야 한다. 그 원인이란, 사건과 대상들에 대한 당신의 태도이다. 너무나 구태의연한 조언으로 느껴질지는 모르지만, 나는 당신이 인생을 가능한 한 철학적인 시각으로 바라보기를 권한다. 중요성은 오직 문젯거리 외에는 아무것도 불러오지 못한다는 것을 깨달아야 한다. 그리고 만일 그런 일이 일어나버렸다면, 의식적으로 중요성을 감소시키라.

외적 중요성을 줄인다는 것은 무관심이나 과소평가와는 상관없다. 오히려, 무시한다는 것은 마이너스 방향의 중요성이다. **삶에 대해 좀 더 단순한 태도를 가질 필요가 있다. 무시하지도 말고, 과장하지도 말라. 사람들이 좋은지 나쁜지에 대해 너무 많이 생각하지 말라.** 세상을 있는 그대로 받아들이라.

내적 중요성을 줄인다는 것도 체념이나 자기비하와는 관계가 없다. 자신의 실수와 죄를 후회하는 것은 장점과 업적을 자랑하는 것이나 매한가지다. 차이점은 단지 플러스와 마이너스의 방향성뿐이다. 자책과 후회는 당신을 지배하려고 노리고 있는 펜듈럼에게만 유용한 것이다. 자신을 있는 그대로 받아들이라. 있는 그대로 존재하는 사치를 자신에게 허락하라. 당신의 장단점을 높이 들어올리지도, 낮추어 보지도 말라. 내면의 평화를 향해 나아가라. 당신은 중요하지도 않고 무가치하지도 않다.

만일 당신의 상황이 어떤 사건에 깊이 연루되어 있다면 다른 해결책을 찾아보라. 외나무다리 위를 걸을 때 차분한 마음을 유지하려면 안전장치가 있어야 한다. 상황마다 안전장치는 제각기 다를 것이다. 현재의 상황에서 어떤 것이 안전장치가 될 수 있을지를 자신에게 물어보라. 균형력과 맞싸우는 것은 아무런 소용이 없다는 점을 기억하라. 두려움과 흥분을 억누를 수는 없다. 오로지 중요성을 줄일 수 있을 뿐이다. 그리고 그것은 당신이 안전장치나 대안을 갖추고 있을 때만 가능하다. 바구니가 아무리 안전하게 보이더라도 가진 계란을 모두 한 바구니에다 넣지는 말라!

잉여 포텐셜을 만들지 않는 유일한 것은 유머감각이다. 감정을 상하게 하지 않으면서, 자신과 타인을 놀려먹으면서 웃을 수 있는 능력이 유머감각이다. 이것만 있어도 느낌 없는 맹한 사람이 되지는 않는다. 유머란 곧 중요성의 거부이며 중요성에 대한 풍자요 조롱이다.

문제를 해결하고자 할 때, 하나의 황금률을 따를 필요가 있다. 문제 해결에 실제로 착수하기 전에 그 문제의 중요성을 감소시켜야 한다는 것이다. 그러면 균형력이 당신을 괴롭히지 않을 것이고, 문제를 쉽게, 빨리 해결할 수 있다.

중요성을 감소시키려면 먼저 내가 뭔가에 과도한 중요성을 부여한 결과로 문제가 야기된 것임을 인식하고 명심해야만 한다. 세상의 모든 문제는 과도한 중요성 때문에 야기되는 것임을 분명히 알지 못하고 꿈꾸듯이 계속 문제 속으로 빠져들어서 골몰하고 있는 한, 당신은 펜듈럼의 손아귀에 완전히 잡혀서 헤어 나오지 못할 것이다. 멈춰라. 그 망상을 떨쳐내라. 과도한 중요성을 부여하는 것이 어떤 결과를 가져오는지를 상기하라. 그런 다음, 문제의 대상을 향한 당신의 태도를 의도적으로 바꾸라. 그것은 어려운 일이 아닐 것이다. 당신은 지나친 중요성이 방해만 된다는 사실을 이미 알고 있다. **가장 중요하고도 어려운 일은, 자신이 외적, 내적 중요성 안에서 뒹굴고 있다는 사실을 제때에 기억해 내는 것이다.** 제때에 기억해내려면 당신의 지켜보는 자를 깨워서 활동 하게 해야 한다. 그 지켜보는 자란, 당신 내면의 모든 가치를 항상 주시 하고 감독하는 내면의 관찰자이다.

사람의 생각은 근육이 무의식적 반사작용에 의해 수축하는 것과 정 확히 같은 방식으로 중요성에 사로잡힌다. 예를 들어, 뭔가가 당신을 괴롭힐 때 어깨와 등의 근육에는 수축과 경련이 일어난다. 그러나 그와 관련된 통증이 느껴지기 전까지 당신은 그 긴장을 알아차리지 못한다. 하지만 당신이 제때에 그것을 기억해내고 근육에 주의를 기울인다면 긴장을 풀어놓을 수 있을 것이다.

어떤 일을 대비할 때마다 거기에 과도한 중요성을 부여하는 자기 자 신을 포착하라. 하려고 하는 일이 당신에게 정말 중요한 일이라면 거기 서 바람을 빼라. 성공을 위한 가장 좋은 처방은 자연스러움, 즉흥성, 그 리고 가벼운 태도이다. **어떤 일을 위해 준비를 하고 있다면 그것을 단지 안전장치를 마련하는 것으로만 생각하라.** 결코 '심각하고 조심스럽게' 준비해서는 안 된다. 그러면 중요성이 더 커지기만 한다. 실질적인 행 동은 하지 않고 걱정만 하고 있다면 중요성을 더욱 부풀리고 있는 것이 다. **중요성의 포텐셜은 행동과 함께 사라진다.** 생각하지 말고 행동하 라! 행동할 수 없다면 생각하지 말라. 주의를 딴 데로 돌리고 그 상황은 놓아보내라.

행위자인 자신으로부터, 그리고 행위의 결과로부터 주의를 돌려서 172 행위의 과정 자체에 초점을 맞춘다면 매사에서 가장 큰 효과를 얻을 수

있을 것이다. 이 경우에 "나는 중요한 일을 하는 사람이 아니다." 그리
고 "그 일은 중요하지 않다." 그러면 잉여 포텐셜이 생기지 않고 균형
력도 끼어들지 않는다. 행동은 침착하게 완수되지만 결코 부주의하거
나 건성으로 이루어지는 것이 아니다. 당신은 이런 의문을 품을지도 모
른다. ― 왜 결과에 대해 신경을 꺼야 한다는 거지? 결과를 생각하지
않고 어떻게 일을 할 수가 있단 말일까? 이 책을 계속 읽다 보면 이 모
호한 사실을 더 명쾌하게 이해하게 될 것이다.

당신이 어떤 사건에 대해 무척 걱정하고 두려워하고 끊임없이 고민
한다. 그리고 그 사건 때문에 일어날 수 있는 온갖 종류의 난관과 문제
를 상상한다. 그런데도 결국은 아무 문제 없이 일이 잘 해결된다. 이런
일은 왜 가끔씩 일어나는 것일까? 또 그 반대의 일도 일어난다. 당신은
어떤 때는 미래의 일에 대해 별로 신경을 쓰지 않는다. 하지만 그 때문
에 예기치 못했던 문제에 봉착한다. 앞의 경우, 사건에 대한 당신의 평
가는 부정적인 방향으로 척도를 벗어났고, 뒤의 경우는 긍정적인 방향
으로 척도를 벗어났다. 그 결과 당신이 얻는 것은 누적된 균형력의 작
용이다. 균형력은 당신이 만들어낸 잉여 포텐셜의 균형을 맞춰야 한다.
그것이 균형력이 하는 일이다.

그렇다면 시험을 치기 전에, 일어날 수 있는 최악의 시나리오를 의
도적으로 상상한다면 최고의 점수를 받을 가능성도 높아지리라고 생각
할 수도 있을 것이다. 그러나 그렇게 되지는 않는다. 최악을 '상상하
는' 당신의 의도가 인위적이기 때문이다. 그런 의도는 마음에서 나오
는 것이지 영혼에서 나오는 것이 아니다. 자신을 속이려고 아무리 애써
봤자 그것은 어디까지나 모조품일 뿐이다. 그것은 에너지 기반이 없다.
오직 당신의 영혼에서 나오는 의도만이 에너지 기반을 가질 수 있다.

바로 이런 이유 때문에 단순히 머릿속에 이미지를 그리는 것만으로는 바라는 결과를 얻지 못하는 것이다. 그러나 이 주제는 나중에 논의하기로 하자.

어떠한 경우, 어떠한 상황에서도 당신이 가진 것을 결코 자랑하지 말라. 아무리 그것을 정직하고 정당하게 얻었다고 하더라도 말이다. 더욱이 아직 이루지 못한 것에 대해서는 두말할 필요도 없다. 그렇게 하는 것은 극도로 해롭다. 그럴 때는 항상 균형력이 당신에게 대항해서 작용할 것이다.

안방에 있는 것처럼 편안히 있으라. 그러나 당신이 손님이라는 사실을 잊지 말라.(러시아 속담 – 역주) 당신이 주변의 펜듈럼들과 조화롭게 지낸다면, 즉 그들과 하나가 되어서 흔들린다면 삶은 편안하고 즐겁게 지나갈 것이다. 당신은 이제 세상과 일종의 공명을 이루고 있는 것이다. — 당신은 거기서 에너지를 얻고, 더 노력하지 않고도 목표를 성취한다.

만일 당신이 주변 세상과 균형 맞춰 살기가 실질적으로 불가능하다면(예를 들어, 남편이 당신을 구타한다면) 어떻게 하면 결정적인 걸음을 내디디며 환경을 전환시킬 수 있을지를 생각해보아야 한다. 빠져나갈 곳이 아무 데도 없다고 느끼는가? 만일 그렇다면 당신은 그 생각을 펜듈럼으로부터 얻은 것이다. 펜듈럼은 당신을 최면에 빠뜨려놓고 계속 지배하면서 에너지를 빨아먹고 있다. 벗어날 길은 항상 존재한다. 그것도 하나만 있는 게 아니다. 창문이 열려 있는 것을 모르고 유리창에 계속 머리를 부딪는 파리를 기억하는가? 다만 잘 생각해보지 않고 갑작스럽게 튀어나오는 행동을 피하라. 과도한 중요성을 줄이고 당신을 괴롭히는 파괴적 펜듈럼의 영향에서 벗어나는 즉시, 완벽한 해법이 나타날 것이다. 당신은 펜듈럼으로부터 자유로워지는 방법을 잘 알고 있다.
— 펜듈럼을 그냥 지나가게 하거나 꺼버리라.

이것으로 균형이라는 크고도 복잡한 주제를 마무리 짓는다. 이제 균형력의 작용 뒤에 놓여 있는 메커니즘을 이해하므로, 당신은 모든 문제나 실패의 원인을 쉽게 찾아낼 수 있을 것이다. 우리는 매사에 균형의 원리를 따라야 한다는 결론에 도달했다. 하지만 그것을 너무 극성맞게 따르지는 말도록 경고해야겠다. 만일 거기에 집착하게 되거나 너무 광신적으로 따르려고 하면 그것이 이 원리 자체를 교란시키게 될 것이다. 지네에게 걷는 법을 너무 자세히 설명해주면 지네는 너무 헷갈려서 한 발짝도 떼지 못할 것이다. 모든 것을 정도에 알맞게 하라. 이따금씩 균형을 깨뜨리도록 자신을 허락하라. 그런다고 해서 끔찍한 일이 일어나지는 않는다. 중요한 것은, 중요성의 바늘이 적절한 범위의 눈금을 벗어나지 않도록 지키는 일이다.

요약

- 어떤 평가에 중요성이 부여될 때에만 잉여 포텐셜이 창조된다.
- 당신의 고유한 중요성만이 당신의 평가에 에너지를 공급한다.
- 평가가 현실을 왜곡시키면 포텐셜의 강도는 증가한다.
- 균형력은 잉여 포텐셜을 제거하는 방향으로 작용한다.
- 균형력은 종종 포텐셜을 만들어낸 의도와 반대로 작용한다.
- 자신을 빌려줄 때, 모든 일을 흠잡을 데 없이 잘 할 수 있도록

내부의 지켜보는 자를 일깨워 당신을 돌보게 하라.

- 불만족과 비난은 언제나 균형력을 돌려서 당신에게 맞서게 한다.

- 습관적인 부정적 반응은 긍정적인 에너지 전송으로 바꿔놓아야 한다.

- 조건 없는 사랑이란, 소유나 숭배를 바라지 않는 찬탄이다.

- 조건을 세우고 비교하는 것이 의존적 관계를 만들어낸다.

- 의존적 관계는 잉여 포텐셜을 만들어낸다.

- 이상화와 과대평가는 항상 신화 파괴로 끝난다.

- 사랑의 응답을 받으려면 소유욕을 버려야 한다.

- 경멸과 허영심은 반드시 대가를 치르게 되어 있다.

- 자신의 우월성을 확인하려는 욕구에서 해방되라.

- 자신의 결점을 숨기려는 노력은 그 반대의 결과를 가져온다.

- 모든 열등감은 당신만의 장점과 덕성으로써 보상된다.

- 목표의 중요성이 크면 클수록 거기에 도달할 가능성은 더 적어진다.

- 중요성의 포텐셜과 의존성의 포텐셜이 없는 소망은 이루어진다.

- 모든 죄책감과 자신을 정당화하려는 욕구를 거부하라.

- 죄책감을 거부하려면 있는 그대로의 자신으로서 존재하도록
  자신을 허락하는 것만으로 충분하다.

- 아무도 당신을 심판할 권리가 없다.
  당신은 자신만의 모습으로 존재할 권리가 있다.

- 돈은 목표를 향해 가는 길의 부수물로서, 스스로 찾아온다.

- 돈은 사랑과 관심으로써 맞이하고, 걱정이나 미련 없이 보내라.

- 내적, 외적 중요성을 거부함으로써 선택의 자유를 얻는다.

- 중요성이야말로 소망 성취의 길에 유일한 장애물이다.

- 장애물을 넘어가려 하지 말고 그것의 중요성을 감소시키라.

- 염려함 없이 보살피라.

제5장 유도전이 誘導轉移

세대가 바뀔 때마다 왜 구세대들은 옛날이 더 살기 좋았다고 생각하는 걸까? 유사 이래로 얼마나 많은 세대가 지나갔는가! 그런데 각 세대는 저마다 세상이 옛날보다 더 나빠졌다고 믿는다. 세상은 점점 퇴보해가고 있는 걸까? 만일 그것이 정말이라면 우리의 문명이 완전히 지옥으로 변하는 데는 수십 세대면 충분했을 것이다. 여기에는 무슨 사연이 있는 것일까?

부정적인 정보를 귀담아 듣지 말라

세대차

사람들은 언제나 이렇게 생각해왔다. "그 시절이 좋았었지!" 나이가 들수록 인생은 점점 더 힘들어지는 것처럼 보인다. 우리는 젊은 시절을 그리워한다. 모든 것의 색채에 생동감이 넘치던 시절, 기분은 밝고 활기찼고 꿈은 이루어질 수 있었으며 음악도 더 아름다웠다. 기후도 더 좋았고 사람들은 더 다정다감했으며 소시지도 그때가 더 맛있었다. 그리고 두말할 필요도 없이 건강도 훨씬 더 좋았다. 인생은 희망으로 가득했고 기쁨과 만족감이 있었다. 수십 년이 지난 지금은, 똑같은 일이 생겨도 우리는 이전만큼 행복해지지 않는다. 예를 들어, 소풍, 파티, 콘서트, 영화, 축하잔치, 데이트, 바닷가의 휴일 — 이런 일들이, 객관적으로 바라보면 모두가 이전과 크게 다르지 않다. 파티는 흥겹고, 영화는 재미있으며, 바닷가는 따뜻하다. 그러나 그럼에도 불구하고 뭔가가 빠져 있다. 빛깔은 바래고 경험은 무덤덤해졌다. 그저 흥미가 사라져버린 것이다.

그런데 젊은 시절에는 어떻게 모든 것이 그토록 멋졌을까? 나이가 들면서 우리의 감각이 정말 무디어진 것일까? 그러나 울고 웃는 능력, 맛과 색채를 지각하고, 진실과 거짓, 선과 악을 구별하는 능력은 단지 나이가 들었다고 해서 없어지지 않는다. 그러면 세상이 정말 배수구에 물이 빠져나가듯 점점 새나가는 것일까? 사실, 세상 자체는 전혀 쇠퇴하거나 나빠지지 않는다. 단지 사람들에게만 세상이 나빠지는 것처럼 보이는 것이다. 현재 우리가 서 있는 부정적인 인생트랙과 나란히 달리고 있는, 인생의 어느 시점에서 우리가 두고 떠나버렸던 인생트랙이 있다. 그 인생트랙에서는 '좋았던 옛 시절'에 그랬던 것처럼 모든 것이 다 좋다. 우리는 불만족을 표현함으로써 실제로 불만스러워할 만한 인생트랙에 자신을 동조시키게 된다. 그러면 우리는 정말 그런 트랙으로 이끌려 간다.

트랜서핑의 원리에 따르면, **가능태 공간은 모든 사람을 위한 모든 것을 다 갖추고 있다.** 예를 들면, 어떤 사람을 위해서는 삶의 색채가 완전히 바래버린 섹터가 있는가 하면, 다른 사람을 위해서는 삶이 예전 그대로인 섹터도 있다. 부정적인 사념 에너지를 방사하기 시작한 사람은 무대장치가 다른 섹터로 들어간다. 하지만 다른 모든 사람에게는 세상은 이전 그대로다. 멀리 갈 것도 없이, 어떤 사람이 병약자가 되는 극단적인 경우를 한 번 살펴보자. 그는 집도 잃고 사랑하는 사람도 잃고, 알코올 중독자가 되어 인생을 망가뜨렸다. 삶의 흐름 속에서 그는 서서히, 그러나 확실하게 무대장치의 색깔이 바래가는 인생트랙으로 미끄러져 들어가고 있다. 옛날에는 모든 것이 얼마나 생생하게 살아 있었는지를 회상하기 시작하는 것이 바로 이때다.

태어나고 자라나면서, 당신은 세상을 있는 그대로 받아들인다. 아이

179

들은 삶이 더 좋아질지 나빠질지, 그런 것은 모른다. 젊은이들은 까다롭지 않으며 아직 순진함을 지니고 있다. 그들은 불평보다는 희망을 더 많이 품고 있어서 그저 스스로 세상을 알아가면서 삶의 즐거움을 얻는다. 젊은이들은 지금 여기의 모든 것을 별로 초라하게 여기지 않고, 또 더 나아질 것이라고 믿는다. 그러나 그러다가 불행과 실패를 겪게 되면 그는 자신의 꿈이 모두 실현되지는 않는다는 것을 깨닫기 시작한다. 그리고 다른 사람들은 더 잘 살고 있고, 자신의 자리를 차지하기 위해서는 싸워야 한다는 것을 알게 된다. 시간이 지남에 따라 그에게는 희망보다 불평이 더 늘어난다. 불만족과 푸념은 동력이 되어, 그를 실패하는 인생트랙으로 밀어 넣는다. 트랜서핑의 용어로 말하자면, 불만과 푸념을 토해내면 그는 부정적인 에너지를 방사하게 되고, 그것이 그를 그 부정적인 매개변수에 상응하는 인생트랙으로 데려다놓는 것이다.

세상에 대해 나쁘게 생각하면 할수록 세상은 더욱 나빠질 것이다. 어린 시절에 자신의 삶이 좋은지 나쁜지를 특별히 깊이 고민하는 사람은 없다. 아이 적에 우리는 모든 것을 당연하게 여겼다. 우리는 그때 막 세상을 알기 시작했고, 아직 비판의 눈으로 세상을 욕하지는 않았다. 가장 큰 분노는 누군가가 장난감을 안 사준 것에 대해서였다. 그러나 세월이 지나면서 당신은 세상에 대해 정말로 분개하기 시작한다. 세상은 점점 더 불만스러워진다. 그리고 불평을 할수록 그 결과는 더욱 더 나빠진다. 젊은 시절을 경험하고 성인이 된 사람은 모두, 예전에는 많은 것이 더 좋았었다는 것을 알고 있다.

그러니, 이것은 참 해로운 역설이다. — 당신은 불쾌한 상황에 마주치는데, 그에 대한 불만을 토하면 그 결과로 상황은 더욱 더 악화된다. 마치 부메랑처럼, 당신의 불만은 세 곱절이 되어 돌아온다. 첫째, 불만의 잉여 포텐셜이 균형력을 움직여 당신과 맞서게 한다. 둘째, 불만은 펜듈럼이 당신의 에너지를 빨아먹을 수 있는 빨대가 된다. 셋째, 부정적인 에너지를 방사하면 당신은 그에 상응하는 인생트랙, 즉 부정적인 인생트랙으로 옮겨지게 된다.

부정적 반응의 습관은 우리 안에 너무나 깊이 자리 잡아서, 인간은 지구상의 하등동물들에게는 없는 장점을 잃어버렸다. 그 장점이란 바로 의식이다. 조개들도 외부의 자극에 대해서는 부정적인 반응을 보인다. 그러나 조개와는 달리 인간은 외부세계와의 관계를 의식적으로, 의도적으로 바꿀 수 있다. 그럼에도 불구하고 인간은 이 장점을 활용할 줄을 모르고 오히려 조금만 불편해도 공격적인 반응을 보인다. 인간은 공격성을 자신의 힘으로 오인하고 있다. 사실은 펜듈럼의 거미줄에 걸린 채 꼼짝 못하고 떨고 있는 꼴인데도 말이다.

당신은 사는 것이 더 나빠졌다고 믿는다. 하지만 지금 젊은 사람들은 인생이 아름답다고 생각한다. 왜 그럴까? 혹시 당신이 젊었을 때의 세상이 얼마나 멋졌었는지를 그들이 몰라서 그런 것일까? 하지만 그때도 지금 당신이 그러는 것과 똑같이 세상을 불평하면서 좋았던 옛 시절의 추억에 잠기던 늙은 사람들이 있었다. 그 이유는 나쁜 기억은 모두 지우고 좋은 것만 남겨두는 마음의 능력 때문만은 아니다. 당신이 현재를 불만의 대상으로 삼고 있는 것은 아무래도 현재가 과거보다 나쁘기 때문인 것이다.

만일 사는 것이 해가 갈수록 점점 더 나빠진다는 것을 사실로 받아들인다면 세상은 오래전에 멸망했어야 했다. 인류 역사가 시작된 이래 벌써 얼마나 많은 세대가 지나갔는가? 그리고 모두가 세상이 더 나빠졌다고 믿고 있지 않은가! 예를 들어서, 나이 든 사람들은 모두가 절대

181

적인 확신을 가지고 코카콜라가 예전에는 더 맛있었다고 말할 것이다. 그런데 코카콜라는 1886년에 처음 만들어졌다. 그렇다면 지금은 얼마나 맛이 끔찍해졌어야 할지 상상해보라! 나이가 들어서 맛을 느끼는 감각이 무디어진 것일까? 그럴 가능성은 거의 없을 것이다. 나이 든 사람들은 가구라든지 옷이라든지, 다른 모든 것들도 질이 나빠졌다고 생각하기 때문이다.

세상이 모든 사람에게 똑같이 경험된다면, 수십 세대만 지나면 세상은 지옥으로 변해버릴 것이다. 세상은 모든 사람에게 똑같은 것이 아니라는 이 역설을 어떻게 이해해야 할까? 우리는 모두 가능태가 물질적으로 실현된, 하나의 동일한 세상에 살고 있다. 그러나 세상의 가능태는 각자에게 다 다르다. 겉으로 보기에도 운명은 저마다 제각각이다. 부자와 가난한 사람, 성공한 사람과 실패한 사람, 행복한 사람과 불행한 사람. 그들 모두가 동일한 세상에서 살고 있다. 그러나 세상은 그들 각자에게 서로 다르다. 부유한 이웃과 가난한 이웃이 있는 것이 분명한 것처럼, 이 또한 명백한 사실인 것 같다.

하지만 운명의 시나리오와 역할만 다른 게 아니라, 각자의 무대장치 또한 서로 다르다. 무대장치의 이 차이는 그다지 뚜렷하지 않다. 어떤 사람은 호화로운 자동차의 창문 밖으로 세상을 내다보는가 하면, 다른 사람은 쓰레기통 안에서 세상을 내다본다. 어떤 이는 파티에서 신나게 즐기고 있는데, 같은 파티에서 다른 이는 자신의 문제로 괴로워하고 있다. 누군가는 유쾌하고 활기찬 젊은이들의 모습을 보고 있는데, 다른 누구는 난폭한 불량배들의 모습을 보고 있다. 모두가 같은 대상을 바라보는데도 그 그림은 총천연색 영화와 흑백영화처럼 서로 다르다. 모든 사람은 가능태 공간 속 자신의 섹터에 동조되어 있어서, 각자가 자신만의 세상을 살고 있다. 이 모든 세상은 서로 층층이 겹쳐서, 우리가 살고 있다고 생각하는 그 공간을 이루고 있다.

이것을 이해하기가 당신에게는 어려울지도 모른다. 한 층을 다른 층으로부터 분리하는 것은 불가능하다. 각자는 자신만의 생각으로써 자신의 현실을 만들고 있다. 그리고 동시에 각자의 현실은 주변의 세상과 교차하며 상호작용한다.

생명체가 하나도 없는 지구를 상상해보라. 바람이 불고 비가 내리고, 화산이 폭발하고 강이 흐른다. — 세상이 거기에 있다. 그때 문득 한 인간이 태어나서 이 모두를 관찰하기 시작한다. 그의 사념 에너지는 가능태 공간의 특정 섹터 안에 물질적 실현물을 만들어내어, 이 세상에다 그 사람의 인생을 창조해낸다. 그의 인생은 이 세상의 새로운 층을 나타낸다. 또 한 사람이 태어나면 또 한 층이 나타난다. 한 사람이 죽으면 그 층이 사라지거나, 혹은 죽음의 문턱 너머에서 발생하는 일에 맞추어 변형을 일으킨다.

인류는 모종의 병존우주에 산다는 다른 생명체들의 존재에 대해서는 잘 모르고 있다. 아무튼 잠시, 우주에 아무런 생명체도 살고 있지 않다고 가정해보자. 그러면 어떤 에너지가 우주에 사물과 현상을 창조해내는 물질공간을 탄생시켰을까? 사념 에너지를 방사하여 특정 섹터가 물질적으로 실현되게 할 생명체가 하나도 없는데 말이다. 인간이나 그어떤 생명체도 태어나기 전에, 어떤 에너지가 우주를 창조했을지는 오직 추측만 할 수 있을 뿐이다. 그리고 마지막 생명체가 죽는다면 이 우주 자체도 사라져버릴까? 우주에 아무도 없다면 우주가 존재하는 것을 누가 입증할 수 있을까? (우리가 이해하는 그런) 우주가 존재한다고 말할 수 있는 사람이 없다면 입에 올릴 우주도 없을 텐데 말이다.

자, 이 정도로 해두고, 이에 대해서는 이제 더이상 빠져들지 않기로 하자. 트랜서핑은 단지 많은 모델 중 하나라는 사실을 잊지 말기 바란다. 세상과 그 세상 속의 삶에 대해 사람들이 가지고 있는 모든 이론은 단지 하나의 모델일 뿐이다. 중요성 개념을 명심해서 트랜서핑 모델에 대해서도 과도한 중요성을 부여하지 말라. 그러지 않으면 당신은 쓸데없는 생각의 옹호자가 되어서, 당신의 주관적인 세계관이야말로 진리요 핵심임을 세상에 보여주려고 애쓰게 될 것이다. 진리란 추상적인 개념이다. 우리는 오직 진리가 구체화되어 실현된 것이나 어떤 법칙만을 알 수 있을 뿐이다. **우리의 목표는 단지 우리의 모델을 실질적으로 활용하는 것이다.**

세대들의 세상으로 다시 돌아가 보자. 사람들은 인생을 살아가는 동안 가능태 공간의 한 섹터로부터 다른 섹터로 이리저리 옮겨 다닌다. 그리고 그러는 가운데 그의 세상의 층은 변형된다. 사람들이 걸핏하면 불만을 터뜨리고 긍정적인 에너지보다는 부정적인 에너지를 더 많이 방사한다는 사실 때문에, 삶의 질은 시간이 갈수록 점점 더 나빠지는 경향이 있다. 나이가 들면서 물질적 풍족은 이룰 수 있을지 모르나 그 때문에 더 행복해지지는 않는다. 무대장치의 색채는 퇴색하고 삶은 점점 더 재미없어진다. 늙은 세대와 젊은 세대가 같은 코카콜라를 마신다. 양쪽 다 같은 바다에서 헤엄치고 같은 산비탈에서 스키를 탄다. 모든 것이 예전과 사뭇 동일하다. 그런데도 나이 든 사람은 모든게 옛날이 더 좋았다고 확신하고, 젊은이는 모든 것이 지금 그대로 멋지다고 생각한다. 그리고 그 젊은이가 나이를 먹으면, 스토리는 다시 반복된다.

이 경향에서 벗어나는 경우도 있는데, 더 나은 쪽도 있고 더 나쁜 쪽도 있다. 어떤 사람이 나이가 들어가면서 비로소 인생의 멋을 알게 되는 경우도 있고, 성공가도를 달리던 젊은이가 완전히 밑바닥으로 굴러 떨어지는 경우도 있는 법이다. 그러나 전반적으로 모든 세대가 나이가 들수록 세상이 나빠진다는 사실에 동의하고 있다. 각 세대의 층들은 이런 식으로 변해간다. 나이 든 세대의 층은 더 나쁜 쪽으로 옮겨가고, 젊은 세대의 층은 뒤에 처져 남는다. 그러나 결국 젊은 세대의 층도 기본적으로 같은 방향으로 움직여가고 있다. 이런 변천은 점진적으로 일어나며, 출발점은 언제나 낙관적인 관점이다. 이것이 바로 세상이 온통 지옥으로 변해버리지 않는 이유다. 각자는 자신의 층을 가지고 있으며, 그 층은 각자가 스스로 택한 것이다. 인류는 스스로 하나의 층을 선택하는 것이 가능하고, 실제로 그렇게 하고 있다. 인간이 어떻게 스스로 해로운 층을 선택할 수 있는지가 이제 더 분명히 이해되었을 것이다.

앞장에서 우리는 자신의 층에서 지옥을 만들어내지 않는 방법을 이야기했다. 하지만 어떻게 하면 인생이 다채로움과 희망으로 가득 차 있었던 그 옛날과 같은 인생트랙으로 돌아갈 수 있을까? 이 또한 트랜서핑의 도움으로 가능하다. 그러나 우선은 우리가 어떻게 그토록 성공과 희망으로 가득 찼던 트랙으로부터 "도대체 어쩌다가 이 지경이 됐소?" 하고 물어봐야 할 트랙으로 와버리게 됐는지를 이해해야만 한다.

펜듈럼의 깔때기

사람의 심리는 부정적인 자극에 더 예민하게 반응하도록 되어 있다. 그것은 바라지 않았던 소식, 적대적인 행동, 위험한 일, 혹은 단순히 부정

185

적인 에너지 등이 될 수 있다. 물론 긍정적인 영향도 강한 감정을 불러일으킬 수 있다. 그러나 그 강도로 따지자면 두려움과 분노가 기쁨과 행복을 훨씬 능가한다. 이렇게 차이가 생긴 원인은 두려움과 분노가 생존을 위해 매우 중요했던 원시시대로부터 유래한 것이다. 그런 환경에서 기쁨이 무슨 소용이 있었겠는가? 기쁨은 자신을 방어하는 데도 도움이 되지 않고 위험을 피하거나 먹을 것을 얻는 데도 도움이 안 된다. 그 이후로도, 인류사를 통틀어 인생은 늘 괴로움과 곤란으로 가득 차 있었다. 그리고 기쁨과 행복보다는 슬픔과 두려움을 더 많이 가져다주었다. 기쁨과 행복은 어느새 덧없이 사라져버리지만 우울하고 절망스러운 생각에는 더 쉽게 빠져드는 인간의 성향도 바로 여기에 기인한다. 보통사람이 기쁨이 너무 넘쳐서 괴로워한다는 말을 들어본 일이 있는가? 반면에 스트레스와 우울증에 시달리는 사람들은 너무나 흔하다.

펜듈럼, 특히 대중매체는 이러한 인간의 특징을 적극적으로 이용하고 있다. 뉴스에서 좋은 소식을 듣는 일은 드물 것이다. 뉴스는 보통 이런 식이다. ─ 부정적인 사실 하나가 당신의 이목을 끈다. 당신은 그 스토리를 따라가고 새로운 세부내용들이 밝혀진다. 그런데 그 모든 세부내용은 다양한 방법으로 대중의 입맛을 당기도록 각색되어 있다.

똑같은 식으로 우리는 또다른 뉴스들을 접한다. ─ 대참사, 자연재해, 테러, 전쟁 등등. 여기서 작용하는 패턴을 주목하라. 사건은 나선상으로 전개된다. ─ 처음에는 사건의 줄거리가 제공된다. 그다음, 스토리가 전개되면서 세부내용이 드러난다. 긴장이 증가하면서, 마침내 정점에 이른다. 감정은 벌써 최고조로 불타오르고 있다. 그리고 마지막으로 스토리는 결말을 맺는다. 모든 에너지는 공간으로 흩어지고, 시청자에게는 일시적인 평온이 찾아온다. 파도들이 해변에 부딪치는 모습을 떠올려보라. 그와 똑같은 원리로 끝없는 TV시리즈가 만들어진다. 객관적인 시각으로 보면 거기에 특별한 것은 아무것도 없다. '드라마'는 모두가 말 그대로 허공 속에서 꾸며낸 이야기들이다. 그럼에도 불구하고 당신은 두세 번만 보면 거기에 말려든다. 왜 그럴까? 그런 연속극에는 사실 특별히 흥미로운 것도 없는데 당신이 말려드는 것은, 당신이 방사하는 사념의 주파수가 TV시리즈의 펜듈럼에 붙잡히기 때문이고, 당신의 주의가 한 섹터에 고정되기 때문이다.

위의 나선형 전개과정의 메커니즘을 살펴보자. 처음에 시청자(또는 청취자나 독자)는 이론상 그를 흥분시킬 수 있는 사실을 접한다. 그것이 다른 나라에서 일어난 부정적인 사건에 관한 뉴스라고 가정해보자. 이것이 파괴적인 펜듈럼이 가해오는 첫번째 자극이다. 그 뉴스가 어떻게든 그에게 힘을 발휘한다면 그는 그 자극에 반응하기 시작한다. — 그는 그 사건에 대한 자신의 태도를 표하고 그 사건에 공감한다. 즉, 그에 대한 반응으로서, 그는 펜듈럼의 첫 자극과 동일한 주파수로 동일한 종류의 에너지를 방사한다. 그는 다른 무수한 사람들과 마찬가지로 거기에 관심을 보이고 동참함으로써 펜듈럼에 응답을 준 것이다. 그가 방사하는 에너지는 펜듈럼과 공명 상태가 되고, 그래서 그 에너지는 증가한다. 대중매체는 그 뉴스를 계속 보도한다. 시청자는 흥미를 가지고 그 사건의 추이를 지켜본다. 그래서 펜듈럼은 다시 한 번 영양을 공급받는다. 이것이 바로 펜듈럼이 지지자를 함정으로 유혹하여 에너지를 빨아먹는 방법이다. 이런 뉴스에 흥미를 느끼는 사람들은 부정적인 에너지가 자기에게 접근하는 것을 허용하는 것이다. 이리하여 그들은, 당장은 관찰자로서, 게임에 말려든다.

얼핏 보기에는 특별한 일은 아무것도 일어나지 않았다. 너무나 일상적인 일이다. 누군가가 파괴적인 펜듈럼에게 자신의 에너지를 조금 먹여주는 게 뭐가 어쨌다는 건가? 그것이 실제로 그의 건강에 영향을 준 것은 아니다. 하지만 현실적으로 그는 부정적인 사건과 일치하는 주파수의 에너지를 방사함으로써 그와 유사한 사건이 자신에게 점점 더 가까이 다가오는 인생트랙으로 옮겨가게 된다. 그는 그 사건의 줄거리의 창조에 참여하고, 그것이 나선상으로 전개되는 현장에 와 있는 자신을 발견하게 된다. 나선은 점점 빠르게 풀려나면서 마치 깔때기처럼 그를 빨아당긴다. 그와 펜듈럼 사이의 상호작용은 점점 더 긴밀해지고, 그는 이미 그런 사건들을 자기 인생의 피할 수 없는 일부인 것처럼 받아들이고 있다. 그의 관심사는 좁혀지고, 가는 데마다 온갖 나라의 유사한 사건들에 관한 새로운 사실들이 발견되기 시작한다. 그는 이런 뉴스에 대해 가까운 친구나 친척들과 토론을 벌이고, 그들은 흥미와 동정심을 보여준다. 펜듈럼의 에너지는 점점 더 커지고, 그는 스스로 방사하는 사념 에너지의 주파수에 의해 더이상 관찰자가 아니라 그 사건에 직접 참여하게 되는 인생트랙으로 점점 더 가까이 다가간다.

그렇게 깔때기 속으로 빨려드는 현상을 지지자가 파괴적 펜듈럼의 희생자가 되는 인생트랙으로 유도되는, '유도전이'라고 정의해보자. 다음의 과정을 유도전이로 볼 수 있을 것이다. ― 파괴적 펜듈럼의 자극에 당신이 반응한다. 펜듈럼은 그 흔들림으로부터 나오는 에너지를 당신에게 약간 줌으로써 자극을 되먹여준다. 그러면 당신은 점점 더 깊이 말려들면서 펜듈럼에게 점점 더 많은 에너지를 준다. 그에 따라 유도전이가 시작되어, 주파수가 펜듈럼의 흔들림과 가까운 인생트랙으로 당신을 데려간다. 그 결과 그 부정적인 사건이 그 사람의 인생의 층에 포함되게 된다.

대참사

확률로 따져볼 때 자신이 이런 저런 식으로 대참사를 겪을 가능성이 있다는 데에 동의할 사람은 많을 것이다. 그러나 그들 모두가 이 가능성을 자신의 세상의 층 속으로 들여보내는 것은 아니다. TV를 보지 않는 사람도 있고 뉴스에 관심이 없는 사람도 있으며, 어딘가에서 다른 누군가에게 일어난 작은 사건 따위에는 신경 쓰지 않는 사람들도 있다. 그들은 자기만의 층 안에서 살며, 다른 펜듈럼을 지지하고 있다. 세상 어딘가에서 비행기가 추락했다는 소식을 들어도 그들은 걱정하지 않는다. 그들은 태연히 저녁을 먹으면서 뉴스를 듣는다. 그들은 자신의 문제만으로도 바쁘다.

사람들이 재난에 관심이 끌릴 때나 다른 사람에게 일어난 참사에 대해 걱정할 때 더 쉽게 유도전이에 노출된다. 자기에게 고민거리가 별로 없으면 사람은 다른 사람들의 층에서 일어나는 사건들로 주의를 돌려서 그 빈 곳을 채우려 하게 된다. 그런 사람은 매일같이 신문과 잡지를 뒤적이고 TV시리즈를 보거나 대참사와 자연재해의 소식을 기다린다. 신문, 잡지, TV시리즈 등은 작고 해롭지 않은 펜듈럼 활동의 대표적인 예다. 그것들은 단지 지지자들에게 부족한 정보와 감정, 심리적 체험 따위를 보충해준다. 그러나 대참사와 자연재해 등의 파괴적 펜듈럼에 관심을 기울이면 그것은 진짜 위협적인 것이 된다. 이 펜듈럼들은 강력하고 아주 공격적이다.

그런 사건에 주의를 기울이면 그 사념 에너지의 방사 주파수는 TV시리즈의 경우와 같은 방식으로 포획된다. 부정적인 정보에 관심을 보임으로써 그는 언제나 그런 정보를 많이 얻게 될 것이다. 그는 처음에

189

는 관찰자라는 해롭지 않은 역할을 맡는다. 그것은 마치 관람석에 앉아서 축구경기를 관람하는 것과 같다. 그러다가 그는 점점 더 게임에 매료되어 결국은 열성팬이 된다. 그다음에는 운동장에서 가서 공을 쫓아다니기 시작한다. 그는 자기도 모르게 점점 깊이 축구게임에 빠져들어서 결국은 직접 공을 차게 될 것이다. 관찰자는 축구선수로 변해버렸다. 우리가 이야기하고 있는 이 경우로 보자면 대참사의 희생자가 된 것이다.

그렇게 될 수밖에 없지 않은가? 재난은 그의 삶의 일부가 되어버렸고, 스스로 재난을 자신의 층 속으로 들여놓음으로써 자기도 모르게 희생자의 운명을 받아들이고 만다. 그 결과 그는 불운한 스토리의 가능태를 물질화시킨 것이다. 물론 그는 희생자가 되기를 원하지 않았다. 그러나 그것은 중요하지 않다. 일단 펜듈럼의 게임을 받아들이고 나면 그의 역할은 그가 아니라 펜듈럼에 의해서 결정된다. 그러므로 그 대참사가 다른 많은 사람들에게는 단지 우연한 사건일지라도 그에게는 당연하고 논리적인 결말인 것이다. 우리의 주인공이 우연히 그런 운 나쁜 시간과 장소에 있게 될 확률은 이미 평균보다 훨씬 높아져 있다.

파괴적인 펜듈럼의 자극을 무시해버린다면 당신은 결코 재난 가운데에 처하는 일이 없을 것이다. 다른 말로, 당신이 재난에 처할 가능성은 제로에 가까울 것이다. 당신은 이렇게 반박할지도 모른다. — 그렇다면 수많은 사람들이 대참사나 자연재해로 목숨을 잃는 이유는 무엇인가? 그들 모두가 동시에 대참사를 생각하고 있었단 말인가? 유념할 것은, 당신만이 세상에 살고 있는 유일한 존재가 아니라는 점이다. 당신 주위에는 많고 많은 사람들이 살고 있고, 그들은 파괴적인 펜듈럼들을 위해 열심히 일하고 있으며 이 펜듈럼들의 주파수 범위 내에서 에너지를 방사하고 있다. 이 주파수에서 온전히 벗어날 수 있는 사람은 아무도 없다. 그 에너지장은 당신을 사로잡고, 그러면 당신은 자기도 모르게 같은 주파수로 에너지를 방사하기 시작한다. 이런 양상은 집단의 힘과 본능이 개인의 안전을 도와주었던 원시시대로부터 기인한 것이다. 유도전이 에너지장이 자라나서 눈덩이 효과를 일으키고 급기야는 당신을 깔때기처럼 안으로 빨아들이는 것은 바로 이런 이유 때문이다.

우리가 할 일은 깔때기의 중심으로부터 가능한 한 멀리 벗어나는 것이다. 즉, 대참사와 재난에 관한 정보가 당신에게 발을 들이게 하지 말라. 거기에 관심을 갖지 말라. 그것이 자기에게 일어난 일인 양 감정적으로 느끼지 말라. 그것을 놓고 떠들지 말라. 아무튼 재난에 관한 모든 정보가 당신을 그냥 지나가게 하라. 이 차이를 잘 알아야 한다. — 그 정보를 피하라는 것이 아니다. 다만 그 정보가 당신에게 발을 들이도록 허락하지 말라는 것이다. 앞 장에서 말한 것처럼, 펜듈럼을 피하는 것은 펜듈럼과 마주치려고 애쓰는 것이나 마찬가지다. 무엇에 대항하거나 절대로 원하지 않거나 반감을 표하면 당신이 피하고자 하는 바로 그것의 주파수로 열심히 에너지를 방사하게 된다. **어떤 것이 발을 들여놓도록 허락하지 않는다는 것은 그것을 무시하는 것을 의미한다.** 부정적인 정보에 대해 반응을 하지 않는 것이다. 해롭지 않은 TV 프로그램이나 책으로 그냥 주의를 돌리라.

만일 반응을 억누를 수가 없다면 최소한 당신의 수호천사에게 의지할 수 있다. 예컨대, 비행기를 타는 것이 두렵다면 비행기를 타지 말라. 처음부터 두려움이 있다면 그것은 당신이 방사하는 사념 에너지에 대참사의 분위기가 감도는 인생트랙과 공명하는 주파수의 에너지가 포함되어 있다는 뜻이다. 당신이 반드시 그런 트랙으로 옮겨갈 것이라는 말은 결코 아니지만, 그래도 그런 일이 일어날 가능성은 존재한다. 비행기를 타도 위험하다는 생각이 전혀 들지 않는다면 두려워할 일은 하나도 없다. 그와 반대로 만일 탑승 전에 전례 없이 이상한 불안이 느껴진다면 그 항공편을 타지 않는 것이 현명할 것이다. 탑승을 취소하기가 전혀 불가능할 때는 새벽별이 속삭이는 소리에 귀 기울이는 법을 배워야 한다. 그것이 무엇인지, 어떻게 하는 것인지는 앞으로 알게 될 것이다.

전쟁

전쟁은 기본적으로 골목 싸움과 똑같은 방식으로 일어난다. 처음에 한 편에서 어떤 일에 대한 의견을 상대편에게 말한다. 상대편은 반대되는 견해를 가지고 있다. 그래서 처음에 표현되었던 의견은 파괴적 펜듈럼을 밀어주는 역할을 한다. 상대편은 처음의 자극에 좀 큰 진폭으로 반응한다. 이에 대해 이쪽 편도 좀더 공격적으로 응답한다. 그리하여 이런 식으로 계속 반응이 커지다가 마침내는 물리적인 싸움으로 넘어가는 것이다.

눈앞에 서로 싸우는 두 개의 펜듈럼의 모습을 그려보자. 그 그림은 단순하고 도식적인 이미지다. 두 펜듈럼은 서로 부딪히면서 점점 더 높이 흔들리고 있다. 전쟁과 혁명이 발발하는 원인은 많겠지만 그 본질은 동일하다. 처음에 사람들은 자신들이 비참한 삶을 살고 있다는 말을 듣게 된다. 모두가 그 말에 금방 동의한다. 펜듈럼의 첫번째 작전이 먹힌 것이다. 거기에 다음 설명이 이어진다. ─ 다른 민족이 우리 민족의 행복을 훼방한다는 것이다. 이것이 의분을 불러일으킨다. 이제 펜듈럼이 흔들리고 있다. 그다음에는 어느 쪽에선가 도발이 일어난다. 그것은 분노의 폭풍을 일으켜 펜듈럼에 힘을 응집시키고, 그리하여 전쟁이든 혁명이든 터뜨릴 준비가 갖추어지는 것이다. 펜듈럼의 가격加擊은 일일이 반응을 일으키고, 그 반응은 다시 흔들림을 더욱 강화시켜놓기만 한다. 그래서 이 게임에 개입한 사람들은 긴장이 팽팽한 인생트랙 위로 눈사태처럼 떠밀려 가는 경험을 하는 것이다.

오직 갈등의 발단 단계에서만 상황에 변화를 기할 수 있다. 갈등이 일단 자리를 잡으면 상황은 이미 통제가 불가능해진다. 나선이 꼬이며 막 감아 돌기 시작할 때, 그때만 펜듈럼의 첫 공격에 평화적으로 반응하거나, 또는 옆으로 살짝 비켜설 수 있을 것이다. 그러면 펜듈럼은 그냥 지나가거나 꺼져버린다. 그리고 나선의 새 분지分枝, 즉 새 인생트랙으로 옮겨지는 일도 없을 것이다. 하지만 펜듈럼의 흔들림을 받아들이면 당신이 방사하는 주파수는 나선의 새 분지, 곧 새 인생트랙의 매개변수에 점점 가까워질 것이다.

유감스럽지만 어느 한 참여자가 펜듈럼에 더이상 반응을 하지 않는다고 해도 그것이 그가 전쟁이나 혁명에 휘말려들지 않도록 보장해주지는 않는다. 강력한 소용돌이에 일단 발을 들여놓으면 그다음에는 아무리 기를 써도 거기서 빠져나오는 것은 거의 불가능해진다. 하지만 펜듈럼의 게임을 받아들이지 않는다면 그는 적어도 최소한의 손실만 입고 살아남아서 싸움에서 빠져나올 가능성을 덤으로 얻게 될 것이다. 여기서, 전쟁을 받아들이지 않는다는 것이 무슨 의미인지를 잘 이해해야한다. 당신은 전쟁을 증오하거나 적극적으로 반대하는 행동으로 전쟁과 싸울 수도 있을 것이다. 그러나 전쟁에 찬성하든 반대하든, 펜듈럼에게는 양쪽이 다 동일한 것이다. 펜듈럼은 양쪽으로부터 다 에너지를 얻는다. 에너지가 전쟁의 주파수로 방사되면 그에 상응하는 트랙으로 전이가 일어난다. 전쟁을 인정하고 거기에 참여한다면 당신은 전쟁터에 서 있게 될 것이다. 전쟁에 반대하여 싸우더라도 그 역시 당신을 고갈시킬 것이다.

펜듈럼을 받아들이지 않는다는 것은 펜듈럼을 무시한다는 뜻이다. 물론 언제나 펜듈럼을 무시할 수 있는 것은 아니다. 유도전이의 위험성이 그것이다. 전쟁의 옹호자도 아니고 반대자도 아닌, 아무런 입장도 갖지 않는 상태가 적어도 도움이 될 것이다. 모든 시대에 걸쳐 중립적인 정부들이 존속해왔다. 그들은 한쪽으로 물러나서 각국의 국민들이 온통 들고 일어나 서로를 파멸시키는 모습을 지켜봤다. 전쟁에 격렬하게 반대하는 집회와 시위를 보라. 적과의 한바탕 싸움을 호시탐탐 노리는 펜듈럼에게는 이런 반대자들도 옹호자들과 똑같이 바람직하고 헌신적인 지지자 역할을 톡톡히 해준다. 순진한 지지자들은 그와 반대로 생각하겠지만, 격렬한 반대는 전쟁을 지지하는 것과 꼭 같다. 평화를 제안하는 것과 펜듈럼의 감춰진 얼굴과 동기를 폭로하는 것이 전쟁을 멈출 수 있는 행동이다. 벌집의 우화가 기억나는가? 펜듈럼은 지지자들에게 꿀벌은 위험하니 파멸시켜야 한다고 말한다. 그러나 펜듈럼이 진정으로 원하는 것은 무엇일까? 꿀벌의 꿀이 아닐까?

실업

194 이미 이야기했듯이, 펜듈럼의 게임에 참여하는 데는 여러 방법이 있다.

펜듈럼의 게임을 지지하는 것과 거부하는 것이 그것이다. 펜듈럼을 피하려는 욕망은 잉여 포텐셜을 만들어내고, 잉여 포텐셜은 당신을 전이의 깔때기 안으로 끌어당길 것이므로 거부하는 쪽이 아마 더 위험할 것이다. 요즘은 거의 모든 사람이 일자리를 잃을까봐 두려워하고 있다. 당신을 길거리의 노숙자 신세로 유도하는 전이는 참으로 대단히 교활하다. 모든 것은 가장 사소하고 해롭지 않은 것에서부터 시작된다. 이것이 다소 미약한 첫 신호가 될 수 있을 것이다. 즉, 회사가 이전보다 운영상태가 나쁘다는 말을 어깨 너머로 듣는다. 혹은 당신이 아는 어떤 사람이 직장을 잃었거나, 감원과 구조조정에 대한 소문이 떠돈다.

인식되지 않는 잠재의식의 수준에서 빨간 불이 켜졌다. 그로부터 얼마 지나지 않아 다른 신호가 온다. ― 예컨대 심한 인플레이션으로 물가가 급상승한다. 이것은 벌써 경계심을 부쩍 일으켜놓는다. 그리고 주위에 있는 다른 사람들에게도 같은 일이 일어난다. 사람들은 수군대기 시작하고 실업의 펜듈럼은 이미 에너지를 받아먹고 있다. 주식시장에서는 주가급락의 뉴스가 들려오고 사회 전반에 긴장이 고조된다. 걱정은 어느새 불안으로 바뀌고, 그것은 다시 두려움으로 변한다. 당신은 이미 실직한 인생트랙의 주파수로 열심히 에너지를 방사하고 있다.

실직의 두려움을 품고 다니는 것은 "날 해고해도 좋아요"라고 써서 목에다 걸고 다니는 것이나 마찬가지다. 그 두려움을 감출 수 있다고 생각한다면 큰 오산이다. 때로는 몸짓과 억양이 말보다 더 많은 것을 이야기해준다. 자신에 대한 확신을 잃었기 때문에 당신은 이미 이전처럼 능력 있는 직장인이 아니다. 이전에는 누워 떡먹기였던 일도 이제는 잘 되지 않는다. 같은 직위의 동료들을 상대할 때도 긴장이 일어난다. 당신은 그 초조한 마음을 집에까지 가져와서 가족들에게 영향을 준다.

그러면 가족은 당신을 지지해주기는커녕 비판하기 시작한다. 스트레스가 쌓이고, 당신은 더이상 직장인이 아니다. ― 당신의 목에는 "해고될 준비 되어 있음"이라는 표지가 걸려 있다.

해고될지 모른다는 두려움을 갖도록 만드는 것은 죄책감이다. 이 죄책감은 잠재의식 속에서 연기를 피우고 있거나 불꽃을 이글거리며 타고 있다. 그들은 누구를 가장 먼저 해고할까? 그렇다. 가장 능력 없는 사람이다. 당신이 스스로 자신을 다른 사람보다 능력 없다고 생각한다면, 그런 가정 자체가 당신을 블랙리스트에 올려놓은 셈이다. 죄책감으로부터 벗어나라. 있는 그대로의 자신으로 있을 수 있는 사치를 자신에게 허락하라. 그리고 현재의 직업에서 성공적이지 않다면 다른 직업을 찾아보라. 근심 걱정의 잉여 포텐셜도 행동을 취하면 흩어져 사라져버린다. 어떤 사람들은 취직을 하자마자 새 직장을 찾기 시작한다. 직장을 정말 곧장 바꾸려고 그렇게 하는 것이 아니다. 안전이 보장되면 자신감이 생긴다. 만일의 경우에도 대안이 있는 것이다. 미래에 대해 불안해하지 않으면 균형력도 당신을 건드리지 않을 것이다.

전염병

당신은 아마 전염병은 인생트랙과는 아무런 상관이 없다고 생각할 것이다. 누가 병에 걸렸다면 그것은 단순히 병원균에 감염되었기 때문이다. 당신이 옳을지 모른다. 그러나 그가 '감염'을 스스로 허용했다는 점만 빼고 그렇다. 나는 그가 마스크를 쓰고 다녔어야 했다고 말하려는 게 아니다. 그렇게 했어도 그는 어떻게든 병에 걸렸을 것이다. 믿지 못하겠는가? 이 책에서 말하고 있는 다른 것들도 모두 마찬가지지만, 이 것을 이론적으로 논증하지는 못할 것이다. 그렇다고 당신이 마스크가 효과가 있는지를 시험해보기 위해 독감이 유행할 때 마스크를 쓰고 돌아다니지도 않을 것이다. 그러니 나는 그저 내가 알고 있는 것을 말해주려고 한다. 믿고 안 믿고는 당신에게 달렸다.

자, 그럼 질병의 역사를 한 번 벗겨보자. 당신이 아픈 이유는 당신이 '전염병'이라는 게임에 참여하기로 자발적으로 동의했기 때문이다. 전염병이 돌고 있다는 말을 듣는 것에서부터 모든 일이 시작된다. 유행성 독감이 어딘가에 이미 돌고 있다는 말을 들었다고 해보자. 유행성 독감이 호흡기를 통해 전염된다는 것은 누구나 알고 있다. 그 결과 당신은 다른 보통 사람들과 마찬가지로, 이 일이 누구에게나 일어날 수 있다는 가능성을 완전히 열어놓게 된다. 당신의 마음은 즉시 아픈 영화의 필름을 돌리기 시작한다. — 당신은 열이 나고 재채기와 기침을 한다. 바로 이거다. 이 순간부터 이미 당신은 게임에 발을 들여놓은 것이다. 파괴적인 펜듈럼의 주파수에 맞춰 사념 에너지를 방사하고 있기 때문이다.

당신은 이미 잠재의식에서 전염병이 실제로 와 있다는 것을 확인하려고 애쓰고 있다. 그리고 당신의 주의는 대상을 선별적으로 인식한다. 당신의 주위에는 온통 재채기하는 사람들만 넘쳐난다. 그들은 늘 거기 있었지만 그전에는 당신이 알아채지 못했던 것뿐이다. 직장이나 가정에서 때때로 누군가가 유행성독감 이야기를 꺼낼 것이다. 전염병이 다가오고 있다는 당신의 추측은 점점 더 많은 증거들로 확인을 받는다. 당신이 특별히 확인하려고 하지 않더라도, 또 그 문제가 특별히 걱정되지 않는다 해도 말이다. 어떻게든 저절로 확인이 된다.

만일 당신이 게임의 시초부터 그 파괴적인 펜듈럼의 주파수에 자신을 동조시켜놓고 있었다면 의식적으로 거기에 참여하든지 말든지 상관없이 당신은 거기에 점점 더 강하게 구속될 것이다. 아파도 괜찮다고 생각하거나 병에 걸릴 운명이었다고 느낀다면 그것은 당신이 이미 그 펜듈럼의 가장 극성적인 지지자임을 의미한다. 혹은, 아프지 않기로 결심하고 자신이 완벽하게 건강하며 아프지 않을 것이라고 아무리 스스로 다짐을 해도 아무런 소용이 없다. 당신은 질병에 대해 생각하고 있으므로 이미 그 질병의 주파수로 에너지를 방사하고 있는 것이다. 긍정이든 부정이든 생각의 방향은 중요하지 않다. 달리 말해서, 아프지 않으리라 자신을 확신시키려고 애쓴다면 애초부터 당신은 아플 가능성을 열어놓는 것이 된다. 아무리 자신을 설득해봤자 건강에 도움이 되지는 않을 것이다.

소리 내어 내뱉은 말은 그저 공기의 진동일 뿐이고, 자기에게 하는 혼잣말은 아무것도 아니다. 그러나 신념은, 비록 들리지는 않을지라도, 강력한 에너지다. 달려가서 예방접종을 받는다고 해도 자신을 구하지는 못할 것이다. 당신은 이미 어떻게든 일정기간 아프게 되어 있기 때문에 그런 것은 별 소용이 없다. 질병의 첫 증상은 당신에게 선택의 기회를 준다. ― 당신은 결국 아플 것인가 말 것인가? 당신은 미약하게나마 저항하려는 시도를 해보지만 결국 병이 나고 있다는 사실을 직면하게 된다. 이로 인해 당신의 방사 에너지에 최종적인 조정이 일어나며, 당신은 질병에 완전히 장악된 인생트랙으로 이동한다.

유도전이는 펜듈럼을 받아들인 순간부터 시작되었다. 만일 당신이 정말 이 전염병에 대해 전혀 관심이 없다면 전이는 일어나지 않을 것이다. 혹은 당신이 휴가중이어서 아무와도 이야기를 나누지 않고 아무런 뉴스도 듣지 못했다면, 그래서 전염병에 대해서는 아무것도 모른다면 펜듈럼은 당신을 건드리지 않을 것이다. 펜듈럼은 빈 공간을 헛발질하 듯 지나갈 것이다.

의사들은 왜 감염되지 않는지 궁금하게 여겨본 적이 있는가? 보호 마스크조차 쓰지 않고 일하는 대담한 의사들도 많다. 그들이 예방접종 을 했기 때문이 아니다. 모든 질병에 대해 예방접종을 할 수는 없는 일 이다. 의사들도 역시 질병 펜듈럼의 게임을 열심히 하고 있다. 그러나 그들의 역할은 완전히 다르다. 유사한 예를 들어보자. 기회가 있으면 항공기 내의 스튜어디스들을 관찰해보라. 요정 같은 그들은 승객에게 좌석벨트를 단단히 매라고 강요하듯 권하면서도 자기들은 사고가 나면 새처럼 공중을 날아다니기라도 할 듯이 객실을 마음대로 돌아다니고 있다.

깐깐한 독자들은 이렇게 물어볼 것이다. "글쎄요, 그럼 에이즈에 감 염된 아기들은 어떻게 된 건가요? 뭐요, 아기들도 전이의 에너지를 방 사한다고요?" 첫째, 우리는 여기서 단지 하나의 경향성으로서만 질병 의 문제를 논하고 있다. 둘째, 나는 전반적으로 감염이란 존재하지 않 으며 질병의 주파수로 방사되는 사념 에너지만 존재한다고 말하려는 것이 아니다. 트랜서핑은 도그마가 아니다. 또한 진리로 가는 길에 놓 인 마지막 정류장도 아니다. 그 어떤 생각도 절대적 진리로 여겨서는 안 된다. 우리는 다만 패턴과 규칙성을 바라볼 수 있을 뿐이다. 진리란 언제나 '아주 가까운 어딘가'에 있지만, 그것이 정확히 어디인지는 아 무도 모른다.

공황

이것은 가장 강렬하고 급속히 유도되는 전이다. 사람들 사이에 퍼진 공황은 유도전이 특유의 특징들을 모두 보여주기에 가장 적합한 현상이다. 첫째, 공황에 빠지면 나선이 대단히 강력하게 감겨든다. 실제적 위험에 대한 신호가 언제나 너무나 그럴듯하게 느껴져서, 사람들이 파괴적 펜듈럼의 게임에 즉각적으로 휘말려들기 때문이다. 같은 이유로, 펜듈럼의 흔들림은 훨씬 더 빠르게 증가한다. 그것은 실로 눈사태와도 같다.

둘째, 공황상태에서 사람들은 자기통제력을 거의 완전히 상실한다. 그것은 펜듈럼의 흔들림을 민감하게 수신하고, 동시에 적극적으로 다시 발신한다는 것을 의미한다. 그리고 마지막으로, 펜듈럼은 군중이라는 형태를 통해 물질화하는, 이상적인 수단을 얻는다. 불행하게도 이 모든 요소는 펜듈럼을 끄거나 지나가게 하는 것이 아주 어려워지게 만든다. 공황에 빠진 순간에는 펜듈럼과 싸울 방법을 궁리할 생각조차 떠오르지 않는다.

그러나 만일 자신을 통제하여 공황에 사로잡히지 않을 수 있다면 당신은 자신과 이웃들의 목숨을 구할 수 있는 절호의 기회를 갖게 된다. 예를 들어, 가라앉는 배 위에서는 구명보트 하나를 놓고 난투극이 벌어지기 마련인데, 누군가가 잠시 정신을 차리고 둘러보기만 하면 근처에서 다른 빈 보트를 발견할 것이다. 그러나 마치 깔때기처럼 주위의 모든 것을 빨아들여서 가능한 대안을 발견하지 못하게 만드는 것이 유도전이의 방심할 수 없는 성질이다.

가난

논리적으로 생각한다면, 빈민가에서 태어난 단순한 사람이 어떻게 부자가 될 수 있을까? 범죄를 통해 부자가 되는 경우나, 하룻밤 사이에 백만장자가 되는 동화 따위는 고려에 넣지 않기로 하자. 상식에 근거해서 논리적으로 생각해서는 이에 대해 아무런 그럴 듯한 결론이 나오지 않는다. 그렇다면 일상적인 논리가 당신에게 무슨 소용이란 말인가? 트랜서핑은 상식의 틀 속에는 들어가지 않는다. 그러나 다시 말하지만, 트랜서핑은 불가능해 보이는 것을 이룰 수 있게 한다.

논리적으로 행동하면 그에 따른 결과를 얻는다. 누군가가 궁핍 속에 태어났다면 그는 가난한 생활환경을 만날 것이다. 그래서 그는 거기에 익숙해지고, 자신의 비참한 삶의 주파수에 동조된 에너지를 방사할 것이다. 자신의 가난에 대해 오직 혐오감을 느끼고, 부자들을 부러워하고, 잘 살고 싶은 욕망만을 느낀다면 번영의 인생트랙으로 옮겨가는 것은 대단히 어려울 것이다. 아니, 만일 당신이 이 세 가지 외에는 다른 것을 느낄 수가 없다면 부자가 되는 트랙으로 옮겨가기란 실제로 불가능하다고 하겠다. 왜 그런지 살펴보도록 하자.

모든 아이가 이 세상에 와서 최초로 발견하는 사실 중 하나는 아마도 이런 것이리라. ─ 뭔가를 원하지 않는다는 사실만으로는 아직 그로부터 해방된 것이 아니라는 사실 말이다. 때로 그 영혼은 절망 속에서 이렇게 외친다. "나는 그걸 원하지 않아! 난 그저 그게 싫을 뿐이야. 왜 나를 가만 놔두지 않는 거야? 왜 내겐 늘 이런 일만 일어나는 거야?"

아이들뿐만 아니라 어른들도 열이 나면 이런 식의 의문을 혼자서 던져보곤 한다. 원하지 않는데도 그럴수록 자꾸만 그런 일이 일어나는 이런 상황을 받아들이기란 정말 어렵다. 그것은 싫어하면 싫어할수록 가는 데마다 따라온다. 자신의 가난, 직업, 신체적 결점, 이웃, 길거리의 부랑자들, 알코올 중독자, 마약 중독자, 개, 도둑, 범죄자, 무례한 젊은 이들, 정부 등등을 미워할 수도 있다. 그런데 뭔가를 미워하면 할수록 그것을 삶 속에서 더 자주 마주치게 된다. 그리고 당신은 그 이유를 이미 알고 있다. 그것이 당신을 건드리면 당신은 그것에 대해 생각하게 되고, 그 결과 당신은 원하지 않는 그것이 널려 있는 인생트랙과 같은 주파수의 에너지를 방사하게 되는 것이다. 이 에너지가 '호감'과 '비호감' 중에서 어느 방향을 취하든 그것은 중요하지 않다. 싫어하는 쪽이 더 강한 감정이기 때문에 그쪽이 오히려 더 효과적이다. 한편, 당신에게 불쾌한 것은 모두가 당신에게 파괴적인 펜듈럼이 된다. 그리고 바로 그 이유로 당신의 감정적 고통은 펜듈럼을 더욱 높이 흔들어놓는다. 마지막으로, 당신이 그것을 극구 혐오한다면 그것은 곧 잉여 포텐셜이 만들어지고 있음을 의미한다. 균형력은 당신을 공격할 것이다. 왜냐하면 세상이 당신의 비위에 맞지 않는다면 세상을 바꾸는 것보다는 한 사람 뿐인 당신을 제거해버리는 편이 훨씬 더 쉽기 때문이다. 삶에 대한 부정적인 태도 속에 해로운 것들이 얼마나 많은지를 보라!

궁핍하게 태어난 사람의 이야기로 돌아가 보자. 그에게는 부자가 되겠다는 꿈이 있다. 그러나 알다시피 꿈꾸는 것만으로는 아무것도 바뀌지 않는다. 당신은 소파에 누워 게으름을 피우며 이렇게 생각할지 모른다. "딸기를 먹었으면 참 좋겠는데. 하지만 그걸 어떻게 구한담? 겨울이라서 그건 불가능해." 가난한 사람들은 실제로 이와 같은 식으로 부자가 되는 꿈을 꾸고 있다.

원하는 것을 얻기 위한 행동을 취할 준비가 되어 있지 않은 한 그것을 얻지 못한다. 그는 어차피 거기서 아무것도 얻을 게 없으리라고 확신하고 있기 때문에 아무런 행동도 하지 않는다. 이것은 악순환의 고리다. 원하는 것 자체만으로는 아무런 힘도 없다. 그것은 손가락 하나도 움직일 수 없다. 손가락을 움직이는 것은 의도, 즉 행동하고자 하는 마음의 태세다. 의도는 또한 가지고자 하는 마음의 태세를 포함한다. 어떤 사람은 이렇게 말할 것이다. "그렇담 나는 정말 부자가 될 준비가 돼 있어요! 그야 사실 아주 간단한 일 아닌가요? 난 정말 부자가 되고 싶다구요!"

역시 아니다. '원하기'와 '가질 태세를 갖추기' 사이에는 깊은 심연이 놓여 있다. 예를 들어, 궁색한 사람은 부유한 환경이나 명품 백화점 같은 데서는 안 그런 것처럼 보이려고 아무리 애를 써도 어쩔 수 없이 '물 밖에 나온 물고기' 같은 기분이 된다. 그는 마음 깊은 곳에서 자신이 이런 것을 누릴 만한 사람이 못 된다고 느끼고 있다. 궁색한 자에게 부는 안락지대가 아니다. 부유함이 불편하기 때문이 아니라, 그가 이 모든 것으로부터 너무나 동떨어져 있기 때문이다. 새 안락의자가 아무리 좋아도 쓰던 의자가 더 편한 것이다.

궁색한 사람은 오직 부의 표면만을 본다. ― 호화주택, 값비싼 자동차, 화려한 실내장식, 고급 사교클럽……. 궁색한 사람을 그런 환경에 있게 하면 불편함을 느낄 것이다. 또 그에게 돈이 가득 찬 가방을 준다고 해도 그는 온갖 어리석은 짓으로 결국 그 돈을 다 날려버릴 것이다. 그가 내보내는 에너지의 주파수는 부유한 삶과 전혀 공명하지 않는다. 궁색한 사람이 부유한 느낌을 자신의 안락지대 안에 포함시킬 때까지는, 값비싼 물건들의 소유자가 된 느낌을 터득할 때까지는, 비록 땅에 묻힌 보물 상자를 캐낸다고 할지라도 그는 여전히 궁색한 사람으로 남아 있을 것이다.

부자가 되는 길에 놓인 또 하나의 장애물은 질투심이다. 알다시피 누군가를 부러워하고 질투한다는 것은 그의 성공 때문에 불쾌해지는 것을 의미하기 때문이다. 이런 의미에서, 질투는 좋을 것이 아무것도 없다. 게다가 질투는 강력한 파괴적 요소를 가지고 있다. 사람의 심리는 이렇게 움직인다. 즉, 사람은 자기가 갖고 싶은 것에 대해 부러움을 품으면 그것의 가치를 온갖 방법을 다 동원하여 깎아내리려 한다. 질투의 논리는 이렇다. "난 그가 가진 것이 부럽다. 그것이 나에게는 없다. 아마 난 그걸 결코 갖지 못할 것이다. 그렇지만 내가 그보다 못한 게 뭐가 있는가? 그러니까 그가 가진 건 형편없는 것이고, 내겐 그런 게 전혀 쓸모 없다."

이런 식으로 소유욕이 방어심리로 변하고, 그다음에는 거부로 바뀌는 것이다. 잠재의식은 모든 것을 문자 그대로 이해하기 때문에, 거부는 그 미묘한 차원에서 일어난다. 의식이 질투의 대상을 낮추어보는 것은 자신을 다독거리기 위해 겉시늉으로만 그러는 것이지만 잠재의식은 모든 것을 심각하게 받아들인다. 그래서 잠재의식은 모든 힘을 동원하여 그가 낮추어보고 거부하는 것을 얻지 못하게끔 하기 때문에, 이득보다 손실이 더 크다.

이제 우리는 어떤 집요한 힘이 사람들을 가난의 인생트랙에다 붙들어 매어두는지를 이해한다. 부유한 사람이 가난한 인생트랙으로 옮겨가는 유도전이에서는 사건이 더욱 극적으로 전개된다. 정말 완벽하게 성공적인 사람이 모든 것을 잃고 길거리에 나앉는 일이 벌어지는 것이다. 가난으로의 유도전이에서 가장 방심할 수 없는 것은, 처음에는 나선이 천천히 풀리다가 점점 빨라지면서 나중에는 멈추기가 불가능해진

204

다는 점이다.

이 나선은 일시적인 재정적 어려움에서 시작한다. 이런 일시적 재정 난은 누구에게나, 어느 순간에도 일어날 수 있다. 그것은 소풍날에 비 가 내리는 것처럼 참으로 일상적이고 피할 수 없는 일이다. 당신이 그 때문에 삶에 대해 분노하거나 우울해하여 동요하지 않는다면, 당신이 에너지를 주지 않으므로 그 파괴적인 펜듈럼의 흔들림은 꺼져버릴 것 이다. 유도전이는 당신이 나선의 끝을 부여잡을 경우에만 시작된다. 나 선이 돌기 시작하려면 당신이 펜듈럼에 반응해야 한다.

펜듈럼의 자극에 대한 당신의 첫 반응은 불만족이다. 펜듈럼을 지탱 하기에는 이것만으로는 너무 미약하다. 당신의 감정이 여기서 끝나버 린다면 펜듈럼은 꺼지고 만다. 또다른 반응은 분노다. 이 감정은 좀더 강해서 펜듈럼은 다시 기운을 차리고, 누군가가 당신의 경제적 문제에 대해 비난을 가하리라는 정보를 보내준다. 이 두번째 자극에 대해 당신 은 그 상대방을 향한 부정적인 말이나 행동으로써 반응할 것이다. 이 시점이면 파괴적 펜듈럼은 이미 완전히 기운을 차려서, 나선에 새 분지 가 형성되기 시작한다. 즉, 당신의 월급이 줄어들거나 물가가 치솟거 나, 누군가가 갑자기 나타나 빚을 갚으라고 독촉할 것이다.

모종의 과정이 진행되고 있다는 사실을 당신이 아직 깨닫지 못하고 있다는 점을 주목하라. 그것은 그저 지나가는 하나의 운 나쁜 일처럼 보일 수도 있다. 그러나 사실 그것은 어떤 방향성을 띤 과정이다. 즉, 당신이 펜듈럼의 흔들림에 응답하면서 그것을 스스로 유도한 것이다. 당신의 방사 에너지는 번영의 트랙으로부터 가난에 시달리는 트랙으로 스스로 주파수를 바꾼다. 그리하여 당신은 이 새로운 매개변수에 상응 하는 트랙으로 옮겨가게 되는 것이다.

205

그러다가 형편이 갈수록 더 심각해진다. 사방에서 나쁜 소식이 쏟아져 들어온다. 물가는 오르고 회사의 경영상태도 악화된다. 당신은 가까운 친구들, 친척들과 이 암울한 일을 놓고 열심히 토론을 벌이기 시작한다. 이 토론은 대개가 파괴적인 종류의 것들이다. 즉, 그 내용은 불평과 불만과 원인 제공자들에 대한 비난 등으로 차 있다. 이런 식의 토론은 사업이 정말 안 되는 회사에서 특히 많이 일어난다. 이런 회사들은 "돈이 없다"라는 공리를 아침 기도처럼 외면서 하루를 시작한다.

여기서 이미 당신은 나선에 붙잡혀버렸다. 당신의 방사 에너지는 파괴적인 펜듈럼의 주파수에 동조되어 있다. 상황이 계속 악화되고 있기 때문에 당신은 근심과 걱정에 휩쓸릴 것이다. 근심의 에너지는 작은 크기임에도 불구하고 펜듈럼과 아주 잘 동화되어서, 펜듈럼이 더욱 더 달려들게 만든다. 근심에 싸이면 당신은 어쩔 수 없이 사방에다 온통 불만족, 공격성, 침울함, 냉담함, 분노 등등의 잉여 포텐셜을 만들어내게 된다. 이제 파괴적인 펜듈럼이 균형력과 손을 잡으면 상황은 통제불능이 되면서 눈덩이처럼 불어난다. 당신은 두려움을 느끼고 실성한 사람처럼 맥을 놓아버린다.

그것은 마치 누군가가 당신의 손을 잡고 빙빙 돌리다가 갑자기 휙 놓아버리는 것과도 같다. 당신은 옆으로 나가떨어져 충격을 받고 쓰러져 있다. 끔찍한 모습이다. 그런데 이 모든 것이 처음엔 작은 재정적 문제로부터 시작했다. 펜듈럼은 당신의 돈을 필요로 하지 않는다. 펜듈럼은 단지 당신에게 돈이 없을 때 방사되는 부정적 에너지에만 관심 있다. 그 결과로, 나선이 완전히 풀릴 때 그 불쌍한 사람은 최선이라야 많은 것을 잃고, 최악의 경우 모든 것을 잃어버릴 것이다. 그는 더이상 파괴적 펜듈럼의 관심거리가 아니다. 그에게서는 더 빼앗을 것이 없다.

그 이후에는 몇 가지 방식으로 일이 펼쳐질 수 있다. 즉, 그 불행한 사람은 실패의 인생트랙 위에 계속 누워 있을 수도 있고, 어려움을 무릅쓰고 거기서 빠져나오려고 애쓸 수도 있다. 이 같은 유도전이는 한 개인에게 일어날 수도 있고 커다란 집단에게 일어날 수도 있다. 당신도 상상할 수 있듯이, 집단에서 일어나는 경우에 나선은 더이상 하나의 나선으로 머물지 않는다. 그것은 커다란 소용돌이가 되어서, 거기서 빠져나가기는 무척 어렵게 될 것이다.

유도전이를 피하는 유일한 방법은 나선의 끝을 붙잡지 않는 것, 파괴적 펜듈럼의 게임에 말려들지 않는 것이다. 단순히 이 메커니즘이 어떻게 작동하는지를 아는 것만으로는 충분하지 않다. 당신은 언제나 그것을 기억해야 한다. 당신의 '지켜보는 자'는 잠들지 않아야 한다. **습관적으로 펜듈럼의 게임을 받아들일 때마다 꿈을 깨듯 정신을 차리라. 불만, 분노, 근심이 올라올 때마다, 건설적이지 못한 토론에 끼게 될 때마다 정신을 차리고 깨어나라.** 기억하라. ― 당신을 부정적으로 반응하게 만드는 모든 것은 파괴적 펜듈럼의 도발이라는 것을. 꿈에서도 똑같은 일이 일어난다. 그것이 꿈임을 깨닫기 전까지는 말이다. 당신은 다른 누군가의 손에 매달려 있는 꼭두각시 인형이다. 그리고 악몽에 시달리고 있는 것이다. 꿈에서 깨어나 이런 망상들을 흔들어 떨쳐버리고 게임의 진정한 본질을 깨달으라. ― 당신은 삶의 주인이다. 주변의 모든 사람이 좀비(살아 있으나 시체와 다를 바 없는 사람 - 역주)처럼 살고 있지만 당신은 환경의 희생자가 아니라 환경의 주인이다.

요약

- 사람은 각자 자신이 살 세상의 층을 창조해낸다.
- 각 개인의 층들이 층층이 겹쳐서 전체 세상을 이룬다.
- 부정적인 에너지를 방사하면 자기 층의 세상이 악화된다.
- 사람들은 어처구니없게도 공격성을 힘의 상징으로,
  불만을 정상적인 반응으로 여기고 있다.
- 부정적인 사건에 반응하면 부정적인 인생트랙으로 이끌린다.
- 유도전이는 개인의 층 속에 부정적인 사건을 끌어들인다.
- 당신의 층에 부정적인 정보를 들여놓지 말라.
- "들여놓지 말라"는 말은 회피하라는 것이 아니라,
  의도적으로 무시하고 거기에 관심을 갖지 말라는 뜻이다.

제6장 가능태 흐름

예감, 직관, 예언, 새로운 발견 그리고 예술의 걸작 — 이런 것들은 어디서 오는 것일까? 발명하고 창조해내는 그것은 과연 인간의 마음일까? 가능태 흐름은 마음에게 호사로운 선물이지만 사람들은 그런 사실을 전혀 알아차리지 못한다. 그리고, '징조'란 것은 또 무엇일까? 그것은 왜 맞아떨어질까?

흐름을 타면 세상이 당신을 마중 나온다

정보장

가능태 공간은 하나의 정보장 또는 에너지 매트릭스, 곧 무슨 일이 어떻게 일어나야 할지를 알려주는 하나의 모델이다. 매트릭스의 특정 섹터에 동조된 에너지가 이 섹터를 '조명할' 때, 이 모델은 물질의 형체를 취하며 현실화된다. 그러면 이런 의문이 일어난다. — 물질화되기 전의 형태로 있을 때에도 이 정보를 이용할 수 있을까? 말을 바꿔서, 우리는 미래를 '들여다볼' 수 있을까?

우리는 날마다 그렇게 하고 있다고 할 수 있다. 의식은 가능태 공간에서 정보를 얻어내는 방법을 모른다. 그러나 잠재의식은 정보장에 자유롭게 접근할 수 있다. 이 정보장이 바로 예감, 직관, 예견, 예언, 새로운 발견 그리고 예술의 걸작이 나오는 곳이다.

정보는 의식 속으로 들어갈 때, 외부 데이터에 대한 해석으로서 바깥세상으로부터 들어가거나, 혹은 직관의 차원에서 잠재의식을 통해 들어간다. 정보장에 기록된 데이터는 가장 순수한 형태의 사실이라고 할 수 있다. 달리 말해서, 그것은 모든 해석으로부터 자유로운 객관적 정보이다. 사실이 마음이라는 필터를 통과하면 그것은 해석, 곧 '지식'으로 바뀐다. 모든 생명체는 사실을 자신의 해석을 통해 인지한다. 병아리는 인간의 방식과는 사뭇 다른 방식으로 세상을 인지하고 이해한다. 심지어 사람들 사이에서도 동일한 사물을 저마다 서로 다르게 인지하고 이해할 수 있다. 그러므로 지식이란, 정도는 다를지언정, 진실의 왜곡된 형태에 지나지 않는다.

정보장의 데이터는 복잡한 에너지체의 형태를 띠고 있다. 이 에너지체에는 물질로 하여금 일정한 법칙에 따라 움직이게 하는 모든 것이 포함되어 있다. 먼저 잠재의식(영혼)이 정보장으로부터 데이터를 받아들이면 의식(마음)이 그것을 소리나 상징으로 번역한다. 이것이 새로운 것 ─ 음악, 미술작품 등 사람이 직접적으로 보거나 알 수 없는 모든 것 ─ 이 창조되거나 새로이 발견되는 방식이다. 또한 직관적 지식과 예감이 일어나는 방식이기도 하다.

이 모두가 당신에게는 충격적이고 믿기 어려운 사실일 수 있다. 그렇다면 마음은 혼자서는 새로운 것을 아무것도 만들 수 없어서, 단지 정보장으로부터 데이터를 받아들일 수 있을 뿐이란 말일까? 꼭 그런 것은 아니다. 마음은 친숙한 대상들을 가지고 새로운 것을 만들어내거나, 논리를 구사하여 문제를 해결할 수 있다. 달리 말해서, 마음은 낡은 벽돌로 새 집을 지어낼 수 있다. 하지만 마음은 낡은 것을 가지고 만들어낼 수 없는 것, 즉 전혀 새로운 것은 만들어내지 못한다.

과학의 근본적 발견들은 논리적 추론의 소산이 아니라 난데없이 떠오르는 지식처럼, 번득이는 영감으로부터 나오는 것이다. 위대한 발명의 경우도 마찬가지다. 훌륭한 음악은 그저 음표들을 끌어 모아서 작곡

되는 것이 아니라 스스로의 힘으로 창조되는 것이다. 미술에서도 걸작은 노련한 기법이 만들어내는 것이 아니라 영감으로부터 탄생되어 나오는 것이다. 특별한 기법에 통달한 사람이 그린 미술작품이라고 해서 반드시 걸작이 되지는 않는다. 뛰어난 기법의 한계 너머에 있는 무엇 때문에 걸작이 되는 것이다. 영혼을 울리는 시는 운율을 잘 짜 맞춰서 나온 결과가 아니다. 그 또한 같은 곳, 즉 영혼의 깊은 곳에서 나온다.

영감과 영적 각성에 뿌리를 두고 있는 예술은 이성과는 무관하다. 이성은 나중에야 그런 유사한 것을 만들어낼 수 있을 뿐이다. 예컨대, 이성은 오래된 걸작을 모방하여 완벽한 복제품을 만들 수 있다. 하지만 새로운 걸작은 창작할 수 없다. 이성은 잠재의식이 정보장으로부터 받아들인 데이터를 분석하여 이를 음률, 그림, 시, 공식, 도표 등의 상징적 해석으로써 포장한다.

우리는 아직 잠재의식이 어떻게 정보장에 접근하는지를 이해하지 못하고 있다. 단지 그런 일이 일어나는 것을 목격할 수 있을 뿐이다. 그 하나의 예는 투시력이다. 이것은 이전에 일어났거나 앞으로 일어날 사건, 혹은 육안의 한계 너머에서 현재 일어나고 있는 일을 인지하는 능력이다. 우리는 그런 현상의 메커니즘을 이해하지 못하며, 그래서 그것을 초자연적 현상이라고 부른다. 기초과학의 펜듈럼은 자신의 무력함을 인정하고 싶지 않기 때문에 이 초자연적 현상을 진지하게 대하지 않는다. 하지만 설명할 수 없다고 해서 그것이 사실이 아니라고 할 수도 없고, 그저 배척해버릴 수도 없는 일이다.

정보장 속의 사건들을 마치 물질세계의 눈앞에서 벌어지는 일처럼 선명하게 보는 사람들이 있다. 그런 사람들은 이미 실현되어 있는 가능태 공간의 특정 섹터에다 자신을 동조시키는 능력을 가지고 있다. 예를 들어, 실종된 사람의 섹터에 동조하려면 투시능력자는 그의 사진을 보거나 그의 소지품을 만져봐야 한다. 때로는 경찰도 이런 투시가의 능력을 활용한다.

누구나 선명하게 볼 수 있는 것은 아니기 때문에 실수도 일어난다. 이런 실수의 원인은 두 가지다. 첫째 원인은, 투시가가 아직 실현되지 않았고 앞으로도 실현되지 않을 섹터에 동조될 수도 있다는 사실에서 생긴다. 섹터들은 서로 간의 상대적 거리에 따라 시나리오와 무대장치가 크게 달라지기도 하고 거의 차이가 나지 않기도 한다. 투시능력자가 실수를 하는 둘째 원인은 데이터의 해석에 있다. 예를 들어, 고대의 예언가와 선지자들은 미래의 낯설고 기이한 광경들을 볼 때 자신의 지식 수준에서 유추하여 자신의 방식으로 해석했다. 예언들이 때로 정확하지 않은 것은 이 때문이다.

이 모든 것을 믿거나 말거나, 그것은 당신의 선택이다. 트랜서핑은 우주의 법칙을 자신에게 이롭도록 활용할 수 있게 해주는 하나의 모델임을 명심하자. 트랜서핑은 우주의 구조를 기술하려는 것도 아니고 "바로 여기에 문제의 답이 묻혀 있다"고 새겨놓은 기념비도 아니다. 알다시피 진리는 언제나 지척의 어딘가에 있다. 인간이 마음으로써 새로운 무엇을 합성해낼 수 있다는 생각도 역시 하나의 사고방식일 뿐이다. 단지 우리가 이런 모델에 오랫동안 익숙해져 있어서 그것이 우리에게 잘 맞는 것일 뿐이다. 이런 익숙한 삶의 도식도 트랜서핑 모델만큼이나 증명하기가 힘들다는 사실을 명심해야 한다. 그러니 세상 일이 이런 식으로 일어나건 저런 식으로 일어나건, 그것은 원리상 그다지 중요하지 않다. 가능태 공간의 정보들이 다양한 암시, 심상, 깨달음, 징조 등의 형태로 어떻게든 우리의 귀에 도달한다는 사실만은 변함없다. 그리고 가능하다면, 우리는 그 의미를 파악하려고 노력해야 한다.

난데없는 지식

아주 적은 수의 선택받은 사람들만이 정보장의 데이터를 명료하게 읽을 수 있다. 대다수의 사람들은 스쳐 지나가는 예감이나 모호한 지식의 형태로 이런 데이터의 흔적만을 접할 수 있을 뿐이다. 과학이나 예술을 하는 사람들은 여러 날 혹은 여러 해 동안 일에 깊이 몰입한 후에 깨우침을 얻는다. 가능태 공간에서 우리의 사념은 이미 실현되어 있는 섹터에 동조되는 편이 훨씬 더 쉽기 때문에, 새로운 것을 발견해낸다는 것은 어려운 일이다. 전적으로 새로운 것은 실현되지 않은 섹터에만 존재한다. 하지만 어떻게 하면 거기에 동조될 수 있을까? 아직 그것은 우리의 능력 밖에 있다.

실현되어 있는 섹터에서는 새로운 답이 나오지 않을 때, 잠재의식은 어떻게든 그곳을 빠져나와 실현되지 않은 섹터로 들어간다. 그런 데이터는 통상의 상징적 해석으로 포장되어 있지 않다. 그래서 의식은 그것을 모호하고 불분명한 정보로 인식하게 된다. 만일 두뇌가 이 정보의 핵심을 파악할 수 있다면 우리는 사물의 이치를 확실히 깨달을 수 있을 것이다.

의식과 잠재의식의 작용 메커니즘에는 모호하고 모순되는 점들이 많다. 우리는 이런 문제들을 모두 다루지는 않고 그중 몇 가지 측면들만 개별적으로 살펴볼 것이다. 문제를 단순하게 하고 용어의 의미 때문에 혼란되지 않도록 하기 위해서, 의식과 관련된 모든 것을 '마음'이라고 하고 잠재의식과 관련된 모든 것을 '영혼' 이라고 부르기로 하자.

영혼이 말해주고자 하는 모든 것을 마음이 이해했더라면 인류는 아주 오래전에 정보장에 바로 접속할 수 있었을 것이다. 만일 그랬다면 우리의 문명이 얼마나 높이 진보했을지는 상상하기조차 어렵다. 그러나 마음은 영혼의 말에 귀 기울이는 법을 모르기도 하거니와, 들으려고도 하지 않는 것이 현실이다. 사람의 주의는 바깥세상의 대상이나 대상에 대한 생각과 감정에 끊임없이 사로잡혀 있다. 내면의 독백도, 마음의 통제하에 있음에도 불구하고, 거의 멈추는 일이 없다. 마음은 영혼의 미약한 신호에는 귀를 기울이지 않고 자신이 사로잡혀 있는 생각만을 권위적인 목소리로 끊임없이 되뇐다. 마음은 '사고할' 때, 물질화된 섹터의 가시적 대상들을 그 성질에 따라 분류하여 범주화한다. 달리 말해서, 마음은 사람들 사이에 보편화되어 있는 '이름' 의 도움을 받아서 사고한다. 즉, 상징기호, 언어, 개념, 도식, 규칙 등이 그것이다. 마음은 모든 정보를 적절한 이름표가 붙은 서류함 안에다 집어넣으려 애쓴다.

세상 만물에는 이름과 꼬리표가 있다. — 하늘은 푸르다, 물은 축축하다, 새들은 난다, 호랑이는 위험하다, 겨울은 춥다 등등. 실현되지 않은 섹터에서 온 어떤 정보에 아직 사람이 붙여준 이름표가 없다면 마음은 그것을 모종의 불가지不可知의 것으로 인식한다. 만일 어떤 하나의 지식에 새로운 이름표를 붙일 수 있거나 기존의 틀 안에서 설명할 수 있다면, 새로운 발견을 이룩한 것이다.

완전히 새로운 것은 언제나 설명하기가 대단히 어렵다. 태어나서 처음으로 음악을 듣고 있는 한 사람을 상상해보라. 음악 역시 소리의 형태로 된 정보이다. 마음이 이 정보를 받으면, 그것을 인식은 하지만 이해하지는 못한다. 거기에는 아직 이름표가 없다. 마음이 음악을 여러 번 듣고 음악가, 악기, 음표, 노래 등 음악과 관련된 모든 대상과 그 명칭이 명확해진 후에야 이해가 찾아오는 것이다. 그러나 마음이 음악을 처음으로 들을 때는, 음악은 실질적으로 인식되는 진짜 앎인 동시에 이해할 수 없는 신비다. 달리 말해서, 마음은 자기가 뭔가를 경험하고 있으며 그 뭔가가 실재하고 있음을 알지만 경험하고 있는 그것이 무엇인지, 그 정체는 알지 못한다.

다음의 정의를 어린아이에게 한 번 설명해보라. ― "우유는 희다." 아이는 이제 막 추상적인 범주를 사용하기 시작하는 단계에 있다. 그래서 아이는 당신에게 질문들을 막 쏟아 부을 것이다. 그가 우유가 무엇인지는 안다고 하자. 하지만 "희다"는 것은 무엇일까? 그것은 색깔이다. 그러면 색깔은 무엇일까? 그것은 대상의 성질 중의 하나다. 그러면 성질은 무엇일까? 또 대상이란 무엇일까? 질문은 이렇게 끝없이 이어진다. 색깔이 무엇인지를 설명하기보다는 다양한 색깔을 지닌 대상들을 보여주는 편이 더 쉬울 것이다. 그러면 아이의 마음은 서로 다른 매개변수를 지닌 대상들에다 색깔이라는 추상적 범주를 사용하여 이름표를 붙일 수 있을 것이다. 이것이 바로 아이가 주변의 모든 대상에 이름표와 정의를 부여하는 방식이다. 그런 다음 그는 이 정의를 사용하여 사고한다. 마음과는 대조적으로, 영혼은 이름표를 사용하지 않는다. 그렇다면 영혼은 "우유가 희다"는 것을 마음에게 어떻게 설명할 수 있을까?

마음이 추상적 범주를 사용하여 사고하기 시작할 때부터 마음과 영혼 사이의 연결은 서서히 죽어가기 시작한다. 영혼은 범주를 사용하지 않는다. 영혼은 생각하지도 않고 말하지도 않는다. 영혼은 느낌으로써 안다. 영혼은 자기가 아는 것을 언어나 상징으로 표현하지 못한다. 그래서 마음은 결코 영혼과 뜻을 통하지 못하는 것이다. 영혼이 어떤 실현되지 않은 섹터에 동조되어, 물질세계에 아직 존재하지 않는 어떤 것을 발견해냈다고 가정해보자. 영혼은 어떻게 이 정보를 마음에게 전해줄 수 있을까?

게다가 마음은 끊임없이 지껄이느라 바쁘다. 마음은 모든 것이 지적으로 설명될 수 있다고 생각하고, 모든 정보를 통제하려고 끊임없이 애쓰고 있다. 마음은 영혼으로부터 모호한 신호만을 받고 있다. 그런 신호는 범주의 도움으로 식별해낼 수 없을 때가 많다. 영혼의 모호한 느낌과 지식은 마음의 시끄러운 생각들 때문에 들리지 않는다. **마음의 통제가 조금 약해지면 그 틈을 타서 직관적 지식과 느낌이 의식 속으로 뚫고 들어갈 수 있게 된다.**

이렇게 뚫고 들어올 때 그것은 모호한 예감의 형태로 나타날 수 있다. 그것은 내면의 목소리라고 부르기도 한다. 마음이 느슨해지면 그 순간에 당신은 영혼의 느낌이나 앎을 감지하게 되는 것이다. **이것이 바로 소위 새벽별이 속삭이는 소리, 곧 말 없는 목소리, 생각 없는 사유, 소리 없는 소리이다.** 당신은 뭔가를 이해하는 듯하지만 선명하지 않다. 생각하지 않고 직감으로 느낀다. 직관이 무엇인지는 살다 보면 누구나 적당한 때에 스스로 경험하게 된다. 예컨대 당신은 지금 누가 이리로 오고 있다고 느끼거나, 무슨 일이 곧 일어나리라고 느낀다. 혹은 설명할 수는 없지만 뭔가를 그저 알고 있다.

마음은 끊임없이 생각을 지어내느라 바쁘다. 영혼의 목소리는 이 '생각 믹서' 의 시끄러운 소리 때문에 들리지 않는다. 그래서 직관적 지식은 접근하기가 어려운 것이다. 만일 이 생각의 흐름을 멈추고 단순히 비어 있는 상태를 묵상할 수 있다면 우리는 새벽별이 속삭이는 소리,

내면의 말없는 목소리를 들을 수 있을 것이다. 우리가 그 목소리를 들을 수만 있다면 영혼은 수많은 의문의 답을 찾아줄 수 있을 것이다.

영혼이 실현되지 않은 섹터에 의도적으로 자신을 동조시키게끔 가르치는 것과, 영혼이 마음에게 하고 싶어하는 말에 마음이 귀 기울이도록 만드는 것은 결코 쉬운 일이 아니다. 작은 것부터 시작하자. 영혼은 두 가지의 대조적인 느낌을 가지고 있다. ― 편안한 기분과 불편한 기분이 그것이다. 마음은 이 느낌들을 이렇게 해석한다. ― "기분 좋다" 와 "기분 나쁘다", "자신 있다"와 "걱정 된다", "맘에 든다"와 "맘에 안든다."

우리는 삶에서 내딛는 발걸음 하나하나마다 이것을 할 것인지 저것을 할 것인지 결정을 내려야 한다. 물질적 실현상태는 가능태 공간 속을 움직여간다. 그리고 그 결과로 우리는 '인생'이라 불리는 것을 얻는다. 우리의 생각과 행동에 따라 특정한 섹터들이 실현되어 가는 것이다. 영혼은 정보장에 접근할 수 있다. 영혼은 아직 현실화되지 않았으나 다가오고 있는 섹터들에 놓여 있는 것을 어떻게든 미리 내다본다. 만일 영혼이 아직 현실화되지 않은 섹터에 동조한다면, 그것이 실현되었을 때 좋든 나쁘든 무슨 일이 일어날지를 알게 될 것이다. 이런 영혼의 느낌들이 마음에게는 편안한 기분이나 불편한 기분과 같은 모호한 느낌으로 인지되는 것이다.

영혼은 앞으로 다가올 일을 미리 아는 경우가 많아서, 미약한 목소리로나마 그것을 마음에게 알려주려고 애쓴다. 그러나 마음은 영혼의 목소리에 거의 귀를 기울이지 않거나, 이런 어렴풋한 예감 따위에 전혀 의미를 부여하지 않는다. 마음은 펜듈럼에 사로잡힌다. 마음은 문제를 해결하느라 너무 바쁘고, 자신의 행동이 합리적이라고 확신한다. 마음은 논리적 추론과 상식에 의거해 단호한 결정을 내린다. 그러나 상식적인 추론이 결코 올바른 해결책을 보장하지 않는다는 것은 잘 알려진 사실이다. 마음과는 대조적으로, 영혼은 생각하지 않고 느껴서 안다. 그러므로 영혼은 실수를 하지 않는다. 사람들이 그것을 나중에서야 문득 기억해내고 외치는 이런 말을 얼마나 자주 듣는가? ― "거기서 좋은 결과가 나오지 않으리란 걸 난 알고 있었는데 말이야!"

우리가 해야 할 일은 결정의 순간에 영혼이 마음에게 하는 말을 명확히 알아듣는 법을 터득하는 것이다. 그것은 그다지 어려운 일이 아니다. 당신의 지켜보는 자에게 영혼의 기분상태를 잘 살피라고 부탁해놓기만 하면 된다. 당신이 어떤 결정을 내리고 있다고 가정해보자. 당신의 마음은 펜듈럼에 완전히 사로잡혀 있거나 아니면 문제를 해결하는 데 몰두해있다. **새벽별이 속삭이는 소리를 들으려면 영혼의 기분상태 살피기를 제때에 기억하기만 하면 된다.** 이것은 너무나 사소한 일이라서 흥밋거리조차 되지 않는다. 하지만 사실이 그러하다. 유일한 문제는 자신의 기분에 주의를 기울이는 데에 있는 것이다. 사람들은 자신의 느낌보다는 논리적인 근거를 더 신뢰하는 경향이 있다. 그래서 영혼의 상태에 주의를 기울이는 법을 잊어버린 것이다.

당신이 가능한 여러 해결책 중 하나를 머릿속에 생각하고 있다고 해보자. 이 순간에 마음은 느낌이 아니라 상식적 추론에 이끌리고 있다. 이런 순간에 마음은 전혀 느낌을 감지해보려고 하지 않는다. 하지만 만일 기억하기에 성공한다면 자신의 느낌을 살펴보라. 상황 속의 뭔가가 당신의 경각심을 높여놓거나 불안하게 만들고 있는가? 위험하게 느껴지거나 마음에 들지 않는 게 있는가? 이제 결정을 내리라. 마음에게 잠시 입을 다물도록 명령하고 그 해결책에 대해 스스로 물어보라. "느낌이 좋은가, 나쁜가?" 그런 다음 다른 해결책 하나를 고르고 다시 질문한다. "느낌이 좋은가, 나쁜가?"

만일 뚜렷한 느낌이 없다면 그것은 당신의 마음이 아직도 귀 기울여 듣는 데에 아주 서툴다는 뜻이다. 당신의 지켜보는 자로 하여금 더 자주 당신을 깨워서 영혼의 기분을 살피게 하라. 하지만 당신의 질문에 대한 답은 정말 애매모호할 수도 있다. 그런 경우에는 그런 부정확한 데이터에 의지해서는 안 된다. 그때는 마음이 제안하는 대로 행동할 수밖에 없다. 아니라면 질문을 좀더 단순하게 만들어야 할 것이다.

만일 "그래, 이건 나에게 좋은 거야" 혹은 "이건 나에게 나쁜 거야"라는 분명한 대답을 얻을 수 있었다면 그것은 새벽별이 속삭이는 소리를 들은 것이다. 당신은 이제 답을 알고 있다. 하지만 그것이 곧 영혼이 시키는 대로 당신이 행동하리라는 뜻은 아니다. 우리가 언제나 자신이 바라는 대로 자유롭게 행동할 수 있는 것은 아니다. 그렇기는 해도 최소한 이제 당신은 실현되지 않은 섹터에서 무슨 일이 일어날지를 알고 있다.

간청하는 자, 요구하는 자, 싸우는 자

사람들이 삶의 다양한 상황에서 보여주는 두 가지의 극단적인 태도가 있다. 즉, 자기 의지가 없는 종이배처럼 흐름에 맡기고 따라가는 태도와, 자기의 방식을 고집하면서 흐름에 거슬러 노를 저어가는 태도이다.

어떤 사람이 아무것도 스스로 나서서 하지 않고 아무것도 성취하려고 애쓰지 않고 그저 제자리만 지키고 앉아 있다면, 삶이 그를 이끌고 갈 것이다. 이런 경우, 그 사람은 펜듈럼의 꼭두각시 인형이 되어서 펜듈럼이 그의 운명을 마음대로 결정하게 된다. 그런 태도를 취함으로써 그는 자신의 운명을 선택하기를 거부하고 있는 것이다. 미리 정해진 운명을 따르는 것이 그의 선택이다. ― "될 대로 돼라." 이런 생각에 동조함으로써 그는 운명은 벗어날 수가 없다고 주장하는 것이다. 그의 말은 전적으로 옳다. 왜냐하면 가능태 공간에서도 그에게는 마침 그런 운명이 주어져 있기 때문이다. 이런 선택을 하면 그 사람은 무기력하게 자신의 운명에 불평이나 하면서 더 높은 힘의 도움만 기다리고 있을 수밖에 없다.

타자의 손에 자신의 운명을 맡긴 사람이 걸어가는 인생길은 두 가지다. 첫번째 길을 따르면 그는 펜듈럼이나 어떤 더 높은 힘 앞에 굴복하여, 은혜를 베풀어 목숨만 살려달라고 간청한다. 펜듈럼은 간청하는 자에게 일을 시킨다. 그러면 그는 평생 펜듈럼에게 굽실거리면서 그 대가로 간신히 빵 부스러기를 얻어먹는다. 간청하는 자는 순진하게도 더 높은 힘에 호소하지만 그 힘은 그에게 관심을 주지 않는다.

간청자는 "모든 것은 신의 손에 달려 있다"고 말하면서 자신의 운명에 대한 모든 책임을 저버렸다. 만일 그렇다면 당신이 할 일은 정성껏 비는 일밖에 없다. 그러면 신은 자비로우시므로 그것을 주실 것이다. "산과 골짜기들이여! 강과 바다들이여! 오, 하늘이여! 오, 땅이여! 당신의 권능 앞에 엎드려 경배합니다! 저는 경외와 믿음으로 가득 차 있으니, 당신이 저를 도와 조간신문을 사게 해주실 것을 믿습니다!" 너무 과장하는 게 아니냐고? 전혀 아니다. 이 높고 위대한 힘에게는 조간신문이나 웅장한 궁전이나 다를 바가 전혀 없기 때문이다. 이 힘에게는 모든 것이 가능하다. 그리고 당신이 원하는 것을 얻지 못했다면 그것은 분명히 당신이 신의 마음에 들도록 제대로 빌지 않았기 때문이다! 그렇다면 뭐, 계속 간청해보라.

러시아 농담에 이런 이야기가 있다. 한 사내가 소파에 누워 기도를 했다. "오, 신이시여, 제가 부자가 되게 해주소서. 당신은 모든 것을 하실 수 있지 않습니까! 당신의 전능한 힘을 믿습니다! 당신의 자비를 빕니다!" 그러자 신은 안타까워하는 목소리로 이렇게 말했다. "이봐, 이 친구야, 최소한 복권이라도 한 장 사지 그러나?" 이건 참 배짱 편한 태도다. 자기 책임은 모두 밀쳐내고는 대신 자기의 내적 중요성에 빠져서 뒹굴고 있는 것이다. 중요성이 여기에 왜 끼어드는가? 이 사내는 자신이 아주 중요한 사람이라고 상상하면서, 거룩하고 자비로운 신이 그 한 사람의 행복을 돌봐주리라고 믿고 있는 것이다. 신은 인간에게 이미 과분한 것, 곧 선택의 자유를 주었다. 그러나 인간의 본성은 어린아이와 같아서, 그 선물을 받으려 하지는 않고 불만만 끝없이 늘어놓는다.

인간의 어린 마음은 목표로 가는 길이 장애물투성이라는 사실로써 자신을 합리화하려 한다. 사실, 목표를 향한 길에는 언제나 방해가 있기 마련이다. 그것은 다름 아니라 사람이 만들어낸 중요성의 잉여 포텐셜의 결과로 생겨난 펜듈럼과 균형력이다. 그것은 아이들의 이런 놀이와도 같은 것이다.(못된 늑대를 피하는 러시아 아이들의 놀이로서, 늑대는 여기서 목표로 가는 길의 장애물을 상징한다. - 역주) "기러기야, 기러기야!" — "끼룩 끼룩 끼룩!" — "배가 고프니?" — "그래, 그래, 그래." — "그럼, 날아올라봐!" — "못하겠어! 숲속의 회색 늑대가 우리를 못 가게 해!"

간청자의 역할이 마음에 들지 않는다면 두번째 길을 택할 수 있다. 222 그것은 요구하는 자의 역할이다. 그것은, 불만을 토하면서 어떤 것을 마치 그것이 원래 자기 것이었던 것인 양 요구하는 것이다. 요구하는 자는 그 같은 요구를 표함으로써 자신의 운명을 더욱 해롭게 만든다. 그 예로서 다른 비유를 하나 더 살펴보자. 한 사내가 미술관에 갔는데, 전시된 작품들이 마음에 들지 않았다. 그는 자기가 불만을 표현할 권리를 가지고 있다고 생각한다. 그는 발을 구르고 위협을 가하면서 전시된 작품을 모두 떼어내라고 억지를 부린다. 게다가 그는 주위의 기물을 모조리 부수기 시작할지도 모른다. 당연히 그의 행동에는 어떤 보복이 뒤따를 것이다. 그러면 그는 더욱 화를 내며 계속 사납게 외쳐댄다. "뭐라고! 내 마음에 들도록 최선을 다했어야지!" 자신은 이 세상에서 단지 손님일 뿐이라는 생각이 그에게는 떠오르지도 않는다.

트랜서핑의 관점에서 보면, 첫째와 둘째 길 모두가 완전히 터무니없어 보인다. **트랜서핑은 이와는 완전히 다른 길을 제시한다. — 간청하지도 말고 요구하지도 말고 그냥 가서, 가지라.**

그래서, 거기에 무어 새로울 것이 있단 말인가? 결국 이 또한 내 운명은 내 손에 달려 있다는, 또 하나의 선택을 한 사람의 행동방식이 아닌가? 그래서 그는 세상에서 유리한 자리를 차지하기 위해 세상과 싸우기 시작한다. 그는 완강한 태도로 펜듈럼과 싸우고, 끝없는 경쟁에 빠져들면서 자신의 길을 헤쳐 나간다. 기본적으로 그의 삶 전체는 생존을 위한 끊임없는 투쟁이다. 그는 투쟁을 선택했으며, 가능태 공간에는 이 선택 또한 존재한다.

우리는 자기 비하나 불만이나 양쪽 다 우리를 펜듈럼에 의존하게 만든다는 사실을 이미 알고 있다. 중요성의 포텐셜에 관한 장에서 나눴던 이야기를 기억하라. 그러면 모든 것이 명료해질 것이다. 간청하는 자는 죄책감으로써 잉여 포텐셜을 만들어내며, 조종자의 손아귀에 자신을 스스로 내맡겨버린다. 간청자는 이미 자신이 간청하고 기다리도록 운명지어져 있다고 믿고 있다. ― 어쩌면 누군가가 그에게 뭔가를 줄지도 모른다. 요구하는 자는 불만족의 잉여 포텐셜을 만들어내어 균형력이 자신에게 대항해오게끔 만듦으로써 제 운명을 스스로 나서서 망쳐놓는다.

싸우는 자는 투쟁을 택함으로써 좀더 생산적인 태도를 취한다. 그러나 그의 삶은 힘겨운 것이어서 많은 힘을 앗아간다. 아무리 발버둥 쳐봤자 갈수록 거미줄에 더 얽혀들기만 할 뿐이다. 그는 자신이 운명을 위해 투쟁하고 있다고 생각할 테지만 사실은 헛되이 에너지를 낭비하고 있는 것일 뿐이다. 때로는 승리를 얻을지도 모른다. 그렇지만 그 대가가 너무 크다. 그의 승리는 널리 알려지고, 사람들은 승리의 월계관을 쓴다는 것이 얼마나 어려운 일인가를 다시 한 번 확인한다. 이것이 목표에 도달하는 방법에 대한 사회적 견해가 만들어지고 강화되는 방식이다. ― 무엇을 성취하기 위해서는 끈질기게 노력하거나 용기 있게 쟁취해야만 한다.

사회적 견해란 사실 펜듈럼에 의해서 형성되는 것이다. 중요성의 포텐셜은 펜듈럼을 먹여주는 밥상 역할을 한다. 목표가 도달하기 어렵다면 그것은 외적 중요성이 하는 말이다. 오직 뛰어난 자질을 갖춘 사람만이 목표를 이룰 수 있다면 그것은 내적 중요성이 하는 말이다. 목표를 향해 가는 길에서 그는 강도를 당할 것이다. 그는 결국 목표점에 도달하고는 매우 만족스러워할지도 모른다. 목표에 도달하는 데보다는 오히려 펜듈럼의 요구를 충족시키는 데에 대부분의 에너지를 바쳤다는 사실은 모르는 채 말이다.

그것은 대략 다음과 같은 그림이다. 사람은 목표에 도달하기 위해 거지 떼 속을 헤치고 나아가야 한다. 거지들은 왁자지껄 소란을 피우며 그의 길을 막아서고, 계속 달려들어 그의 손을 붙잡는다. 그는 변명으로 자신을 정당화하고 돈을 주어 그들을 밀쳐내며 그 속을 뚫고 나아가려고 애쓴다. 마침내 그는 엄청난 고난 끝에 목표점에 도달한다. 그런데 실제로 그의 목표를 이루는 데에 쓰인 에너지는 아주 작은 부분이고, 그것도 오로지 목표를 향해 발걸음을 옮기는 데에만 쓰였다. 나머지 대부분의 에너지는 끈질기게 달려드는 거지들과 싸우는 데에 소모된 것이다.

펜듈럼의 사슬을 끊으면 그는 자유를 얻는다. 거지들은 그를 얌전히 내버려두고 다른 사람들을 괴롭힌다. 기억하겠지만, 펜듈럼으로부터 자유로워지려면 내적, 외적 중요성을 버려야 한다. 그러면 목표를 향해 가는 길의 장애물들이 저절로 무너져내릴 것이다. 그러면 당신은 간청하지 않고 요구하지 않으며 투쟁하지 않고서도 그저 가서, 가질 수 있을 것이다.

이제 이 "가서 가진다"는 말을 어떻게 이해해야 할지, 그리고 원하는 것을 "가서 가지기" 위해서는 무엇을 해야 하는지에 대한 의문이 남는다. 이 책의 나머지 부분은 모두 이 물음에 대한 탐구로 채워질 것이다. 당신은 곧 이에 관한 모든 것을 알게 될 것이다. 지금까지는 자신의 운명을 선택하기 위한 전반적 전략의 윤곽을 그렸을 뿐이다. 간청하는 자, 요구하는 자와 싸우는 자의 역할은 우리의 마음에 들지 않는다. 당신은 어떻게 생각하는가? 트랜서핑은 자기 운명의 주인에게 어떤 역할을 주어서 인생이라는 게임 속에서 놀게 할까? 이것이 당신이 풀 숙제다.

우선은, 삶의 상황들 속에서 취할 수 있는 행동전략을 살펴보기로 하자.

흐름을 타기

간청하는 자와 요구하는 자는 어쩔 수 없이 삶의 흐름을 따라가고 있다. 반면 싸우는 자는 그 흐름을 거슬러 싸우려고 한다. 물론 이 중의 단 한 가지로만 행동하는 순수한 타입의 사람은 없다. 누구나 수시로 어느 정도는 둘 중의 어떤 역할을 취하게 된다. 우리는 이런 역할을 통해 극도로 비효율적인 짓을 하고 있다. 하지만 싸우지도, 흐름을 따라가지도 말아야 한다면 남는 것은 무엇이란 말인가?

우리는 앞에서 마음이 상식을 근거로 자신의 의지를 권위적으로 부리는 행태를 살펴봤다. 많은 사람들이 사고력을 아주 그럴싸하게 발휘하지만 그것은 문제를 푸는 데 아무런 도움이 되지 않는다. 그렇다면 그런 상식이 무슨 대단한 소용이 있단 말인가? 마음은 자기의 해결책이 틀림없음을 보장하지 못한다. 마음은 자신이 현명한 사고를 하고 있다고 생각하지만 실제로는 펜듈럼에게 자신을 갖다 바치고 있다. 우리가 간청하는 자, 요구하는 자, 혹은 싸우는 자의 역할을 하는 한은 흐름을 따라 움직일 자유라는 말을 입에 올릴 수가 없다. 싸우는 자일지라도, 마치 작은 종이배처럼, 자신의 의지를 표현할 수 있는 자유는 거의 없다.

싸우는 자는 삶의 흐름 속을 어떻게 움직여갈까? 펜듈럼이 그를 건드려 싸움에 끌어들이면 그는 흐름을 이용하는 편이 더 쉽고 더 유리하다는 것을 모르고 흐름을 거슬러 헤엄쳐간다. 마음은 펜듈럼의 포로가 되어 있는 신세인데도 싸우는 자는 단호하게 투쟁을 선포하고, 고요하고 부드러운 움직임만으로도 충분한 곳에서 안간힘을 다해 물결을 헤치고 나아간다.

이제 당신이 흐름에 저항하지도 않고 쓸데없이 소용돌이를 일으키지도 않으며, 동시에 작은 종이배처럼 아무런 의지 없이 흐름을 따라가지도 않는다고 상상해보라. 당신은 의도적으로 흐름에 맞추어 움직여 간다. 그 흐름 속에서 얕은 여울과 장애물과 위험지역을 알아차린다. 그리고 오직 부드러운 움직임만으로 자신이 택한 방향을 유지할 수 있다. 당신은 자기 배의 타륜을 잡고 있다.

하지만 실제로 인생을 하나의 흐름으로 봐도 될까? 그리고 왜 아무런 의지 없이 떠밀려가서도 안 되고 흐름에 저항해서도 안 되는 것일까? 한편으로 정보는 매트릭스(기반이 되는 모체)처럼 가능태 공간 속에 움직임 없이 가만히 놓여 있다. 그러나 동시에, 그 정보체는 조직화되어 인과의 사슬을 만들어낸다. 이로 인해 가능태 흐름이 생겨난다. — 이 흐름에 대해서는 곧 논의하게 될 것이다.

흐름을 거슬러 싸우면 안 되는 주된 이유는 그것이 막대한 에너지만 낭비할 뿐, 무모하고 해롭기까지 하기 때문이다. 하지만 가능태 흐름에는 의지할 수 있을까? 그 흐름은 우리를 평화로운 호수로 데려다주기도 하지만 폭포로 이끌고 가기도 하지 않는가. 바로 그런 불쾌한 일을 피하기 위해서 우리는 유유한 몸놀림으로써 방향을 잡아가야 하는 것이다. 물론 애초에 흐름의 전반적인 방향을 올바로 택해야만 한다. 그 방향은 당신이 선택한 목표와, 그것을 얻기 위한 수단에 의해 결정된다. 일단 방향이 택해지면 그 흐름에 최대한 의지해야 하며 갑작스러운 움직임을 허용해서는 안 된다.

누구나 자신의 흐름의 전반적인 방향, 즉 자기가 어디로 가고 있는지는 잘 알고 있다. 예를 들어, 나는 지금 공부를 하고 있고 나중에 직업을 가질 것이고 한 가정을 이루고 직장에서 승진의 길을 걸어갈 것이며 내 집을 마련할 것이다. 사람들은 인생길에서 많은 실수를 저지르고, 그것을 뒤돌아보며 한탄한다. 그러나 그에 대해서는 아무것도 할 수 없다. 지나간 일은 이미 지나간 것이다. 흐름은 당신을 원했던 목표로부터 아주 먼 곳으로 데려다 놓았다. 합리적인 마음은 당신을 구원해 주지 못한다. 후회만 남을 뿐이다. "내가 어디로 떨어질지를 알기만 했어도, 거기다 푹신한 것을 깔아놨을 텐데."

우리는 모두가 다음에는 어떤 일이 기다리고 있을지를 알고 싶어한다. 점쟁이나 점성술사를 찾는 사람들이 모두 심각한 것은 아니지만 호기심 때문에라도 많은 사람들이 그런 것에 관심을 보인다. 점성술사의 낙관적인 예언은 희망에 불꽃을 당겨준다. 그리고 원하지 않는 내용을 들으면 언제나 무시해버릴 수 있다. 트랜서핑 모델은 점성학을 부인하거나 반박하지 않는다. 예언에는 실질적인 근거가 있다. ─ 가능태 공간이 그것이다. 점성학은 사람들이 미래에 대해 호기심을 가지고 있기 때문에 존재하는 것만은 아니다. 맞히는 확률이 너무 낮았다면 그런 수명 짧은 예언에 기댈 사람은 아무도 없었을 것이다. 그러나 가능태 흐름이 어떤 특정한 패턴을 띤다는 사실로 인해서 우리는 아직 현실화되지 않은 섹터들을 살짝 엿볼 수가 있는 것이다. 물론 투시능력자의 경우와 마찬가지로, 점성학의 계산이 백 퍼센트의 정확성을 보장하지 못한다는 것은 또다른 문제이다.

예지와 점성학의 예언을 얼마나 믿을지는 각자가 스스로 결정할 문제다. 그러니 이 문제는 옆으로 고이 밀어놓고, 가능태 흐름에 관한 지식으로부터 빼낼 수 있는 이점을 살펴보기로 하자. 만일 우리가 주된 방향을 올바로 선택했다면, 그 흐름에 우리 자신을 얼마나 온전히 내맡길 수 있을까? 그리고 그 흐름에 자신을 내맡겨야 할 이유는 대체 무엇일까?

앞서 밝혔듯이, 마음은 인위적으로 만들어진 중요성의 압박을 끊임 없이 받고 있다. 그래서 마음은 효율적인 결정을 내리지 못한다. 본질 적으로, 내적-외적 중요성이야말로 모든 문제의 주된 근원이다. 균형 력의 작용은 흐름을 따라가는 길에서 급류와 소용돌이로 나타난다. 당 신이 중요성을 내던져버린다면 흐름은 훨씬 더 잔잔해질 것이다. 흐름 에 자신을 내맡겨야 하는지를 묻는 것 또한 중요성의 문제다. 외적 중 요성은 마음으로 하여금 간단한 문제를 놓고 복잡한 해법을 찾게 만든 다. 내적 중요성은 마음에게 자신이 추론을 잘 하고 있으며, 유일하고 올바른 결정을 내리고 있다고 확신시킨다.

중요성을 내던져버릴 수 있다면 마음은 펜듈럼의 영향과 인위에 의 해 생겨난 문제들의 압박에서 풀려나서 자유롭게 숨 쉴 수 있을 것이 다. 마음은 더욱 객관적이고 적합한 결정을 내릴 수 있게 된다. 하지만 여기서 정말 멋진 것은, 중요성으로부터 자유로워지면 마음은 대단한 지성을 필요로 하지 않게 된다는 사실이다. 물론 일상의 문제들을 해결 하려면 논리적 사고, 지식, 분석능력 등이 필요하다. 그러나 이런 것들 은 그다지 많은 에너지를 요구하지 않는다. 가능태 흐름이 존재한다는 사실은 마음에게는 과분한 선물이다. 마음은 그 선물을 좀처럼 사용할 줄 모른다.

가능태 흐름은 이미 모든 문제에 대한 해결책을 담고 있다. 더욱이, 대부분의 문제는 마음이 작위적으로 만들어낸 것들이다. 안절부절못하 는 마음은 끊임없이 펜듈럼에 떠밀린다. 그리고 상황을 통제하려고 애 쓰면서 모든 문제를 동시에 해결하려고 덤빈다. 마음의 단호한 결정들 은 대부분 쓸데없는 허우적거림일 뿐이다. 대다수의 문제, 특히 작은 문제들은 우리가 가능태 흐름을 방해하지만 않으면 저절로 해결된다.

가능태 공간에 이미 해결책이 존재한다면 위대한 지성도 아무런 쓸모가 없다. **우리가 미로 속으로 빠져들지 않고 가능태 흐름을 방해하지 않는다면 해결책은 저절로 나타날 것이며, 게다가 그것은 최적의 해결책일 것이다.** 최적성은 정보장의 구조 자체 속에 이미 내포되어 있다. 중요한 것은, 원인-결과의 사슬이 가능태 흐름 안에다 별도의 빠른 흐름을 만들어낸다는 사실이다. 이 빠른 흐름은 원인과 결과가 맞물려 움직이는 가장 효율적인 길인 듯하다. 가능태 공간에는 모든 것이 존재하지만 최적의 가능태, 곧 에너지를 가장 적게 소모하는 가능태만이 현실화될 가능성이 더 크다. 자연은 소득 없는 일에 에너지를 낭비하지 않는다. 사람은 다리로 걸어가지 귀로 걷지 않는다. 모든 현상은 에너지가 가장 적게 소비되는 길을 따르려고 애쓴다. 그러므로 가능태의 빠른 흐름은 최소 저항의 길을 따라 형성된다. 그리고 바로 거기가 최적의 해결책이 있는 곳이다. 펜듈럼의 포로가 된 마음은 끊임없이 최적의 흐름에서 빠져나오려고 애쓰면서 펜듈럼의 이익을 위해 행동한다. 달리 말해서, 마음은 미로 속으로 들어가고 있다. ― 마음은 간단한 문제의 복잡한 해법을 찾고 있는 것이다.

이 모든 말이 너무나 추상적으로 느껴질 수도 있다. 그러나 이 장에 기술된 몇몇 원리를 적용해서 이 빠른 흐름이 얼마나 실제적인 것인지를 시험해볼 수 있다. 그것은 마음에게는 참으로 과분한 선물이다. 모든 문제는 그 해법에 이르는 암호화된 열쇠를 포함하고 있다. 첫째 열쇠는 최소 저항의 길을 따라 가는 것이다. 사람들은 문제를 장애물로 보기 때문에 복잡한 해법을 찾게 된다. 아시다시피 장애물이란 막대한 노력을 들여서 극복해야 하는 것이다. 우리는 일어나는 문제에 대해 가장 간단한 해법을 선택하는 습관을 길러야 한다.

우리는 누구나 익숙하고 몸에 밴 일을 하든가, 아니면 새로운 일을 배워야 한다. 문제는, 그 두 가지를 모두 어떻게 하면 가장 효과적으로 할 수 있는가 하는 것이다. 그 답은 믿기지 않을 만큼 너무나 간단하다. — 흐름 타기의 원리에 따르자면, 모든 일을 가능한 한 가장 쉽고 간단한 방법으로 하도록 애써야 한다.

빠른 흐름 속에는 모든 행동의 최적의 가능태가 조직되어 있다. 최적의 인과 연결고리들이 이 흐름을 형성한다. 다음 단계의 행동을 취하기 위해 결정을 내릴 때, 당신은 그 사슬의 다음 연결고리를 선택하는 것이다. 당신은 다만 어떤 연결이 그 흐름에 속하는 것인지를 결정하기만 하면 된다. 그와 같은 경우에 사람들은 일반적으로 어떻게 할까? 사람들은 보통 논리적인 결정을 하는데, 그것은 상식과 일상 경험의 관점에서 보면 가장 올바른 결정인 것처럼 보인다.

이성은 단호한 의지로써 결정을 내린다. 이성은 자기가 모든 것을 예측하고 설명할 수 있다고 생각한다. 하지만 그것은 그렇지 않다. — 나중에 가서야 갑자기, 그 일을 달리 처리했더라면 더 좋았을걸, 하는 생각이 든다. 이런 경우가 얼마나 많은가? 마음이 부주의하거나 예리하지 못하다는 게 문제가 아니다. 마음이 항상 최적의 가능태를 선택하지 못하는 것은 흐름 속의 인과의 사슬이 마음의 논리 구조와 늘 일치하는 것만은 아니기 때문이다.

논리적인 결론에만 기댄다면 아무리 열심히 애써봐도 최적의 행동을 택하는 경우는 드물 것이다. 마음은 보통 스트레스, 걱정거리, 좌절감, 늘어나는 일 등의 압박에 시달린다. 달리 말해서, 펜듈럼이 마음을 끊임없이 잡아당기고 있다. 그래서 마음은 항상 고집 세게 행동하고 외부 세계를 향해 정면공격을 가한다.

흐름 속의 다음 연결 사슬을 선택하기 위해서는 펜듈럼의 줄로부터 벗어나서 그 빠른 흐름에 몸을 싣고 따라가기만 하면 된다. 말하자면, 균형을 유지하고 잉여 포텐셜을 만들어내지 말아야 한다. 잉여 포텐셜을 만들어내지 않기 위해서는 중요성의 수위를 끊임없이 감시해야 한다.

당신이 주변 세상과 균형 상태에 있을 때는 그저 흐름을 따라 나아가라. 당신을 안내해줄 많은 신호를 발견할 것이다. 상황이 흘러가도록 내버려두라. 참여자가 되지 말고 다만 지켜보는 구경꾼이 되라. 노예도 주인도 되지 말고, 단지 배역을 연기하는 자가 되라. 당신의 지켜보는 자로 하여금, 마음이 '합리적인' 단호한 결정을 내리려 할 때마다 뒤에서 잡아당기게 하라. 곁에서 자기가 하는 일을 지켜보는 가운데, 연기자에게 자신을 빌려주라. 모든 것은 보기보다는 훨씬 쉽다. 이 단순함에 자신을 내맡기라. 당신을 폭포로 데려가는 것은 마음이지 가능태 흐름이 아니다.

예를 들어, 정말 필요한 어떤 물건을 사와야 한다고 하자. 그러나 당신은 그것이 정확히 어디 있는지를 모른다. 마음은 종종 가장 합리적이지만 가장 복잡한 방법을 제시할 것이다. 당신은 시내를 온통 헤매고 다니다가 결국은 그것을 집 근처의 상점에서 찾아낸다. 만일 그 문제의 중요성이 좀더 낮았더라면 마음은 복잡한 해결책을 찾아 헤매지 않았을 것이다.

다른 예를 하나 더 들어보자. 당신의 손에 해야 할 일들의 목록이 들려 있다. 무엇을 먼저 하고 무엇을 나중에 해야 할까? 사실, 그런 생각을 할 필요도 없다. 어떤 특별한 순서를 따라야 한다는 생각이 없다면 그냥 하고 싶은 일을 먼저 하면 된다. 흐름을 따라가라. 펜듈럼의 영향에 묶여 있는 마음을 해방시켜주라. 결단력 없이 흐름에 떠밀려 다니는 작은 종이배가 되라는 이야기가 아니다. 부드럽고 가볍게 슬슬 저어가면 될 것을 허우적대며 진을 빼지 말라는 말이다.

더 많은 예를 들지는 않겠다. 흐름을 타려는 노력을 적어도 하루 정도 해보면 유익하고 놀라운 사실을 많이 발견하게 될 것이다. 어떤 해결책을 찾아야 하게 될 때마다, 자신에게 이렇게 질문하라. ― 해법을 찾는 가장 간단한 길은 무엇일까? 해결책을 찾는 가장 단순한 방법을 택하라. 누군가, 혹은 뭔가가 당신을 혼란시키거나 옆길로 새게 만든다면 함부로 그에 저항하거나 회피하려 들지 말라. 당신 자신을 빌려주라. 그리고 무슨 일이 일어나는지를 지켜보라. 어떤 일을 해야 할 때마다 스스로 이렇게 질문하라. ― 이 일을 하는 가장 단순한 방법은 무엇일까? 일이 가장 단순한 방식으로 이루어지도록 놔두라. 어떤 사람이 뭔가를 제안하거나 자신의 관점을 제시할 때, 그것을 성급하게 거부하거나 반박하지 말라. 어쩌면 당신의 마음이 그것의 장점을 이해하지 못하여 거기서 대안을 찾아내지 못하는 것일지도 모른다. 지켜보는 자를 일깨우라. 먼저 지켜보고 나서, 그다음에 행동하라. 무대로부터 객석으로 내려가라. 그리고 상황을 지배하려들지 말라. 당신이 지켜보는 가운데, 게임이 제 스스로 최대한 펼쳐지도록 내버려두라. 거기에 괜히 끼어들어서 허우적거리지 말라. 당신의 삶이 흐름을 타고 가는 것을 훼방하지 말라. 그러면 당신은 일이 얼마나 더 쉬워지는지를 알게 될 것이다.

안내 신호

그런데 그 흐름에서, 다가오는 여울이나 폭포를 평범한 물굽이와 어떻게 구별할 수 있을까? 우리는 제법 뚜렷한 신호의 도움을 받아 세상에서 방향을 찾을 수 있다. 세상은 끊임없이 이런 신호를 보내주고 있다.

가장 보편적으로 알려져 있는 형태의 신호는 징조다. 징조에는 좋은 징조와 나쁜 징조가 있다. 무지개가 보인다면 그것은 좋은 징조다. 검은 고양이가 보이면 불행이 기다리고 있다. 이것이 사람들이 믿는 미신의 예다. 많은 사람들이 받아들이는 징조들은 수많은 관찰과 비교의 결과로 형성되어온 것이다. 징조가 충분히 높은 확률로 맞아떨어지면 어떤 규칙적인 패턴이 드러나고, 그것은 통념의 일부가 된다. 기이한 일은 소문이 퍼지기 마련이기 때문이다. 그렇지만 징조가 언제나 그대로 실현되는 것은 아니다. 전혀 그렇지 않다. 왜일까?

어떤 사람이 집에다 뭔가를 두고 나와서 그것을 가지러 되돌아가야 한다면 그는 무슨 생각을 하게 될까? 그는 되돌아가는 것은 나쁜 징조(러시아의 미신 - 역주)라고 생각할 것이다. 그런 징조를 반드시 믿을 필요는 없다. 그럼에도 불구하고 이 사회적 통념은 그의 잠재의식에 어두운 그림자를 던져놓는다. 그는 뭔가 불미스러운 사건이 일어나리라고 생각한다. 아니면 그는 상관없으니 가지러 돌아가지 않겠다고 생각한다. 그러나 그렇게 하는 것도 도움이 안 된다. 평탄했던 흐름은 벌써 흐트러졌고, 그는 이미 어느 정도 균형을 잃어버렸다. 불행한 일을 예상함으로써 방사되는 사념의 매개변수에 변동이 일어났고, 그는 이 매개변수에 상응하는 인생트랙으로 옮겨진다. 그는 스스로 두려워하는 그 일을 겪게 된다. 그런 가능성이 인생 시나리오 안으로 들어오도록 스스로 허용하는 것이다. 이것이 징조가 맞아떨어질 가능성이 높아지게 되는 사연이다.

알다시피, 세간에 알려진 징조들은 그 자체가 법칙이나 규칙처럼 작용하지는 않는다. 왜 유독 검은 고양이가 모든 사람에게 대표적인 나쁜 징조일까? 도대체 검은 고양이가 어떻게 우리의 삶에 영향을 줄 수 있다는 것일까? 그 영향은 고양이에게서 오는 게 아니라 특정 징조에 대한 당신의 태도에서 온다. 징조를 믿으면 그 징조는 인생의 사건들을 형성하는데 가담한다. 징조를 믿지 않고 의심하면 징조의 영향력은 약해지기는 하지만 여전히 존재하게 된다. 징조를 믿지도 않고 거기에 아무런 관심도 두지 않으면 그것은 당신의 삶에 아무런 영향도 미치지 않을 것이다. **이치는 아주 단순하다. ― 당신은 자신의 인생 시나리오로 스스로 들여놓는 그것을 얻는다.** 징조를 미신이라고 보는 사람은 그의 세계의 층에 징조가 실현될 여지를 주지 않는다. 징조는 다른 사람들의 세계의 층에서 작용한다. 의심하는 자와는 달리, 그들은 자신의 믿음을 확인하기 위해 징조를 받아들이기 때문이다.

징조가 그 자체로서는 인생사에 영향을 미치지 않는다면 안내 신호란 무엇을 말하는 것일까? 검은 고양이는 사건에 아무런 영향을 미치지 못한다. 그렇지만 그것은 신호로 작용할 수 있다. 가능태 흐름 속에서 장차 일어날 어떤 사건을 경고해주는 것이다. 그렇다면 의문은 이것밖에 없다. ― 과연 어떤 신호를 안내하는 신호로 받아들일 것인가? 주변에서 일어나는 모든 일을 주의 깊게 살펴보기로만 마음먹는다면 당신은 곳곳에서 신호를 찾을 수 있을 것이다. 하지만 그것을 어떻게 해석해야 할까? 우리는 해석에는 신경 쓰지 않을 것이다. 그것은 별로 소득 없는 일이다. 너무나 신뢰할 수 없고 불가해한 것이기 때문이다. 당신이 할 수 있는 유일한 일은, 신호를 의식하고 지켜보는 자의 깨어 있는 수준을 높여서 더욱 주의 깊게 살피는 것이다.

안내하는 신호는 가능태 흐름에서 발생할 수 있는 물굽이를 암시하는 신호이다. 다른 말로 하자면, 안내하는 신호는 삶의 흐름에 다소 본질적인 변화를 가져올 사건을 예고한다. 당신이 아무리 하찮은 것이라도 어떤 물굽이를 앞두고 있다면, 그것이 다가오고 있음을 알리는 신호가 나타날 수 있다. 가까운 미래에 예상치 않았던 물굽이가 다가오고 있을 때도 역시 어떤 특유한 신호가 나타날 수 있다. '특유하다'는 것은 무슨 의미일까?

요는, 가능태 흐름이 한 굽이를 돌면 당신은 다른 인생트랙으로 옮겨가게 된다는 것이다. 당신은 동일한 인생트랙 위에서는 삶의 질이 다소간 동질적으로 느껴진다는 사실을 깨닫게 될 것이다. 가능태 흐름 속의 빠른 흐름은 다양한 인생트랙들을 가로질러 갈 수 있다. 이 트랙들은 매개변수가 저마다 다르다. 일어난 변화는 하찮은 것일 수 있지만, 그럼에도 불구하고 당신은 뭔가가 달라졌다고 느낄 것이다. 당신이 의식적으로, 혹은 잠재의식 속에서 알아차리게 되는 것은 바로 이 질적인 차이다. — 뭔가가 바로 전과는 똑같지 않다는 느낌 말이다.

그래서 안내하는 신호는 오직 다른 인생트랙으로의 전이가 시작될 경우에만 나타난다. 이와 동떨어진 현상은 무시해도 좋다. 예를 들어, 까마귀가 울었는데 경각심이 일어나지 않았고 이질적인 느낌도 느껴지지 않았다면 그것은 당신이 이전과 동일한 인생트랙에 있다는 것을 의미한다. 그러나 만일 그 현상에 당신의 주의가 쏠렸고, 거기서 뭔가 전례 없이 이상한 느낌을 느꼈다면 그것은 신호일 수 있다.

236 본질적으로 다른 인생트랙으로 전이가 일어나고 있음을 알린다는

점에서 신호는 일반적인 현상과는 다르다. 보통 우리의 경각심을 일으키는 현상은 다른 인생트랙으로 전이가 완료된 직후에 일어난다. 이것은 인생트랙들이 서로 질적으로 다르기 때문에 그렇다. 여기에는 다양한 종류의 차이가 있을 수 있으며, 실제로 어떻게 다른지를 꼭 집어서 설명하기가 어려운 경우가 많다. — 그냥 뭔가가 딱 들어맞지 않는 느낌을 느끼는 것이다. 전이가 완료되면 우리는 그것을 직관적으로 느낀다. 그리고 때로는 신호가 분명히 이전과 다르게 보이는 것을 알아차리기도 한다. 마치 흐름 속에 뭔가 새로운 것이 나타난 것을 곁눈으로 흘낏 알아차리는 것과도 같이 말이다. 신호는 안내판과 같이 작용한다. 그것은 이렇게 말해준다. — 뭔가 변화가 일어났어. 지금 무슨 일이 벌어진 거야.

기존의 인생트랙에서 일어나는 현상들은 경각심을 별로 불러일으키지 않는다. 그것들은 기존 트랙의 다른 현상들과 성질이 동일하다. 하지만 주변에서 일어나는 일을 모두 무시해버린다면 분명한 신호까지도 알아차릴 수 없게 될 것이다. 본질적으로 다른 인생트랙으로 옮겨가는 일은 보통 중간의 트랙들을 통과해가면서 점차적으로 일어난다. 이 중간 트랙들의 신호가 주는 경고는 그 엄중함의 정도가 다양하다. 사람들은 흔히 첫번째 경고를 무시한다. 전이가 계속되면 두번째 경고가 나타난다. 그다음은 세 번째 경고가 나타나고 그가 세 번째 경고 이후에도 멈추지 않으면 최종 트랙에서 일어나게 되어 있는 일이 벌어진다.

말했듯이 신호를 명확히 해석한다는 것은 대단히 어려운 일이다. 심지어 당신이 주목하고 있는 현상이 신호인지 아닌지도 확신할 수가 없다. 우리로서는 단지 세상이 우리에게 뭔가를 알려주려고 한다는 사실만을 참작할 수 있을 뿐이다. 우리는 다가오는 여울과 급류에 가장 관심을 가진다. 때로는 우리 앞에 어떤 일이 기다리고 있는지를 짐작할 수만 있어도 좋을 것이다. 대부분의 경우, 당신은 '예' 아니면 '아니요'의 두 가지 대답이 나오도록 질문을 만들 수 있다. 예컨대, 이것이 될 일인가 아닌가, 내가 성공할까 말까, 내가 그것을 할 수 있을까 말까, 그것은 좋을까 나쁠까, 이것은 위험할까 아닐까 등등. **신호의 모든 해석은 대답이 '긍정' 또는 '부정', 둘 중 하나인 단 하나의 질문으로 귀결되어야 한다.** 그 이상의 정확성을 기대하는 것은 소용없는 일이다.

신호는 다가오는 물굽이의 특성을 암시해주는 힌트를 지니고 있다. 만일 신호가 불쾌한 느낌과 연결된다면, 그리고 그것이 불안, 불신, 불쾌한 놀람, 걱정, 불편함을 불러일으킨다면 그 신호는 부정적인 물굽이를 예고하는 것이다. 만일 느낌이 모호하다면 그 신호를 해석하는 것은 무의미하다. 그 해석은 신뢰성이 없을 것이다. 어떤 경우에도 신호에 대해 너무 걱정하거나 너무 큰 중요성을 부여해서는 안 된다. 그렇지만 이미 그 신호에 주의를 기울이고 있다면 그것을 소홀히 해서도 안 된다. 아마도 그 신호는 어떤 경고를 줄 것이다. ― 당신이 좀더 신중해져야 할 필요가 있다거나 태도를 바꾸어야 한다고, 혹은 제때에 어떤 일을 그만두어야 한다거나, 아니면 다른 방향을 선택하라고 말이다.

신호는 아주 다양한 형태를 취할 수 있다. 당신은 다만 그 신호가 지니고 있는 의미가 긍정인지 부정인지를 구별하기만 하면 된다. 예를 들어, 바쁘게 길을 서두르고 있는데 목발을 짚고 걷고 있는 키 작은 노파가 길을 가로막는다. 노파를 피해 둘러 갈 수 있는 길은 없다. 이것은 뭘 의미할까? 틀림없이 지각할 것 같다. 혹은 내가 타야 할 버스가 눈앞에서 떠나버린다. 보통 때는 여유를 부리던 버스가 오늘은 왠지 꽁지에 불붙은 듯이 달아나버린다. 아마도 내가 어떤 상황에서 너무 지나치게 앞서나간 것 같다. 좀더 조심해야겠다. 다른 예로, 내가 어떤 일을 아무리 열심히 해도 정말 잘 안 되고 있는 상황을 들 수 있다. 항상 뭔가가 방해를 하고, 생각보다 일이 부드럽게 진행되지 않는다. 어쩌면 나는 막다른 골목으로 가는 길을 선택한 것이어서 더이상 그리로 갈 필요가 없는 것인지도 모른다.

신호의 좋은 점은 그것이 제때에 당신을 백일몽에서 깨워줄 수 있다는 데 있다. 그리고 그것은 당신이 파괴적 펜듈럼을 위해서 자신에게는 불리한 짓을 하고 있을 수 있는 상황을 깨닫게 해준다. 인류는 종종 펜듈럼 마법의 주문에 걸려서 치명적인 실수를 저지르곤 한다. 그리고 훗날에야 자신이 자신의 행동을 알아차리고 지켜보지 못했다는 사실을 깨닫는다. 그런 경우에는 해롭지 않은 신호들도 경고로 해석하는 것이 유용할 것이다. 주의 깊은 상태를 유지하여 무슨 일이 일어나는지를 알아차리고 전반적 상황에 민감하게 깨어 있는 것은 언제나 이로운 일이다. 하지만 그것이 근심과 신경과민으로 변하지 않도록 경계하는 것이 중요하다. 상황을 잘 돌보되 걱정 없이 해야 한다. 당신 자신을 빌려주라. 그리고 모든 일을 흠잡을 데 없이 하라.

이상하게 생각될지 모르겠지만, 가장 분명하고 정확한 신호는 다른 사람들이 자기도 모르게 내뱉는 말들이다. 별 생각 없이 지나가는 말로 툭 던지는 말들이 그런 신호다. 누군가가 당신에게 의도적으로 분명하게 자신의 의견을 말하려 한다면 거기에는 크게 주의를 기울일 필요가 없다. 그러나 누군가가 어떤 상황에서 당신이 하는 어떤 일에 대해 지나가듯이 뭐라고 내뱉는다면 그것은 아주 진지하게 생각해봐야 한다.

그렇게 저절로 나오는 말들은 별 생각 없이 하는 말이다. 어떤 것에 대해 아무 생각 없이, 즉석에서 거의 자동적으로 대답했던 기억을 당신도 쉽게 떠올릴 수 있을 것이다. 그것은 마치 대답이 의식의 깊숙한 어딘가에 이미 존재하고 있다가 분석적인 마음의 작용을 건너뛰어 입술에서 툭 튀어 나온 것처럼 느껴진다. 이와 유사하게, 생각 없는 말은 마음이 쉬고 있거나 다른 일에 몰두해 있을 때 문득 튀어나온다. 마음이 잠들면 영혼이 입을 연다. 그리고 이미 알겠지만, 영혼은 정보장에 곧바로 연결되어 있다.

예를 들어, 누군가가 당신에게 지나가는 말처럼 이렇게 말한다. "목도리를 갖고 나가. 안 그러면 감기 걸릴 거야." 그 충고를 받아들이지 않으면 당신은 분명 나중에 후회하게 된다. 또는 당신이 어떤 문제로 걱정하고 있다고 하자. 그런데 어떤 사람이 갑자기 당신에게는 별로 중요하지도 않은 뭔가를 권한다. 그것을 성급하게 거절하거나 무시해버리지 말라. 그 의견을 한 번 고려해보라. 또다른 경우, 당신은 자신이 하는 일이 옳다고 믿고 있는데 지나치던 누군가가 상황이 그렇지 않다는 것을 보여준다. 그럴 때, 고집을 부리지 말고 한 번 되살펴보라. – 어쩌면 당신은 저 혼자서 첨벙대고 있는 것인지도 모른다.

영혼이 불편한 것 역시 분명한 신호가 된다. 그러나 우리는 대부분의 경우 그런 것에 주의를 기울이지 않는다. 어떤 결정을 내려야 할 때, 그에 대해 당신의 영혼보다 더 잘 알고 있는 사람은 없다. 영혼이 정확히 무슨 말을 하고 싶어하는지를 이해하기가 매우 어려울 때가 많다. 그렇지만 앞에서 살펴본 대로, 영혼이 마음의 결정을 좋아하는지 싫어하는지는 상당히 분명하게 구별할 수 있다. 당신이 어떤 결정을 내려야 한다고 하자. 그러면 모든 일을 멈추고 새벽별 속삭이는 소리에 귀를 기울이라. 그러나 만일 마음은 벌써 결정을 내렸고 새벽별 소리에 귀 기울이기는 나중에야 상기했다면, 당신이 결정내릴 당시에 느꼈던 기분을 떠올려보라. 그 느낌은 "기분이 좋다" 아니면 "기분이 좋지 않다"로 묘사할 수 있다. 당신이 그 결정을 마지못해 내렸다면, 그것이 정말 올바른 것처럼 느껴지지는 않았다면 당신은 분명 그것에 대해 "기분이 좋지 않았던" 것이다. 그런 경우에, 결정을 바꿀 수 있다면 그렇게 하라.

마음이 어느 정도로 불편한지를 알아내는 것은 그다지 어렵지 않다. 어려운 것은 느낌에 귀 기울이기를 제때 기억해내는 것이다. 마음은 자기가 합리적 추론에는 자신 있다고 생각하여 다른 사람의 말은 귀담아 들으려하지 않기 때문이다. 영혼의 속삭임은 큰 소리로 떠들어대는 상식의 소리에 파묻혀 버리고, 마음은 갖은 방법으로 끊임없이 자기가 옳다는 것을 입증하려든다. 당신은 "그렇다" 혹은 "아니다"를 선택해야 하는 기로에 서 있다. 영혼은 작은 목소리로 "아니다"라며 반대하려 한다. 마음은 영혼이 아니라고 말하고 있음을 알면서도 그 속삭임을 못 들은 척한다. 그리고 '합리적 추론'을 무기로 자신의 "그렇다"를 논증하려고 애쓴다. 당신은 이 글을 읽었으니, 기억 속에 이 말을 따로 잘 저장해두었다가 나중에 결정을 내려야 할 일이 생길 때 이것을 기억해내라. 매사가 위에서 말한 것과 똑같은 식으로 일어난다는 것을 알게 될 것이다.

영혼이 "아니다"고 말하고 있는지 어떤지를 판단하려면 다음의 간단하고 믿을 만한 공식을 기억해두라. — 만일 "그렇다"라고 말하기 위해 자신을 설득해야 한다면 그것은 영혼이 "아니다"라고 말하고 있음을 뜻한다. 영혼이 "그렇다"고 말할 때는 자신을 설득할 필요가 없다는 사실을 명심하라. 나중에 다시 이 공식을 살펴볼 것이다.

세상이 당신에게 어떤 신호를 보여주고 있는지에 항상 주의를 기울여야 한다. 그렇다고 해서 모든 것에서 신호를 읽어내려고 애쓰지는 말라. "봐, 새들이 하늘 높이 날고 있어. 저건 무슨 의미일까?" 글쎄, 새들은 높은 곳을 두려워하지 않으니까 높이 나는 것일 뿐이다. 오로지 신호에만 관심을 보내라. 그리고 그것은 안내하는 신호가 될 수 있다는 것을 명심하라. 이것을 잊어버리는 순간, 당신은 펜듈럼에 붙잡혀서 상황의 제물이 될 수 있다.

당신의 인생을 극적으로 바꾸어놓을 수 있는 욕망이나 행위에는 특별한 주의를 기울여야 한다. 만일 당신의 욕망이 뭔가 불편한 느낌을 주고, 그 욕망을 거부할 수 있는 상황이라면 반드시 거부하라. 이 경우에 욕망은 영혼으로부터 나오는 것이 아니라 마음으로부터 나오는 것이다. 마음의 욕망은 언제나 펜듈럼에 의해 강요된 것이다. 행위에 있어서도 마찬가지다. 속에서 느껴지는 불편한 기분을 무시해버린다면 끔찍한 일은 벌어지지 않더라도 때로는 매우 유감스러운 일이 생길 것이다. 그러므로 가능한 한 불편감이나 의심, 근심, 죄책감 등을 불러일으키는 욕망과 행위는 거부하는 것이 좋다. 그러면 삶이 무척 단순해지고 당신은 많은 문제에서 해방될 것이다.

하지만 여기에는 한 가지 단서가 있다. 올바르지 못한 일련의 행위로 인해 일이 복잡하게 꼬였을 때는 단순히 욕망과 행위를 거부하는 방법만으로는 모자랄 때가 있다. 경우에 따라서는 '불편한' 일을 해야 할 수도 있을 것이다. 예를 들면, 진실이 아닌 것을 말해야 하거나 정말 하기 싫은 일을 하러 가야 하는 경우다. 그러나 꼬인 것이 풀리기만 하면 곧바로 다시 욕망과 행위를 거부하는 방법으로 돌아갈 수 있다.

이것이 트랜서핑 모델의 틀 안에서 안내하는 신호에 대해 말할 수 있는 것의 전부다. 오직 당신만이 당신의 신호를 알아차리고 해석할 수 있다. 그렇게 하는 방법은 따로 공부할 필요가 없다. 당신 자신과 주변 세상에 주의를 잘 기울여보면 모든 것을 스스로 이해하게 될 것이다. 다만 모호한 신호에 중요성을 너무 많이 부여하지 말아야 함을 명심하라. 중요성을 지나치게 부여하면 인생 시나리오에 부정적인 해석이 끼어들 수 있기 때문이다. 가능태 흐름 속에서 좌초하거나 급류에 떠내려가지 않으려면 잉여 포텐셜을 만들어내지 않기만 하면 된다. 그러면 신호 없이도 잘 흘러갈 수 있다. 사실 신호의 진정한 의미를 분명히 이해한다는 것은 우리의 능력 밖의 일이다. 당신이 특별히 주시해야 할 유일한 신호는 결정을 내리려는 순간에 속에서 얼마나 편안한 느낌이 느껴지는가이다. 그리고 새벽별 속삭이는 소리는 정말 귀를 기울일 가치가 있다.

상황을 놓아 보내기

가능태 흐름 속의 빠른 흐름은 마음의 두 가지 무거운 짐을 덜어준다. 곧, 모든 문제를 합리적으로 해결해야 한다는 짐과 모든 상황을 끊임없이 통제해야 한다는 짐이다. 물론 이 짐들은 마음이 스스로 그것을 내려놓으려고 할 때만 덜어진다. 그런 일이 일어나게 하기 위해서는, 이 짐들을 지고 다니지 않는 것이 왜 더 나은지를 마음에게 어느 정도 합리적으로 설명해줘야 한다. 당신도 이미 알아차렸듯이, 이 책은 불합리하고 상식에 맞지 않는 이야기투성이다. 트랜서핑이 우주의 구조를 설명하기 위한 것은 아니라고는 해도, 어떤 식으로든 나는 마음에 충격을 주는 이 모든 결론을 논증해야만 한다.

그것 말고 별다른 수가 있을까? 상식의 견고한 벽을 흔들기란 대단히 어려운 일이다. 마음은 단지 믿음만으로 무엇을 받아들이는 데는 익숙하지 않다. 마음은 사실들이 현실적 증거를 갖출 것을 요구한다. 세상 속의 실제 상황에서 트랜서핑의 원리와 방법을 시험해보면 당신은 직접 현실적 증거를 얻을 수 있을 것이다. 나로서는 다만 의심하는 마음을 달래줄 얼마간의 논증을 제시해줄 수 있을 뿐이다. 최악의 경우, 당신은 이 원리를 하나라도 확인해보려들기는커녕 책조차도 더이상 읽으려 하지 않을 것이다. 하지만 이것은 정말 시작에 불과하다. 많은 놀라운 발견들이 저만치서 당신을 기다리고 있다.

우리의 마음이 지고 다니는 이 두 개의 무거운 짐은 어린 옛 시절부터 지워진 것이다. 우리는 끊임없이 이렇게 교육받아왔다. "머리를 써라! 네가 무슨 일을 하고 있는지를 분명히 알고 있는 거냐? 너의 행위를 설명해봐! 숙제를 해라. 마음을 제대로 사용할 줄 알아야 인생에서 뭔가를 해낼 수 있으니까! 이 멍청한 돌대가리야! 넌 도대체 머리가 돌아가고 있는 거냐, 마는 거냐?" 우리의 선생님들과 주변 환경은 우리의 마음을 '군인'으로 만들어놓았다. 이 군인은 어떤 순간이든 브리핑을 할 준비가 되어 있다. 모든 질문에 대답할 준비가 되어 있고, 상황을 평가하여 결정을 내리고 일어나는 모든 상황을 통제할 태세가 되어 있다. 마음은 상식을 가지고 합리적으로 행동하도록 훈련되어 있다.

내가 너무 주제넘게 나서서 상식을 몽땅 쓸어내 버리려든다고 생각하지는 말아주길 바란다. 실제로는 그 반대다. 상식은 최소한 꼭 필요한 규칙들의 집합이다. 그것은 당신이 세상에서 살아남으려면 어떻게 처신해야 하는지를 말해준다. 마음이 저지르고 있는 실수는 한 가지뿐이다. ─ 이 규칙들을 너무 지나치게 문자 그대로, 곧이곧대로 따른다는 것이다. 마음은 상식에 너무 붙들려 있어서 주위를 둘러보지 못하고, 이 규칙에 맞아떨어지지 않는 것은 보지 못한다.

세상에는 상식을 벗어나는 일이 너무나 많다. 마음이 모든 것을 설명하지 못하고, 문제로부터 우리를 보호해주지도 못한다는 사실이 그 증거다. 이런 상황을 벗어날 아주 쉬운 길이 있다. ― 가능태 흐름 속의 빠른 흐름에 몸을 맡기는 것이다. 이 논리의 근거 또한 아주 단순하다. 이 빠른 흐름 안에는 마침맞게도 마음이 추구하는 바로 그것, 곧 합목적성이 내재한다는 것이다. 알다시피, 빠른 흐름은 가장 저항이 적은 길을 따라간다. 마음은 인과의 관계에 맞추어 사리에 맞게 논리적으로 사고하려고 애쓴다. 그러나 마음은 완벽하지 못해서 세상 속에서 갈피를 잡지 못하고, 올바른 결정을 내리지 못할 때가 많다.

하지만 자연은 그 본질상 완벽하다. 그 때문에 아무리 현명한 논증보다도 빠른 흐름에 더 훌륭한 합목적성과 논리가 담겨 있는 것이다. 마음은 제아무리 사리에 맞게 생각한다고 스스로 확신하더라도 실수를 저지르게 되어 있다. 어떻게든 실수는 하겠지만, 만일 마음이 그 열정을 절제하여 가능한 한 해결 과정에 너무 끼어들지 않고 문제가 저절로 해결되도록 놓아둔다면 실수는 훨씬 줄어들 것이다. 이것이 이른바 상황을 놓아보내기라는 것이다. 달리 말해서, 당신은 꽉 잡은 손아귀를 늦추어 풀어놓아야 한다. 통제하려는 노력을 줄이고 흐름을 방해하지 않음으로써 주변 세상에게 운신의 자유를 더 많이 허락해야 한다.

세상을 압박하고 밀어붙이는 것은 소용없을 뿐 아니라 해롭기도 하다는 것을 당신은 이미 알고 있다. 흐름과 일치하지 않을 때, 마음은 잉여 포텐셜을 만들어내고 있다. 트랜서핑은 이와는 완전히 다른 길을 제시한다. 첫째, 우리는 잉여 포텐셜을 증가시킴으로써 스스로 장애물을 만들어낸다. 중요성을 낮추면 장애물은 저절로 제거될 것이다. 둘째, 장애물이 당신의 노력에 굴복하지 않을 때, 그것과 싸워서는 안 된다. 그저 장애물을 돌아서 가라. 안내하는 신호가 당신을 도와줄 수 있다.

마음의 또다른 문제점은, 마음은 자신의 시나리오에 들어맞지 않는 사건은 장애물로 인식해버리는 경향이 있다는 것이다. 마음은 모든 것을 미리 계획하고 계산한다. 예측하지 않은 어떤 일이 갑자기 일어나면 마음은 그것을 자신의 시나리오에 끼워 맞추기 위해서 나서서 싸우기 시작한다. 그러면 사태는 더욱 악화된다. 물론 마음은 일을 이상적으로 계획할 수 있는 처지가 아니다. 이 시점에서는 흐름에 더 많은 자유가 주어져야 한다. 흐름은 당신의 운명을 망치는 데 관심이 없다. 그것 역시 합목적적이 아니다. 비합리적인 행동으로 당신의 운명을 망쳐놓는 것은 마음이다.

마음의 관점에서 보면, 합목적성이란 매사가 짜여진 시나리오대로 진행되는 것이다. 시나리오와 일치하지 않는 것은 모두가 달갑지 않은 문젯거리다. 그리고 문제는 해결되어야 한다. 그래서 마음이 열성적으로 나서서 그 임무를 떠맡지만 오히려 새로운 문제를 일으켜놓을 뿐이다. 이런 식으로 마음은 스스로 자신의 길에다 무수한 장애물을 쌓아올린다.

생각해보라. 사람들은 언제 행복을 느낄까? 언제 만족을 경험하는가? 사람들은 어떤 때 자신에게 만족을 느낄까? 모든 일이 계획대로 되어갈 때다. 조금이라도 시나리오에서 어긋나면 그것은 실패로 인식된다. 내적 중요성은 마음으로 하여금 이탈의 가능성을 받아들이지 못하게 한다. 마음은 이렇게 생각한다. "내가 모든 걸 미리 계획하고 계산했잖아. 나에게 어떤 게 좋고 나쁜지는 내가 더 잘 알아야지. 난 현명해야 돼." 삶은 종종 사람들에게 선물을 주지만 그들은 그 선물이 자신의 계획에 없는 것이라는 이유만으로 선뜻 받아들이려들지 않는다. "난 다른 장난감을 원했단 말이야!" 그러나 가지고자 했던 장난감을 얻는 일은 무척이나 드문 것이 우리의 현실이다. 그래서 우리는 모두 불만스럽고 언짢아 하는 얼굴로 돌아다닌다. 마음이 자신의 중요성을 낮추고 시나리오에 이탈이 일어날 여지를 인정해주기만 한다면 삶이 얼마나 더 즐거워질지를 상상해보라.

모든 사람은 자신의 행복 수준을 조절할 수 있다. 대다수의 사람들이 행복의 척도를 너무 높여놓고는 자기는 불행하다고 생각한다. 나는 당신이 현재 가진 것에 만족해야 한다고 설교하려는 게 아니다. "행복해지고 싶다면 그냥 행복하라"라는 미심쩍은 공식은 트랜서핑에 맞지 않는다. 당신은 당신의 장난감을 갖게 될 것이다. 하지만 그것에 대해서는 나중에, 제2권과 3권에서 이야기하기로 하자. 지금 우리는 유쾌하지 못한 일들을 어떻게 피해야 할지, 문제의 수를 어떻게 줄일 수 있을지에 대해서 이야기하고 있다.

마음은 가능태 흐름의 빠른 흐름 속에 갖춰져 있는 해법을 이용할 줄 모른다. 이것은 오로지 마음이 자신의 시나리오에서 이탈이 일어나는 것을 용인하지 않으려 하기 때문이다. 매사를 통제하려드는 마음의 광적인 경향이 삶을 흐름과의 끊임없는 투쟁으로 바꾸어놓는다. 마음은 과연 가능태 흐름을 자신의 의지에 종속시키지 않고 스스로 흘러가도록 놔둘 수 있을까? 자, 여기서 우리는 마음의 가장 중요한 오류를 발견한다. **마음은 흐름을 따라가는 자신의 움직임을 조종하지는 않고 흐름 자체를 조종하려고 애를 쓰고 있다.** 이것이 바로 문젯거리와 유쾌하지 못한 일들이 일어나는 주된 이유 중 하나다.

합목적적인 빠른 흐름은 최소 저항의 길을 따라 움직이기 때문에 문제나 장애물을 만들어낼 수가 없다. 문제와 장애물은 어리석은 마음이 만들어내는 것이다. 지켜보는 자를 일깨워서 적어도 하루 동안, 마음이 흐름을 조종하려드는 꼴을 잘 관찰해보라. 누가 어떤 것을 당신에게 제안하는데 당신은 그것을 거절한다. 누군가가 뭔가를 말해주려고 하는데 당신은 그것을 뿌리친다. 어떤 사람이 자신의 의견을 표현하는데 당신은 그것을 반박한다. 누군가가 자신의 방식대로 일을 하는데 당신은 그를 올바른 길로 안내하려고 한다. 해결책이 제시되는데 거절한다. 어떤 것을 기대했다가 완전히 다른 것을 얻고는 불만을 터뜨린다. 누군가가 당신을 방해하고, 당신은 이성을 잃는다. 뭔가가 당신의 시나리오에 어긋나면 당신은 흐름을 원하는 방향으로 돌리기 위해 전면공격을 감행한다. 당신에게는 이 모두가 약간씩 다른 모습으로 일어날지는 모르겠지만, 일리가 있어 보이지 않는가?

자, 움켜쥔 통제의 손을 늦추고 흐름에 더 많은 자유를 허용해주어보라. 모든 일에 동의하라거나 주어진 모든 것을 받아들이라고 하는 것은 아니다. 단지 당신의 전략을 바꾸어보라는 것이다. ― 무게중심을 통제에서 관찰로 옮겨보라. 통제하고 조종하기보다는 지켜보려고 애쓰라. 성급하게 뿌리치고 거부하고 반박하고 자신의 의견을 밀어붙이고 방해하고 조종하고 비판하지 말라. 당신이 나서서 끼어들거나 저항하지 않는 가운데 상황이 스스로 해결될 수 있도록 기회를 줘보라. 당신은 분명히 깜짝 놀라 말문이 막히게 될 것이다. 그렇지 않으면 적어도 감탄하게 될 것이다. 완벽한 반전이 일어날 테니까. 상황을 통제하려는 욕심을 내려놓으면 이전보다 더 큰 통제력을 얻을 것이다. 초연한 관찰자는 직접 참여하는 사람보다 언제나 더 유리하다. 내가 이 말을 자꾸만 반복하는 것도 이 때문이다. ─ 당신 자신을 빌려주라.

지난 일을 돌이켜보면 당신의 통제가 흐름에 역행했다는 사실을 확실히 알게 된다. 다른 이들이 제시한 대안들도 전혀 쓸모 없는 생각은 아니었다. 당신의 개입은 헛된 것이었다. 당신이 장애물로 봤던 것은 전혀 장애물이 아니었다. 당신의 지식이 없이도 문제는 스스로 술술 잘 해결된다. 당신의 계획과는 다르게 나타났던 모든 일도 결국 그다지 나쁘지 않았다. 지나가는 말로 들었던 것들이 실제로는 상당히 타당했다. 속에서 느껴지던 불편함이 경고로 작용했다. 당신은 쓸데없이 에너지를 낭비하지 않았고, 여전히 만족스럽다. 이것이 내가 처음에 말했던, 흐름이 마음에게 주는 호사로운 선물이다.

그리고 물론 지금까지 말한 모든 것에 덧붙여서, 우리의 '아군'을 기억하자. 펜듈럼은 흐름과 일치하여 움직여가는 것을 어렵게 만든다. 그것은 우리가 한 걸음 내딛을 때마다 집적거리면서 우리로 하여금 흐름 속에서 맹렬히 허우적대게 만든다. 펜듈럼은 흐름 속에 빠른 흐름이 존재하는 것을 싫어한다. 그 이유는 분명하다. ─ 빠른 흐름은 에너지를 최소한으로 소모하는 길을 따라 움직이기 때문이다. 흐름과 싸우는 사람이 소모한 에너지는 잉여 포텐셜을 만들어내어 펜듈럼을 먹여 키우는 데 쓰인다. 우리가 논해야 할 유일한 통제는 내적, 외적 중요성의 수준을 조절하는 것에 관한 것이다. 상황을 놓아 보내려는 마음의 노력을 가장 훼방하는 것은 중요성이라는 사실을 명심하라.

많은 경우, 상황을 놓아 보내는 것이 자신의 방식을 고집하는 것보다 훨씬 더 효과적이고 유용하다. 자기 확신을 추구하는 인간의 욕망은 자신의 중요성을 입증하려고 하는 습관을 어릴 적부터 길러놓는다. 어떤 대가를 치르고서라도 "내가 옳다"는 것을 입증하려는 경향성은 이로부터 나온다. 이것은 어느 모로 봐도 해롭기만 할 뿐이다. 이러한 추구는 잉여 포텐셜을 만들어내고, 다른 사람들의 이익과 대치된다. 어떤 판정이 자신의 이익과 직접적인 관련이 없는 경우조차도, 사람들은 종종 자신이 옳음을 입증하려고 무진 애를 쓴다.

내적 중요성의 느낌이 너무나 부풀려진 나머지, 아주 시시콜콜한 일에 이르기까지도 자신의 방식만 고집하는 사람들이 있다. 내적 중요성은 만사를 장악하고 있으려고 하는 편집증으로 발전한다. "어떤 대가를 치르더라도 모든 사람 앞에서 내가 옳다는 것을 입증하고 말 거야." 이것은 해로운 습관이다. 그것은 삶을 정말 복잡하게 만들어놓는다. 특히 진리를 수호하는 투사의 삶은 더욱 복잡하다.

당신의 이익에 그다지 해가 되지 않는다면, 상황을 놓아 보내라. 다른 사람들에게도 허우적거릴 권리를 허용해주라. 온전히 깨어 있는 의식으로써 이렇게 한다면 당신은 즉석에서 크나큰 안도와 경이를 느낄 것이다. 자신의 관점을 입증했을 때보다 훨씬 더 멋진 기분일 것이다. 자신이 다음 단계로 올라섰다는 사실에 만족을 느낄 것이다. 당신은 전처럼 자신의 중요성을 애지중지 받들지 않고, 철없는 아이의 현명한 부모와도 같이 행동한 것이다.

예를 하나 더 들어보자. 직장 일에 지나친 열성을 보이는 것 역시 부주의한 태도만큼이나 해롭다. 당신이 오랫동안 꿈꾸어왔던 훌륭한 직업을 갖게 되었다고 가정해보자. 당신은 자신의 최고의 모습을 보여줘야 한다고 생각하기 때문에 스스로에게 많은 요구를 하게 된다. 최선을 다해야 하는 것은 맞지만 너무 지나치게 열성적으로 일에 나서다가는, 특히 어려운 임무일 경우, 그 압박감을 감당할 수 없게 될 것이다. 잘해 봤자 당신의 일은 비효율적일 것이며 최악의 경우에는 신경쇠약에 걸

리고 말 것이다. 그리고 심지어는 자신은 이 일을 도저히 해낼 수 없다
는 잘못된 결론에 도달할 수도 있다.

또다른 가능성도 있다. 당신은 새 직장에서 극성맞게 나서서 기존의
사무체계를 어지럽힌다. 더 완벽하게 처리할 수 있는 일들이 많아 보이
고, 당신은 자신이 올바른 짓을 하고 있음을 믿어 의심치 않는다. 그러
나 당신의 혁신이 직장의 일상적 생활패턴을 파괴하는 것이라면 거기
서 좋은 결과가 나오리라는 기대는 하지 말라. 이것이 바로 솔선수범이
오히려 벌을 버는 경우다. 당신은 느리지만 유유한 흐름 속에 들어와서
는 더 빨리 헤엄쳐보겠노라고 안간힘을 다해 헛손질을 시작하고 있는
것이다.

아니, 그렇다면 전혀 말도 하지 말고 튀지도 말라는 이야긴가? 뭐,
그 정도까지는 아니다. 이 문제를 비즈니스적인 관점에서 접근해보라.
당신은 당신을 직접 괴롭히는 사람에게만 화내고 꾸짖을 수 있다. 그것
도 당신의 비판이 뭔가를 더 좋게 변화시켜 놓을 수 있을 경우에만 그
렇다. 이미 일어난 일이나 변화시킬 수 없는 것은 절대로 비판하지 말
라. 그 밖의 다른 모든 일에 있어서는 흐름을 따라갈 필요가 있다. 그러
나 문자 그대로 모든 상황과 사람에 맞추라는 것이 아니라 단지 통제로
부터 관찰로 무게중심을 옮김으로써 그렇게 하라는 것이다. 상황이든
사람들이든 뭐든 더 많이 지켜보고, 성급하게 통제하려 덤비지 말라.
언제 어떻게 끼어들지, 그 알맞은 정도를 느끼는 감각이 저절로 생겨날
것이다. 그 문제라면 걱정하지 말라.

요약

- 마음은 보편화된 온갖 이름표를 이용해서 정보를 해석한다.
- 영혼은 생각하지도, 말하지도 않는다. 영혼은 느끼고, 안다.
- 마음은 단지 낡은 벽돌로 비교적 새로운 형태의 집을 지을 수 있을 뿐이다.
- 전적으로 새로운 발견은 현실화되지 않은 섹터에서 나온다.
- 영혼은 완전히 새로운 정보를 마음에 전달해주는 매개자 역할을 한다.
- 영혼은 현실화되지 않은 정보를 해석함 없이 하나의 앎으로서 받아들인다.
- 마음이 영혼이 전달해주는 정보를 해석하는 데 성공하면
  새로운 발견이 이룩된다.
- 마음은 기분이 편안한지 어떤지를 분명히 판단할 수 있다.
- 기분이 편안한지 어떤지를 늘 주의 깊게 살피는 훈련을 하라.
- 중요성을 거부하면 운명을 선택할 수 있는 자유를 얻는다.
- 선택의 자유는 간청하거나 요구하거나 투쟁하기를 멈출 수 있게 해준다.
  그것은 가서 원하는 것을 무엇이든 가질 수 있게 해준다.
- 정보는 원인-결과의 연결고리로 정렬된 구조를 이룬다.
- 원인-결과의 연결이 가능태 흐름을 만들어낸다.
- 저항이 가장 적은 길이 별도의 빠른 흐름을 형성한다.
- 가능태 흐름 속의 빠른 흐름은 모든 문제에 대한 답을 이미 가지고 있다.
- 내적, 외적 중요성이 마음을 최적의 흐름에서 벗어나게 만든다.
- 당신을 폭포로 이끌어가는 것은 가능태 흐름 속의
  빠른 흐름이 아니라 마음이다.
- 모든 것은 보기보다 훨씬 쉽다. 이 단순성에 자신을 내맡기라.

- 일을 일으키는 것은 징조 자체가 아니라 징조에 대한 당신의 태도다.
- 안내하는 신호는 가능태 흐름에 생길 수 있는 물굽이를 예고해준다.
- 인생트랙은 저마다 성질이 다르다.
- 신호는 다른 인생트랙으로의 전이가 일어나는 동안에 나타나므로
  경각심을 느끼게 한다.
- 신호는 뭔가가 이상하다는 느낌을 만들어내므로 구별된다.
- 저도 모르게 문득 뱉어진 말은 분명한 행동 지침으로 볼 수 있다.
- 불편한 기분은 분명한 신호다.
- 무엇을 하려는데 자신을 설득해야만 한다면
  그것은 영혼이 '아니' 라고 말하고 있는 것이다.
- 불편한 결정은 할 수 있다면 거절하라.
- 꽉 쥔 손을 늦추고, 자신의 시나리오에 없었던 일도 받아들일 필요가 있다.
- 중요성은 이탈의 가능성을 당신의 시나리오에 받아들이지 못하게 만든다.
- 마음은 흐름 속의 자신의 움직임을 조절하려고 하지는 않고
  흐름 자체를 통제하려고 대든다.
- 무게중심을 통제로부터 관찰로 옮기라.
- 통제하려는 욕망을 내려놓으면 상황을 진정으로 통제할 수 있는
  힘을 얻는다.
- 가능태 흐름을 따라가면 세상이 나와서 당신을 맞이할 것이다.

부록_저자와의 대화

바딤 젤란드는 어떤 사람입니까?

"바딤 젤란드, 당신은 누구세요?"라고 묻는 호기심 많은 독자들에게 저는 보통 이렇게 대답합니다. "전 아무도 아닙니다."

저는 트랜서핑의 창조자가 아니고 '재해석자'이기 때문에, 제 개인적인 이야기는 흥밋거리가 될 수도 없고, 되어서도 안 됩니다. 이 고대의 신비지식 안에 어떤 이의 개인적인 곡해가 들어가지 않도록 하기 위해서 아무도 아닌 사람, 빈 통로가 되는 것은 절대적으로 필요합니다. 이 지식은 불가능한 것이 가능해지는 세계로 통하는 문을 여는 것입니다. 당신이 이 법칙들을 따른다면, 현실은 더이상 외부에 존재하는 독립적인 어떤 것이 아니라 조종 가능한 것으로 변화합니다. 신비는 너무도 광대하여, 그것을 지닌 자의 개성은 의미를 잃습니다. 아마도 신비를 지키는 수호자들만이 주목받을 가치가 있을 테지만, 그들 또한 드러나지 않는 것을 선호합니다. 제 나이는 45세입니다. 소련이 붕괴하기 전에는 양자물리학을 연구했고, 그다음에는 컴퓨터공학을 연구했습니다. 지금은 책을 쓰고 있지요. 저는 러시아에 살고 있습니다. 그 외의 다른 것들은 중요치 않습니다. 위에서 말한 것도 마찬가지죠.

트랜서핑이라는 아이디어가 어떻게 당신에게 나타났나요?

트랜서핑은 아이디어도 아니고, 나타난 것도 아닙니다. 트랜서핑은 고대로부터 우리에게 찾아온 지적 유산입니다. 이 신비지식은 초현실적인 방법으로 제게 전해졌고, 지금도 전해지고 있습니다. 저는 그것을 아무에게서도 배우지 않았고, 어디서 그런 내용을 읽은 적도 없었습니다. 정보가 스스로 제 머릿속으로 들어왔지요. 어떻게 그런 일이 일어났는지 설명할 수는 없어요. 저는 평범한 사람이고, 외계인이나 유령들과 대화를 나누지도 않습니다. 제가 저의 스승이라고 부를 수 있는 유일한 존재는 제 꿈에 나타났던 감시인입니다. 그분은 고대 신비지식의 수호자 중 한 분이지요. 그 꿈 이후에 제 머릿속에 정보의 흐름이 흘러들기 시작했습니다. 그 감시인과의 만남은 책의 첫 부분에 묘사되어 있지요. 그 만남 이후에 제 삶은 갑작스런 변화를 겪었습니다. 별달리 특별한 재능이 없던 전직 물리학자가 아무 이유도 없이 갑자기 책을 쓰기 시작했죠.

당신이 이 책을 쓰게 된 계기는 무엇인가요?

아마도 그 전환점은 제가 삶에서 극도로 심각한 혼란을 일으켰던 때인 것 같아요. 제가 25년 전에 저의 책《트랜서핑》을 읽었더라면, 제 삶은 훨씬 더 평온하고 바람직했을 겁니다. 하지만 그랬더라면 아마 이 책을 쓸 수 없었겠지요. 그 모든 시련 끝에 어떤 채널이 열렸고, 그 통로를 통해 정보가 홍수처럼 밀려 들어왔습니다.

256   평생 저는 반反 트랜서핑을 해왔어요. 모든 것을 트랜서핑과는 반대

로 해왔다는 거죠. 영리한 사람들은 다른 사람들의 실수를 보고 배우지만, 바보들은 자신의 실수에서 배웁니다. 그런 의미에서 저는 정말 바보였지요. 그렇지만 자신의 실수와 남의 실수 중, 어느 것에서 더 깊은 교훈을 얻을 수 있을까요? 영리한 사람은 무엇이 옳고 무엇이 그른지만 알지요. 달리 말하자면, 영리한 사람은 정보만 알고 있을 뿐, 그것을 깨닫지는 못합니다. 그와 달리 바보는 부딪혀 머리에 혹이 날 때마다 거기에서 실수의 핵심을 느끼고 깨닫습니다. 그는 살아 있는 진정한 지식을 얻는 것이지요. 오직 바보만이 신비지식의 안내자가 될 수 있다는 것은 분명한 사실입니다.

어떤 독자들을 위해 이 책을 썼습니까?

독자들이 보내오는 편지를 읽고 판단해보면, 독자들의 거주 지역, 나이, 사회적 지위 등은 모두 중요하지 않습니다. 그러나 이 신비지식이 모든 사람을 위한 것은 아니라고 봅니다. 누구나 이것을 받아들일 준비가 되어 있는 것은 아닙니다. 진부한 마음의 틀 속에는 트랜서핑이 자리 잡을 수 없기 때문입니다. 사람들은, 자기 생각에는 깨어 있는 것처럼 여기고 있겠지만 실제로는 깊은 꿈속에서 살고 있습니다. 트랜서핑은 그 꿈에서 깨어날 수 있는 사람들만이 받아들일 수 있지요. 어떤 사람들은 이 책을 대단히 감탄하며 받아들이지만 또 어떤 사람들은 거부합니다. 그러나 독자들의 감사 편지가 이렇게 많이 쏟아지는 것을 보면 거부하는 사람의 수가 그다지 많지 않으리라는 것을 확신할 수는 있지요.

가능태 모델이란 무엇인가요?

현실은 두 가지의 형태를 지니고 있습니다. 하나는 물리적인 형태로 우리가 손으로 만질 수 있는 것이고, 다른 하나는 형이상학적인 형태로 우리의 지각범위를 넘어서 있으면서도 물리적인 형태와 마찬가지로 객관적인 것입니다. 어떤 의미에서는, 세상은 무한한 크기의 이중 거울과 같습니다. 한쪽 면에는 물질세계가 있고, 다른 면에는 형이상학적인 가능태 공간이 있지요. 그 가능태 공간은 가능한 모든 사건의 시나리오를 간직하고 있는 정보체입니다. 가능태의 수는 평면 위에 존재할 수 있는 점의 위치와 마찬가지로 무한합니다. 그것은 과거, 현재, 미래의 가능한 모든 사건을 기록하고 있지요. 거기에서 우리의 꿈과 투시력, 본능적인 지식, 그리고 깨달음이 나옵니다. 사람의 사념 에너지는 특정한 조건 아래서 가능태 공간의 어떤 섹터를 물질적으로 실현시킬 수 있습니다. 트랜서핑에서 우리가 "영혼과 마음의 합일"이라고 부르는 어떤 상태에서는 신비한 힘, 즉 외적 의도(external intention)가 탄생합니다. 당신이 만일 일정한 규칙을 따른다면, 이 힘은 당신이 "주문하는" 것을 실현시켜줄 것입니다. 당신이 얻고자 의도하는 것을 물질로 실현시킨다는 것이지요.

이 책은 그저 또 하나의 자기개발 기법인가요?

트랜서핑은 자기개발 기법이 아닙니다. 이것은 원하는 것을 얻게 하는 사고방식과 행동방식입니다. 성취하는 게 아니고, 말 그대로 그저 얻는 것입니다. 자신을 변화시키는 게 아니고, 자신으로 되돌아가는 것입니다.

모든 것은 단순합니다. 세상은 당신의 세상에 대한 태도를 거울처럼 비춰줍니다. 당신이 세상과 싸우면, 세상은 당신과 싸웁니다. 당신이 싸움을 멈추면, 세상이 다가와 당신을 맞이할 겁니다.

그저 자신에게 원하는 것을 얻도록 허용한다면, 외적 의도는 그것을 당신에게 줄 수 있는 방법을 찾을 것입니다. 그리고 어느 날 놀라운 일이 벌어질 것입니다. 목표를 성취하기를 필사적으로 원하시나요? 이제 그만 원하기를 멈추세요. 당신은 어떻게든 그것을 얻게 될 겁니다. 그저 당신이 원래 자기 소유인 것을 가진다고 생각하세요. 당신은 그것을 요구하거나 주장하지 않고서 편안히 가지게 됩니다. 내가 그걸 가진다는데, 뭐가 문제입니까? 난 그냥 내가 바라는 것을 가지게 될 겁니다.

사회는 당신에게 완전히 다른 시나리오를 강요합니다. 목표를 성취하기 위해 투쟁하도록 만듭니다. 그래서 당신은 자기 자신과 세상에게 전쟁을 선포해야 합니다. 당신은 불완전하기 때문에, 자신을 변화시키기 전에는 목표에 도달할 수 없다고 믿게 됩니다. 자신을 변화시키면서 성공을 향한 투쟁에 돌입해야 합니다. 이 시나리오는 오직 하나의 목표만을 추구합니다. 그것은 당신에게서 에너지를 빼앗으려 매트릭스의 배양기 속으로 몰아넣는 것입니다. 자신과 싸우면서 당신은 모든 에너지를 매트릭스에게 줘버립니다. 세상과 싸우는 경우에도 마찬가지로 같은 일이 벌어집니다.

이런 투쟁 속에서 당신은 많은 것을 얻었나요? 당신은 유배지로 가는 사람처럼 우울하게 지겨운 일터나 학교로 가야 합니다. 그러나 어떤 사람들은 같은 시간에 따뜻한 바닷가로 가서 일광욕을 즐길 겁니다. 그들은 자신들의 투쟁에서 승리해서 지금 삶을 즐기는 것일까요? 투쟁에 참여하는 사람들은 아무리 부지런히 일을 해도 평생 스키 리조트에 갈 돈을 저축하지 못합니다.

트랜서핑은 근본적으로 다른 길을 제시합니다. 먼저 투쟁을 멈추는 것이 필요합니다. 그리고 일반적인 신념체계에서 빠져나와 다른 길로 가야 합니다. 자기 자신에게 그저 갖는 것을 허용하는 길, 이 책에서 당신은 그 길을 배우게 될 것입니다.

다른 책들은 효과가 없는 데 반해, 이 책이 효과가 있는 이유는 무엇인가요?

예를 들어, 트랜서핑은 카를로스 카스타네다의 작품들과 자주 비교됩니다. 아마도 부분적으로 용어들이 비슷하기 때문일 겁니다. 그러나 카를로스 카스타네다와 테운 마레즈의 책으로 유명한 《전사의 길》은 전혀 트랜서핑이 아니고, 근본적으로 그 반대의 위치에 있는 톨텍의 가르침입니다. 만일 누군가가 이 두 가르침을 비교하려 한다면, 그 둘 중 어느 하나도 이해하지 못한다는 것을 의미합니다. 그 둘이 하나의 동일한 목표 즉, 자유 ─ 당신이 세상에 복종하는 게 아니라 세상이 당신에게 복종하는 것 ─ 를 지향하고 있기는 하지만, 이 자유에 이르는 길이 서로 다른 방향을 향해 있습니다. 톨텍의 가르침을 따르는 사람들은 세상에게 복종을 강요하려고 애쓰지만, 트랜서퍼들은 세상에게 복종을 허용합니다. 아마도 목적에 도달하는 방법이 원칙적으로 서로 다를 것입니다.

당신의 책은 《시크릿》과는 어떻게 다른가요?

똑같은 지식을 다른 관점에서 본 것이라는 점에서만 차이가 있습니다. 일반적으로 어느 한 가르침을 다른 것과 비교하다 보면 〈우파니샤드〉에 까지 갈 수도 있을 겁니다. 거기에 무슨 의미가 있겠어요? 이 모든 지식은 하나의 원천에서 나오는 것이지요. 그런 이유로 여러 다른 사람들이 서로 독립적으로 똑같은 발견을 하는 일이 드물지 않게 일어나는 것입니다. 또 많은 새로운 사조들이 지구상의 여러 곳에서 동시에 나타납니다.

나머지 다른 것들과 공통되는 요소를 전혀 갖지 않는 가르침을 한 번 찾아보세요. 만일 그런 것을 찾을 수 있다면, 그것은 다른 현실에 관련된 가르침일 겁니다. 그 어떤 인간의 마음도 우리 세계와 관련이 없는 것을 창조할 수는 없습니다. 판타지 소설조차도 조만간에 현실이 됩니다. 판타지 소설가들은 아직 현실화되지 않은 현실에 대해 쓰는 것입니다. 실제로 이 모든 아이디어와 이미지는 꿈과 마찬가지로 마음의 산물이 아닙니다. 그것들은 하나의 정보장에 정적으로, 객관적으로 존재합니다. 그리고 '마스터'들도, 또 일반인들도 모두 같은 데이터베이스에 접근할 수 있습니다.

이 모두는 아주 간단합니다. 도서관에 가서, 아무 서가에서나 보고 싶은 책을 마음대로 고르는 것과 같지요. 단 하나의 조건이 있습니다. 지식에 접근할 권리를 이용할 수 있는 자신의 능력을 믿어야 합니다. 그런 다음, 이 지식을 받으려고 마음먹어야 합니다. 자기 자신에게 질문을 던지고, 그 질문에 대해 스스로 대답하기를 감행해보세요. 그것을 감행하는 사람은 새로운 발견을 하고 음악을 작곡하며, 책을 쓰고 여러 분야에서 걸작을 창조합니다. 지식은 그것을 붙잡으려는 의도를 밝힌 사람에게 열리는 것입니다.

이 이론이 당신에게는 어떤 효과가 있었나요?

말할 것도 없이, 제가 저 자신의 체험에서 트랜서핑을 시험해보지 않았다면 그것이 어떻게 되는 것인지 다른 사람들에게 설명하지 못했을 겁니다. 이 테크닉은 나무랄 데 없이 효과가 있고, 보통 그 결과는 예상을 뛰어넘습니다. 평범한 경험의 틀로는 이해할 수 없는 놀라운 일들도 꽤나 자주 일어납니다. 이 모든 기적이 트랜서핑의 관점에서 완전히 설명될 수 있기는 하지만 저는 아직도 거기에 익숙해지지 않아서 언제나 놀라곤 합니다. '정말 이런 일이 가능하단 말인가?' 누구든지 의도의 힘으로 현실을 조종하기를 시도하는 사람은 바로 이와 같은 느낌 — 경이로움과 희열 — 을 체험합니다. 사람들은 보통 현실을 외부적인 것으로 생각하고, 우리의 의지와는 상관없이 독립적으로 존재하는 것으로 알고 있기 때문에 이런 경험은 경이로운 일이지요. 당신은 자신이 더이상 환경조건에 매여 있는 작은 사람이 아니라고 느끼며, 스스로 자기의 세상을 창조하기 시작하면서 희열을 느끼게 됩니다.

이 트랜서핑 이론을 개발하는데 시간이 얼마나 걸렸습니까?

트랜서핑 이론은 제가 개발한 것이 아닙니다. 그것은 가능태 공간에 이미 존재했었고, 지금도 존재하고 있지요. 제 임무는 그 공간에서 그것을 읽어내는 것이었어요. 이상하게 들리겠지만, 저는 이 책을 처음부터 순서대로 쓰지 않았습니다. 모든 장(chapter)을 동시에 병행해서 썼지요. 서로 분리된 여러 개의 아이디어들이 저절로 제 머릿속에 들어왔고, 저는 그것을 받아적었습니다. 그런 단편들이 충분히 축적되자, 그들이 스스로 합쳐져 전체 그림을 만들었어요. 저는 단지 그 단편들을 엮어서 편집하기만 하면 되었죠. 그런 식으로 마치 모자이크처럼 분리된 단편들이 모여 책이 된 겁니다. 보통 한 권을 쓰는데 일 년에서 일 년 반이 걸렸습니다. 어떤 때는 몇 주 동안 한 페이지도 못 쓰는 경우도 있었습니다. 아마도 그런 시간들이 헛되지는 않았을 겁니다. 이성을 사용해서 논리적으로 생각하면, 이해해야 할 것을 이해할 때까지는 어떤 힘이 잡고 놓아주지 않는 것처럼, 아무것도 나오지 않습니다. 참된 지식은 느닷없이 저절로 나옵니다. 영혼의 깊은 곳 어딘가에서 나오는데, 저는 그곳을 상상할 수 없습니다.

이 이론은 따르기가 어려운가요?

트랜서핑은 단순하면서도 동시에 대단히 효과적인 현실조종 기법입니다. 그래서 특별한 재능이 없는 평범한 사람들을 위한 것입니다. 저는 독자들의 편지를 많이 받는데, 그들은 한결같이 트랜서핑이 삶의 질을 눈에 띄게 높여주었다고 말합니다. 결과들은 다 다르지만, 그들은 모두 자신이 주문한 것을 얻었지요. ― 직장, 승진, 새 차, 새 아파트, 인생의 짝을 찾기, 문제와 콤플렉스로부터 벗어나기 등등.

단순히 "원하는 것을 얻는" 것이 어떻게 가능한가요?

트랜서핑의 정수를 요약해서 말하면 이렇습니다. "당신의 세계는 당신이 세상에 대해 생각하는 바이다.(Your world is what you think about it.)" 세상은 세상에 대한 당신의 태도를 거울처럼 비춥니다. 누군가가 좋은 상품은 모두 다 팔렸을 거라고 확신한다면, 실제로 그에게는 빈 진열대만 남아 있게 됩니다. 좋은 상품을 사기 위해 줄을 서서 기다려야 한다고 생각하면, 그런 일이 실제로 벌어집니다. 비관적인 기대와 의심으로 가득하다면, 기대하는 그대로 반드시 일어납니다. 불친절하고 비우호적인 만남을 기대한다면, 그 예감이 그대로 실현됩니다.

그런데 만일 누군가가 세상이 자기를 위해 가장 좋은 것을 예비해두었다는 순수한 생각에 가득 차 있다면, 그 일 또한 어떤 식으로든 실현됩니다. 모든 것이 쉽게 주어지지 않는다는 것을 모르는 괴짜는 묘하게도 어쩌다가 판매대 맨 앞에 서 있게 되는데, 그때 마침 그를 위해 특별히 준비된 것처럼 상품이 도착합니다. 그런데 재밌게도 첫 손님은 모든 상품을 공짜로 받게 된다는 겁니다. 그의 뒤에는, 삶의 현실은 훨씬 더 우울하다고 믿는 사람들이 긴 줄을 서 있습니다.

트랜서핑은 외부 세계의 환상에 눈을 뜨게 해줍니다. 주된 환상은, 현실이 당신과 무관하게 따로 떨어져 존재하며, 그래서 그것을 통제할 수 없다고 믿는 것입니다. 사실 사람은 자기의 현실을 창조할 수 있습니다. 그러나 그러기 위해서는 몇몇 규칙들을 따라야 합니다. 규칙들의 자세한 내용은 《트랜서핑》 책에 기술되어 있습니다.

당신은 이 책에서 우리에게 선택의 자유가 있다고 말하며, 유사한 가능태들에 관해 이야기합니다. 내가 잘못된 인생트랙이나 '너무 유사한' 가능태를 선택한다면 어떻게 하지요?

제가 유용한 원리를 하나 알려드리지요. 이것은 의도의 조율이라고 부릅니다. 인간의 삶은 다른 모든 물질의 움직임과 마찬가지로 원인과 결과의 사슬로 이루어집니다. 결과는 가능태 공간에서 항상 원인에 가까이 위치해 있어요. 가능태 공간의 섹터들은 하나에서 다른 하나로 연결되는 흐름을 이루면서 인생트랙을 형성합니다. 인생트랙 위의 모든 사건은 두 개의 지선을 가지는데, 하나는 행운의 쪽으로 나 있고, 다른 하나는 불행의 쪽으로 나 있지요. 이런 저런 사건을 만날 때마다 당신은 그 사건에 대해 어떤 태도를 취할지를 선택하게 됩니다. 만일 그 사건을 긍정적인 것으로 여긴다면 당신은 행운의 지선으로 들어가게 됩니다. 그러나 부정적인 생각에 중독되어 있으면 당신은 불만을 표현하면서 불행의 지선을 선택하게 됩니다. 당신이 뭔가에 화를 내면 새로운 문젯거리가 뒤따라 찾아옵니다. 그래서 "불행은 겹쳐서 온다"는 말이 생긴 거지요. 그러나 문제들이 줄줄이 뒤따라 나오는 것은 불행 그 자체를 따르는 게 아니라, 거기에 대한 당신의 태도를 따르는 것입니다. 당신이 갈림길에서 어느 쪽을 선택하느냐에 따라 규칙적인 패턴이 만들어집니다.

조율의 원리는 이렇습니다. 부정적으로 보이는 사건을 긍정적인 것으로 여기려고 의도하면 모든 것이 의도한 대로 정확하게 실현됩니다. 지금 아무리 나쁘게 느껴지더라도 조율의 상태를 유지한다면 미래에는 기쁘고 놀라운 일이 기다리고 있으리라는 것을 기억하세요. 시험을 치기 전에 자신에게 이렇게 이야기하세요. '합격해도 좋은 일이고 떨어져도 역시 좋은 일이다.' 어떤 일이 잘 안 되었다면 그것은 모르는 어떤 다른 문제를 겪지 않도록 피했다는 것을 의미하니까 좋은 일입니다. 이렇게 가벼운 기분으로 당신이 창조한 운명과 데이트를 즐기세요. 이제부터 일어나는 모든 일은 당연히 필요에 맞춰 일어납니다.

그러면 이 책은 그냥 긍정적 사고에 관한 책인가요?

이 책은 단순한 낙관주의가 아닙니다. 이것은 현실을 의도적으로 조종하는 테크닉입니다. 당신이 대단한 낙관주의자라고 하더라도 평범한 마음으로는 모든 상황에서 용기를 잃지 않기가 어려울 겁니다. 낙관주의자는 모든 것이 잘 되리라고 희망하지만, 무의식적으로 그렇게 하지요. 그런데 제가 비관주의자라면 어떨까요? 제가 과연 "모든 게 다 잘 될 거야"라는 진부한 말을 받아들일 수 있을까요? 저에게는 그걸로 충분하지 않습니다. 왜 꼭 잘 돼야만 하죠?

개인적으로 저는 비관주의자라고 말해야 할 것 같아요. 제가 현실에 대한 저의 태도를 의식적으로 통제하기 시작하기 전까지는 비관주의가 제 삶을 망쳐놓았었죠. 이제 불쾌한 일이 생기면 저는 의식적으로 그것을 거꾸로 뒤집어놓고 "유쾌함"으로 선언합니다. 그렇게 하면 백 퍼센트의 효과를 발휘하지요. 그 결과로 모든 일이 성공적으로 흘러갑니다. 그런 태도 아래에서는 사건들의 흐름이 행운의 지류를 향하기 때문입니다. 이제는 현실이 저를 조종하지 않고, 제가 현실을 조종하지요.

당신은 이 책에서 어떤 메시지를 전하려고 하는 겁니까?

한두 마디로 설명하는 것으로는 명확히 이해시키기에 충분하지 않겠네요. 사실 이것은 전체의 주제에 해당합니다. 그래서 대답이 상당히 방대해질 겁니다.

첫째로, 이 책은 독자들을 쉽게 이해하고 받아들일 수는 없는 충격적인 사실 앞에 서게 합니다. 깜짝 놀라게 하는 진짜 현실보다는 편안한 환상 속에 사는 것이 언제나 더 쉽지요. 사람의 동기와 행동이 이성의 통제 하에 있다고 생각하는 것은 환상입니다. 사실은 전혀 그렇지 않거든요. 과학자들은 인간의 심리를 독립적인 객체로 여기면서 연구하고 있는데, 이는 쓸모없는 일입니다. 문제는 인간 심리가 어떻게 형성되는가에 있지 않습니다. 마음은 자유의지가 없으며, 외부로부터 조종된다는 사실이 문제입니다. 그리고 그런 조종을 하는 것은 교육자나 행정관리, 조직의 지도자들이 아니라, 미묘한 물질세계(subtle material world)의 어떤 실체라는 점입니다.

알려진 대로, 사념 에너지는 흔적 없이 자취를 감추지 않습니다. 사람들의 집단이 동일한 방향으로 생각하기 시작하면, 그들의 '사념파'들이 중첩되어서, 에너지의 바다에 보이지는 않지만 실재하는 에너지-정보체인 펜듈럼이 창조됩니다.

펜듈럼은 일단 생겨나면 독립적으로 발전하기 시작합니다. 그것은 사람들을 자기의 의지에 종속시키려고 애씁니다. 그러나 펜듈럼은 이성이 없기 때문에, 무의식적으로 그렇게 하지요. 펜듈럼이 사악하다고 말할 수는 없습니다. 그것은 차라리 조직 안에 심어져 있으면서 그 조직의 행동을 결정하는 기생식물이나 생체와 유사한 프로그램(pseudo-living program)

267

처럼 보입니다. 펜듈럼은 가족, 학교, 회사, 국가 등의 각 인간사회 위에 군림하는 상부구조로서 미묘한 세계에 존재합니다. 사람들이 자기도 모르게 펜듈럼의 이익을 위해 행동하고 있음을 이해하지 못한다는 것이 믿어지지 않을지도 모르지만, 그것은 정말 사실입니다.

모든 조직은 구성요소인 사람들의 의도된 행동의 결과에 의해서만 살아가고 발전하는 것이 아닙니다. 자동메커니즘이 알고리즘(연산논리)에 의해 지배되듯이, 조직은 펜듈럼에 의해서 지배됩니다. 조직의 구성원들은 자유롭게 활동할 수 있지만 그 동기에 있어서는 자유롭지 못하며, 무의식적으로 조직의 이익을 위해서 행동하게 됩니다.

펜듈럼들은 사람들의 에너지를 먹고 삽니다. 어떤 것에 화가 나서 분노를 표현하면, 당신은 펜듈럼에게 에너지를 주는 것입니다. 당신에게 강한 부정적 감정을 일으킬 가능성이 있는 모든 것은 펜듈럼에 의해 일어납니다. 부정적인 에너지는 펜듈럼이 가장 좋아하는 음식이죠.

예를 들어 축구경기가 시작될 때, 그 경기장 위에는 작은 공 모양의 어떤 물체가 공중에 떠 있습니다. 이 구체는 미묘한 차원에 존재하기 때문에 눈에 보이지는 않지만, 에너지 광선의 촉수가 거기서부터 열광하는 관중에게로 뻗어나가기 시작합니다. 게임에 열광하는 감정이 뜨거워짐에 따라, 그 펜듈럼은 에너지로 가득 차서 부풀어올라 커지게 되지요. 곧 그것은 커다란 크기의 구체가 됩니다. 게임이 끝나면, 그것은 다시 쭈그러들고 작은 공 모양이 되어 날아가 버립니다.

골치 아픈 문제는, 펜듈럼이 그냥 에너지만 먹어치우는 게 아니라 더 많은 에너지를 만들어내도록 사람들을 부채질한다는 것이죠. 말하자면, 당신이 어떤 일에 대해 걱정하거나 스트레스를 받으면 당신 주위에 있는 사람들이 당신을 짜증나게 하는 바로 그런 행동을 한다는 겁니다. 게다가 그것도 당신이 편안히 좀 있으려고 하는 바로 그 순간에 말이지요.

아이들이 조용히 있다가도 갑자기 정신없이 난리를 치기 시작합니다. 옆에 있던 누군가가 당신을 화나게 만듭니다. 또다른 사람들은 길을 가로막고, 문젯거리를 가지고 와서 당신을 괴롭힙니다. 여기저기서 장애물들이 마구 튀어나오지요. 당신이 누군가를 기다리고 있으면, 그가 아주 늦게 옵니다. 보고 싶지 않은 사람이 있으면, 그 사람이 꼭 나타납니다.

일반적으로 말해서 요점은 바로 이것입니다. 만일 뭔가가 어느 순간에 당신의 균형을 잃게 만들 수 있다면, 왠지 악의를 품은 것처럼 그 일이 꼭 일어나고 만다는 것입니다.

당신이 급하게 서두르며 늦을 것을 걱정한다고 상상해봅시다. 이 순간부터 모든 것은 당신에게 맞서서 작용하기 시작하지요. 사람들이 당신의 길을 막으며 우아하고 품위 있게 걸어가면서 당신이 지나가지 못하게 만듭니다. 당신은 최대한 신속하게 문을 지나가야 하는데, 게으른 사람들이 문 앞에 줄을 서서 거의 움직이지도 않아요. 자동차도로에서도 같은 상황이 벌어집니다. 마치 모든 일이 일부러 그렇게 준비한 것처럼 보입니다.

불쾌함이 축적될수록 외부로부터 오는 이 스트레스는 점점 더 강해집니다. 스트레스가 강해질수록 더 많은 사람들이 당신을 괴롭힙니다. 흥미로운 것은 그들이 의도적으로 그렇게 하는 게 아니라는 점입니다. 그들은 그런 행동이 다른 누군가를 괴롭힐 수 있다는 생각을 하지 못합니다. 문제는, 무의식적인 행동 동기를 만들어내는 그 힘이 사람의 마음 안에 있지 않고 외부에 있다는 점입니다.

그렇다면 펜듈럼의 영향력에 대항하는 법은 무엇일까요? 부정적인 자극이 올 때마다 매번 반응을 일으키는 어리석음을 멈출 필요가 있습니다. 달리 말해서, 의식적으로 깨어 있음으로써 초연함을 유지해야 한다는 겁니다. 당신이 자극에 반응하기를 멈추면, 그것도 당신을 괴롭히는 일을 멈출 겁니다.

그러나 그게 다가 아닙니다. 펜듈럼 때문에 더 큰 규모의 끔찍한 일들이 일어납니다. 전쟁, 혁명, 자원전쟁, 시장쟁탈전, 판매경쟁, 테러리즘 등 이 모두는 눈에 보이는 빙산의 수면 위 부분입니다. 보이지 않는 미묘한 물질세계에 있는 이 사건들의 근저에는 펜듈럼들의 끊임없는 투쟁이 있습니다. 펜듈럼은 갈등의 에너지를 먹고 살기 때문에, 그것들이 거의 모든 갈등을 일으키고 있는 겁니다. 이중 거울의 다른 면에서 그런 일들이 일어나고 있지요. 그런 일을 알고 싶어하지 않는 사람들도 있겠지만 말입니다.

그런 일이 어떻게 가능한지 묻고 싶겠지요. 사람들이 자원해서 서로 싸우는 겁니다. 그렇지만 진짜 그 일을 시작하게 만드는 것은 항상 펜듈럼이죠. 예를 들어, 개미언덕과 같은 비교적 원시적인 구조를 생각해봅시다. 과학자들은 어떻게 그런 군집이 유지되는지를 명확히 설명하지 못합니다. 놀라운 것은, 개미언덕이 분명히 할당된 임무체계를 가지고 있는데도, 종속관계가 보이지 않는다는 점입니다. 왜 그 모든 개미들이 마치 중앙통제시스템을 갖춘 조직처럼 쉬지 않고 자기 일을 할까요?

개미들은 페로몬이라고 하는 방향물질로 서로 의사소통합니다. 방향물질을 따라서 그들은 먹이와 집을 찾습니다. 그러나 어떻게 군집의 모든 구성원에게 동시에 정보가 전달될까요? 개미들 간의 더 높은 형태의 정보교환은 없습니다. 다른 형태의 정보교환 방식이 있다면 그들이 왜 그런 원시적인 방법을 쓰겠습니까?

270 그렇다면 그 분리된 구성원들을 하나의 조직체로 통합하는 것은 무엇

일까요?

바로 펜듈럼입니다. 어떤 조직이 설립되고 발전함과 동시에, 그 조직의 운영과 유지를 담당하는 에너지-정보적인 실체가 생겨납니다. 펜듈럼과 그 조직의 구성원들 사이에는 순행과 역행 양쪽 방향의 피드백 관계가 존재합니다. 펜듈럼은 지지자들의 에너지를 소유하면서, 그들의 활동을 조종하고 그들을 하나로 통합하여 조직된 사회를 만듭니다.

인간 사회에서도 마찬가지죠. 모든 과정을 이 미묘한 물질 차원의 실체가 지배하고 있습니다. 세상은 빠른 속도로 매트릭스로 변해가고 있습니다. 이것은 환상소설이 아닙니다. 물론 사람들이 배양실 속에서 배양되고 그들의 삶은 모두 가상현실인, 유명한 영화 매트릭스와는 다릅니다만, 현실 상황은 그것과 상당히 닮아 있습니다.

일반적으로 사람들을 매트릭스에 몰아넣으려면, 중독으로 만든 그물에 사람들을 얽어매야 하지요. 지난 몇 년 동안에 많은 중독이 나타났습니다. 음식은 비만에 시달리게 만드는 사료가 되었고, 컴퓨터 세계는 게임 중독과 인터넷 중독을 탄생시켰죠. 사람들은 이제 휴대전화가 없으면 외로움과 슬픔을 느낍니다. 그러나 가장 끔찍한 일은, 사람들이 시스템의 노예가 된다는 것입니다. 선택의 자유를 잃는 것만이 아니라, 시스템의 이익이 되는 일을 열망하기 시작한다는 겁니다.

그런 일들이 전 세계에서 일어나고 있습니다. 그래서 우리의 임무는 어느 날 매트릭스의 배양기 속에서 깨어나 탈출할 수 있도록 그 깨어 있는 상태를 유지하는 것입니다. 우리는 펜듈럼이 그들의 목적을 위해 배양하는 문화식품인 것 같습니다. 인간 사회는 펜듈럼 없이는 존재하지 못하도록 조직되어 있습니다. 그러나 그들에게도 우리가 필요합니다. 깨어 있는 사람은 자신의 목적에 맞게 펜듈럼들을 이용할 수 있는 겁니다.

펜듈럼을 이용하는 데에는 많은 가능성이 있습니다. 그러나 그것에 대해서는 따로 이야기해야 되겠지요.

트랜서핑 시리즈를 세 권 쓰셨는데, 독자들이 트랜서핑 이론을 이해하고 인생트랙을 개선하기 위해서는 모두를 다 읽어야 하나요?

사실 트랜서핑 시리즈는 벌써 아홉 권이 출간되었습니다. 각각의 책은 나올 때마다 새로운 뉘앙스를 열어 보이고 있습니다. 아직 내가 말하지 못한 내용들도 더 있어요. 그렇지만 시작 단계에서는 첫 세 권만 읽어도 충분합니다. 그저 책을 읽는 것으로 멈추지 않고 그 지식을 실제 생활에서 사용하는 것이 중요합니다. 그러면 당신은 스스로 놀랄 만한 발견들을 시작하게 될 겁니다. 트랜서핑은 현실을 조종하는 강력한 테크닉입니다. 트랜서핑은 다른 세상으로 통하는 문을 열어줍니다. 그 새로운 세계에서 당신은 더이상 꼭두각시 인형이 아니고, 자신의 운명을 창조하는 사람입니다.

옮긴이의 말

오늘 문득, 원인과 결과의 사슬들로 이어진 나의 인생트랙을 거꾸로 되짚어 가본다. 바딤 젤란드를 만나는 사건으로 이어진 긴 인연줄은 어디에서 시작되었을까? 내 기억으로 그것은 13년 전, 고대 아틀란티스 문명에서 전해져 내려왔다는 신비지식에 입문한 사건인 것 같다. 국내에서만 벌써 백만 부 이상이 팔렸다는 《시크릿》, 그 비디오의 첫 장면에서 나는 이상한 글씨들이 새겨진 그 초록빛 석판을 보고 깜짝 놀랐다. 순간 내 두뇌 세포들이 13년 전에 입력해놓았던 그림정보 조각을 순식간에 찾아내어 그 이미지를 눈앞에 재생했다. 그것은 아틀란티스 사람 토트가 기록했다는 에메랄드 타블렛이었고, 그 글씨는 아틀란티스 문자들이었던 것이다. '그 책이 이제 드디어 세상에 공개되는구나!' 당시에 입문했던 단체에서 비밀문서라고 조심스럽게 다루었던 책이었다. 잠시 온몸에 충격파의 전율이 흘렀다.

그랬지만 비디오로 먼저 접한 《시크릿》을 나중에 책으로 다시 읽었을 때는 못내 아쉬운 감을 지울 수가 없었다. 고대의 신비학 입문자들이 비밀리에 조심스럽게 전해왔던 창조의 원리를 너무 인간의 물질적 욕망을 자극하는 쪽으로 치우치게 소개한 것은 아닐까 하는 생각이 들 273

였던 것이다. 그런 위험성이 있었기에 아마도 그들은 그것을 비밀로 유지해왔던 것이리라. 그러나 이제 그것을 공개해야 할 때가 왔다면 그 원리를 좀더 깊이 있게 전달해줄 필요가 있지 않을까? 인류가 집단적으로 깨어난다는 이 시기에 그것이 인류의 영적 성장에 보탬이 되도록 초점을 맞추었다면 좋았을 텐데, 하는 생각이었다.

이런 나의 생각들이 사념 에너지의 파동을 방사했고, 가능태 공간에서 그 사념파의 주파수에 상응하는 섹터의 어느 가능태를 활성화시켰을 것이다. 그래서 출판사의 전화를 받는 사건이 물질적으로 실현되었다. 어느 날 오래전부터 인연을 맺어왔던 정신세계사에서 이 책을 소개받는, 우연을 가장한 필연이 일어났던 것이다. 이 책의 저자 바딤 젤란드의 말대로 이 사건은 처음부터 가능태 공간 안에 들어 있었고, 내가 이전에 이미 선택해놓았던 인생트랙 위에 놓여 있었을 게다.

러시아판 《시크릿》 같은 책이 있다는 정보를 듣자마자 '바로 이 책이야!' 하는 느낌이 왔다. 신지학을 창시한 블라바츠키 여사나 구르지예프, 우스펜스키 등의 인물들을 통해 러시아 영성의 깊이를 알고 있어서였을까? 이 책을 어떻게든 내가 번역하게 되리라는, 근거를 알 수 없는 믿음이 일어났다. 그것은 생각에서 나오는 게 아니라, 영혼에서 나오는 울림이었다. 바딤 젤란드의 표현을 빌리자면, 잉여 포텐셜이 없는 순수한 의도였다. 나의 미래를 '기억해내는' 순간이기도 했다.

《시크릿》류의 책들에서 공개되고 있는 창조의 원리는 위대한 마법사 헤르메스가 한마디로 요약한 "위에서와 같이 아래에서도"이다. 바딤 젤란드 식으로는 "이중 거울의 이쪽에서와 같이 저쪽에서도"가 된다. 또 기독교 영지주의파 그노시즘의 말로 한다면, "하늘에서 이루어진 것처럼 땅에서도 이루어지리라"가 될 것이다. 나는 20년 전 어느 날

이중 거울의 다른 쪽으로 건너가는 신비한 사건을 겪으면서, 이후로 끊임없이 앞뒤의 두 세계를 오갔다. 그것이 내가 이쪽과 저쪽 사이에 놓인 관련성에 대해 지치지 않는 호기심을 발동하게 하는 원인이 되었다. 그 때문에 긴 세월 끌어안고 살았던 의문들이, 그리고 나름대로 얻어왔던 해답들이 물리학자의 언어로 소상하게 쓰여 있는 이 책을 번역하면서 기쁨이 참 컸다.

《시크릿》에서 못다 밝혀준 그 비밀스런 창조의 원리를 이제 바딤 젤란드의 책들이 친절하게 밝혀주고 있다. 헤르메스의 원리를 독창적으로 풀어헤친 그의 과학적 통찰이 참으로 신선하다. 그렇게 신선하면서도 또한 그 통찰의 깊이를 가늠해볼 때는, '트랜서핑'이라는 말로 대표되는 이 지혜의 체계가 그의 말대로 찬란했던 고대 문명의 유산임을 믿을 수밖에 없다.

읽는 분들 누구나 고대 신비지식의 수호자가 전해주는 이 지혜를 실천하여 본래의 자신으로 돌아옴으로써 바라는 것을 애씀 없이 쉽게 얻으시기를, 그리고 모든 펜듈럼에서 자유로운 트랜서퍼가 되어 성공의 물결에 가볍게 올라타시기를 바란다.

리얼리티 트랜서핑은 원래 3부작으로 선을 보였다가 후속편이 계속 쏟아져 나와서 현재는 아홉 편의 연작물을 이루고 있다. 이 책 제1권은 트랜서핑의 원리를 소개하고 있고, 2권부터는 본격적인 실천법이 소개된다. 역자는 설레는 마음으로, 독자들이 이 시리즈를 따라 트랜서핑을 함께 공부하고 실천 체험을 나눌 수 있는 공간을 미리 마련해놓았다. (http://cafe.daum.net/transurfing)

이 지면을 빌어, 이 책과의 인연을 맺어주고 거친 언어를 곱게 다듬어주신 이균형 주간님께 깊은 감사를 드린다. 또, 러시아 속담과 관용어들의 느낌을 얻는 데 큰 힘이 되어준 아내 스베틀라나에게 고마움을 전한다.(번역의 정확성을 더하기 위해, 영어 번역본과 독일어 번역본을 동시에 참고했음을 아울러 밝힌다.)

많은 영혼들이 창조의 원리를 이해하고 물질에서 자유로워지기를 기원하며……

2009년이 시작되는 날에

박인수

● NOTE ●

● **NOTE** ●